능력과 가치를
높이고 싶다면
된다!

김나옹의
영상 맛집

유튜브 자막부터 1분 '쇼츠' 영상까지!

된다!

7일
베가스 프로
영상 편집

29가지 영상 편집 기법 대공개!

〈김나옹 편집공방〉 김나옹 지음

동영상 강의
30강
무료 제공!

자막 템플릿
100가지
무료 제공!

한글판이라
더 쉽다!

V 최신판!
베가스 프로 20 반영!

이지스 퍼블리싱

능력과 가치를 높이고 싶다면
된다! 시리즈를 만나 보세요.
당신이 성장하도록 돕겠습니다.

된다! 7일 베가스 프로 영상 편집 — 전면 개정판
Gotcha! 7 Days Video Editing with Vegas Pro

초판 발행 • 2023년 6월 30일

지은이 • 김나옹
펴낸이 • 이지연
펴낸곳 • 이지스퍼블리싱(주)
출판사 등록번호 • 제313-2010-123호
주소 • 서울시 마포구 잔다리로 109 이지스빌딩 4층(우편번호 04003)
대표전화 • 02-325-1722 | **팩스** • 02-326-1723
홈페이지 • www.easyspub.co.kr | **페이스북** • www.facebook.com/easyspub
Do it! 스터디룸 카페 • cafe.naver.com/doitstudyroom | **인스타그램** • instagram.com/easyspub_it

총괄 • 최윤미 | **기획** • 이수진 | **책임편집** • 임승빈, 김영준, 이수진 | **IT 1팀** • 이수진, 임승빈, 이수경
교정교열 • 김영준, 박명희, 강민철 | **표지 및 본문 디자인** • 정우영, 트인글터 | **삽화** • 원다진 | **인쇄** • 보광문화사
마케팅 • 박정현, 한송이, 이나리 | **독자지원** • 박애림, 오경신 | **영업 및 교재 문의** • 이주동, 김요한(support@easyspub.co.kr)

ISBN 979-11-6303-481-0 13000
가격 25,000원

안녕하세요! 김나옹입니다!
저와 함께 '베가스 프로'로
7일 만에 **영상 편집**을
배워 봐요!

베가스 프로 장인,
김나옹의 29가지 영상 편집 기법 대공개!

어렵게 배워도 잘 쓰지 않는 기술이 있고
쉽고 간단해도 평생 쓰는 기술이 있습니다

대학생 시절 UCC 공모전에 참가하려고 베가스 프로를 처음 시작했습니다. 당시 마땅한 자료가 없어서 블로그와 해외 영상을 보며 독학했던 기억이 납니다. 그렇게 영상 편집의 매력에 빠져 산 세월이 벌써 12년입니다. 물론 힘들기도 했지만 치열한 시간을 보낸 덕분에 쉽고 빠르게 영상을 만드는 나만의 방법을 터득할 수 있었습니다.

예전에는 자료가 부족해서 문제였는데 지금은 많아서 고르는 게 힘들다고 합니다. 게다가 효과가 화려한 수준 높은 영상을 많이 접하다 보니 영상 편집의 벽을 스스로 높게 세우기도 합니다. 시작도 하기 전에 말이죠. 그러니 초보자에게는 많은 양의 정보가 오히려 독이 됩니다. 어렵게 터득해도 잘 쓰지 않는 편집 기술이 있고, 쉽고 간단해도 평생 쓰는 편집 기술이 있는데, 잘 쓰지 않는 기술만 잔뜩 배우면 흥미를 잃을 게 뻔하기 때문입니다. 뭐부터 배우면 좋을지 옆에서 친절하게 알려 주면 참 좋겠죠? 그래서 이 책을 집필했습니다.

잘나가는 유튜브 영상 만들어 보고 싶다면?
두 가지만 기억하세요. '자막' 그리고 '컷 편집'

유튜브를 시청하다가 '저런 효과는 어떻게 만들었을까? 저 자막은 어떻게 넣은 거지?' 하며 궁금할 때가 있습니다. 이 책은 한번쯤 떠올랐을 이런 질문을 속 시원히 해결해 줍니다.

01장은 영상 편집을 위한 준비 단계입니다. 베가스 프로 체험판, 통합 코덱, 저작권 걱정 없는 무료 글꼴을 설치합니다. 그리고 영상 편집에 도움이 되는 사이트도 다양하게 소개합니다.

02장에서는 영상 하나를 처음부터 끝까지 직접 만듭니다. 프로젝트 만들기, 컷 편집, 자막 넣기, 음악 넣기, 출력(렌더링)까지 영상 편집의 기본기를 확실하게 배울 수 있습니다. 02장만 익혀도 영상 편집의 감을 잡을 수 있어요!

03, 04장에서는 다양한 자막 활용법을 자세하게 다룹니다. 자막은 영상 편집에서 가장 중요한 요소이므로 꼼꼼하게 배울 수 있도록 구성했습니다.

05장은 영상 재생 속도 조절, 화면 분할, 모자이크 등 유튜브에서 자주 쓰는 편집 기술을 배웁니다.

모든 예제에 동영상 강의 수록!
베가스를 더 쉽고 더 재밌게 배우세요!

무료 동영상 강의를 시청할 수 있는 QR코드 30개를 책 곳곳에 넣었습니다. 든든하게 막힘 없이 공부하세요. 경험하지 않으면 알 수 없고, 직접 해보지 않으면 배울 수 없는 것이 있습니다. 따라서 이 책은 실습 과정을 넉넉하게 넣었습니다. 장이 끝날 때마다 등장하는 '도전 크리에이터' 코너로 실력을 확실히 굳히세요!

또 있습니다. 영상 제작 시간을 크게 단축해 주는 80가지 자막 템플릿까지 무료로 제공합니다. 아낌없이 다 주는 이 책을 통해 유튜브 영상 편집 초보자부터 베가스라는 영상 편집 도구가 궁금한 분들 모두 멋진 크리에이터가 되길 바랍니다.

〈김나옹 편집공방〉 채널 구독자 여러분 덕분에 저의 작은 재능이 도서 출간으로 이어졌습니다. 정말 감사합니다. 앞으로도 여러분에게 도움이 되는 유튜버가 되도록 노력하겠습니다.

책이 나오기까지 많은 분께 도움을 받았습니다. 집필할 때 따뜻한 응원과 함께 기획 아이디어를 주신 이수진 편집자 님께 진심으로 감사드립니다. 그리고 마지막까지 함께 고생해 주신 임승빈, 김영준 편집자 님께도 감사의 마음을 전합니다.

마지막으로 이 책을 읽고 자기 생각을 멋진 영상으로 표현할 독자분께도 감사의 인사를 전합니다.

[개정판을 펴내며]

이번 책은 독자분들이 더 쉽게 따라 할 수 있도록 한글판으로 제작되었으며, 영문판 메뉴 이름을 함께 병기하여 영어 사용자도 쉽게 이용할 수 있도록 했습니다. 새롭게 추가된 기능 설명은 물론, 최신 유튜브 영상 편집에 적합한 내용으로 '유튜브 쇼츠' 영상 제작 방법도 소개합니다.

이번 책도 독자 여러분의 생각을 표현하는 데 도움이 되길 바랍니다!

유튜버 **김나옹** 드림

조회 수 200만! 유튜브 채널 〈김나옹 편집공방〉을 방문해 보세요!

채널 바로 가기

베가스 프로를 배우는 데 이 책 하나만으로 충분합니다. 하지만 더 쉽게 공부하고 싶다면 동영상으로도 공부할 수 있습니다. 유튜브에서 '김나옹'을 검색해 보세요!
〈김나옹 편집공방〉에서는 영상 편집 꿀팁과 함께 베가스 프로에 관한 다양한 정보까지 얻을 수 있습니다.

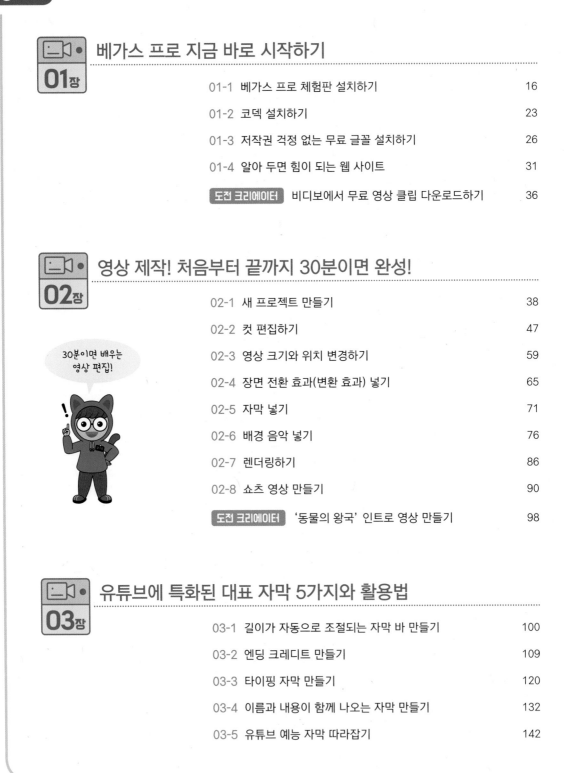

04장   영상의 몰입도와 조회 수를 높이는 자막 & 편집 기법

05장   상황과 콘셉트에 따라 골라 쓰는 편집 기법

이럴 수가! 이렇게 쉬운 방법이 있었다니…

동영상 강의를 활용하세요!

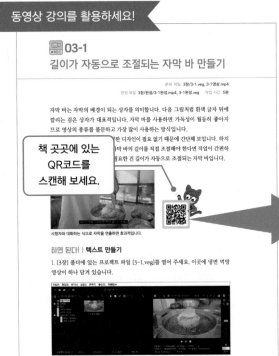

책 곳곳에 있는 QR코드를 스캔해 보세요.

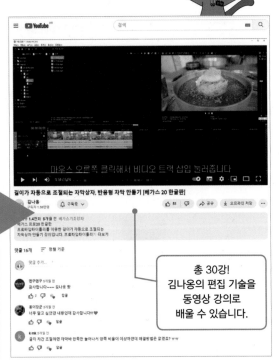

총 30강! 김나옹의 편집 기술을 동영상 강의로 배울 수 있습니다.

"맙소사, 저 같은 컴맹도 영상을 만들 수 있다니!"

유튜버를 하고 싶다고요? 김나옹 님 책부터 구입하세요!

영상 편집을 하나부터 열까지 배울 시간은 없지만, 영상을 제대로 만들고 싶다면 고민하지 말고 이 책을 구입해 읽으면 됩니다. 예능 자막, 섬네일, 크로마키 사용법 게다가 피부 보정까지! 쓸데없는 기능은 모두 빼고 **유튜버에게 꼭 필요한 기능만 꼭꼭 눌러 담았으니까요.** 유튜브에 최적화된 베가스 프로 영상 편집 방법을 모두 정리한 책! 정리전문 유튜버가 강추합니다. 두 번 강추합니다.

웃키키_정리전문 채널 유튜버 👍 ❤ 📄

이미 베가스를 사용하는 분도 다시 봐야 할 책!

그동안 김나옹 님의 동영상 강의로 영상 편집을 공부하면서 **꼭 필요한 귀한 정보만 쏙쏙 뽑아 내는 센스**가 큰 장점이라고 생각했습니다. 이 책도 초보자를 위한 기초 정보부터 김나옹 님만의 특출난 센스까지 고스란히 담겼습니다. 자세하지만 복잡하지 않습니다. 진부하지 않은 유익한 정보가 많습니다. 베가스에 입문할 분들은 물론 이미 베가스를 사용하는 분들에게도 추천합니다.

여행가 Jay_세계여행 채널 유튜버 👍 ❤ 📄

구독자 0명에서 7만 명이 될 때까지 함께한 김나옹 선생님!

영상 편집 지식이 전혀 없었을 때 처음 접한 강의가 바로 김나옹 선생님의 베가스 강의였습니다. **기초부터 다양한 영상 효과까지 세세하게 알려 주셔서 초보였던 저도 쉽게 배울 수 있었습니다.** 만약 김나옹 선생님 강의가 없었다면 지금까지 제 영상도 없었을 겁니다. 영상 편집 때문에 유튜버 도전이 망설여지나요? 그렇다면 이 책을 강추합니다!

세자책봉_셔틀랜드쉽독 애견 채널 유튜버 👍 ❤ 📄

바쁜 사람들을 위한 빠른 코스!

대표적인 유튜브 영상 다섯 종류를 선정해
꼭 필요한 기능만 빠르게 배울 수 있도록 준비했습니다.
다음 필수 코스를 참고해 여러분이 원하는 영상을 만들어 보세요!

일상이 콘텐츠가 되는 마법!
여행 영상을 위한 필수 코스

기억 말고 기록으로 남겨요!
육아 영상을 위한 필수 코스

정보 전달의 핵심은 자막!
리뷰 영상을 위한 필수 코스

유튜브 크리에이터 김나옹입니다

예능을 내 손으로 직접 만든다!
예능 영상을 위한 필수 코스

PLAY

PM 12:00
JUN 28 2019

내 재능을 다른 사람과 나눠요!
강의 영상을 위한 필수 코스

유튜브 입문자를 위한
7일 학습 진도표

원활한 학습을 위해 7일 학습 진도표를 제공합니다.
7일 동안 진도표를 참고하여 영상 편집을 배워 보세요.
기본이 탄탄한 영상 편집 실력자로 성장할 수 있어요.

날짜	학습 목표	범위	쪽수
1일차 ___월 ___일	• 본격적인 베가스 프로 실습을 위해 준비하기 • 30분 만에 기본 영상 만들기	01장, 02장	15 ~ 98쪽
2일차 ___월 ___일	• 유튜브 대표 자막 만들기 • 유튜브용 섬네일 만들기	03장	99 ~ 180쪽
3일차 ___월 ___일	• 세련된 자막 만들기	04-1절 ~ 04-3절	181 ~ 214쪽
4일차 ___월 ___일	• 인트로용 자막 만들기 • 브루로 자막 자동으로 만들기	04-4절 ~ 04-6절	215 ~ 271쪽
5일차 ___월 ___일	• 최신 영상 자막 기법 배우기	04-7절 ~ 04-9절	272 ~ 294쪽
6일차 ___월 ___일	• 영상 편집 기법 배우기 • 화면 분할, 모자이크, 크로마키 기능	05-1절 ~ 05-5절	295 ~ 343쪽
7일차 ___월 ___일	• VHS 효과, 트랜지션 효과 만들기 • 음성 변조, 오디오 효과 적용하기	05-6절 ~ 05-11절	344 ~ 396쪽

독자분들이 원활하게 실습할 수 있도록 저작권 문제가 없는 실습 파일을 제공합니다. 이지스퍼블리싱 [자료실] 또는 다음 다운로드 링크에서 실습 파일을 다운받으세요. 높은 버전의 프로젝트 파일은 낮은 버전에서 열리지 않으니 버전에 맞게 다운받으세요.

20 버전: bit.ly/easys_vegas_file_new_20
19 버전: bit.ly/easys_vegas_file_new_19
18 버전: bit.ly/easys_vegas_file_new_18

이지스퍼블리싱 홈페이지: easyspub.co.kr → [자료실] → '베가스' 검색!

일러두기

- 이 책은 베가스 프로에서 사용하는 용어를 기준으로 표기했습니다.
- 이 책의 내용은 **베가스 프로 20 버전 한글판**을 기준으로 하지만 영문판의 메뉴 이름을 병기해 이전 버전 사용자도 무리 없이 볼 수 있습니다.

01

베가스 프로
지금 바로 시작하기

컴퓨터를 잘 다루지 못하더라도 걱정하지 마세요. 우리는 복잡한 스마트폰도 매일 잘 쓰고 있으니까요. 베가스 프로는 쉽고 편리한 인터페이스로 오랫동안 많은 사랑을 받은 영상 편집 도구입니다. 이런 베가스 프로라면 남녀노소 할 것 없이 영상 편집의 세계에 쉽게 입문할 수 있다고 자신 있게 말씀드립니다.

물속에 풍덩 빠지기 전에 준비 운동이 필요한 것처럼 본격적으로 실습하기 전에 꼭 준비할 것이 있습니다. 이번 시간에는 이런저런 준비물을 하나씩 챙겨 보겠습니다.

베가스 프로 체험판 설치하기

어떤 버전을 설치해야 하나요?

베가스 프로에는 총 4가지 모델이 있습니다. Edit(기본), Pro(전문가), Post(고급) 그리고 각 모델의 월 정액 버전인 365(영문판)입니다. 이 중에서 제가 추천하는 모델은 바로 Edit입니다. 상위 모델에 비해 기능면에서 큰 차이가 없으면서도 가격이 상대적으로 저렴하기 때문입니다.

	베가스 프로 Edit	베가스 프로 Pro	베가스 프로 Post	베가스 프로 365(영문판)
모델				
특징	기본 모델	사운드 포지 오디오 스튜디오 추가, 베가스 스트림 추가	베가스 이펙트, 베가스 이미지, 사운드 포지 오디오 스튜디오, 베가스 스트림 추가	원하는 모델을 선택하여 월 단위, 연 단위로 구독

Pro에는 오디오 편집 프로그램과 라디오 방송 프로그램이 추가로 들어 있습니다. Post는 Pro에서 제공하는 프로그램과 더불어 전문가 수준의 3D 효과와 이미지를 편집할 수 있는 베가스 이펙트, 베가스 이미지 프로그램을 추가로 제공합니다. 이러한 프로그램이 꼭 필요하다면 Post를 구매해야겠지만 영상 편집 입문자나 초보 유튜버가 쓸 일은 없겠죠? 따라서 가장 저렴한 Edit를 추천합니다.

베가스 프로 365(영문판)는 월간, 연간 약정으로 구독해서 사용하는 제품입니다. 새로운 기능을 평생 업데이트 받을 수 있다는 장점이 있죠. 베가스 프로를 매일 사용한다면 매력적인 선택이 될 수 있으나 그렇지 않은 입문자에게는 경제적 부담이 큰 것이 사실입니다. 베가스 프로는 제품을 다양하게 제공한다는 점에서는 마음에 듭니다. 사용자의 다양한 여건을 고려했다고 생각하기 때문입니다.

30일 무료 체험판 이해하기

베가스 프로 30일 무료 체험판은 몇 가지 제약이 따릅니다. 첫째, 30일 동안만 사용할 수 있습니다. 둘째, 제작한 영상에는 베가스 워터마크가 삽입됩니다. 셋째, 영상은 2분 이내로만 만들 수 있습니다.

그러나 기능적인 부분에는 아무 제약이 없습니다. 이 책은 체험판만으로도 베가스 프로를 충분히 경험할 수 있도록 모든 실습 영상의 길이를 2분 이내로 준비했습니다.

워터마크가 영상에 나타난 모습

베가스 프로 체험판을 설치할 수 있는 컴퓨터 사양도 확인해 볼까요? 먼저 윈도우 7 이하는 베가스 프로를 설치할 수 없습니다. 끊김 없는 원활한 편집을 위해 메모리는 여유 있게 준비하는 것이 좋습니다.

운영 체제	윈도우 10(64비트) 이상 필수★
프로세서(CPU)	6세대 Intel Core i5(또는 AMD와 동등) 이상 최소 2.5GHz 및 4코어 프로세서 권장
메모리(RAM)	최소 16GB RAM, 32GB RAM(4K 편집) 이상 권장

바탕화면에서 '내 PC' 아이콘을 마우스 오른쪽 버튼으로 누른 뒤 [속성]을 클릭하면 자신의 컴퓨터 사양을 확인할 수 있습니다.

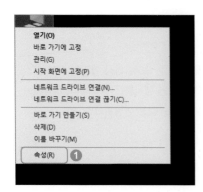

하면 된다! } 베가스 프로 체험판 설치하기

1. 베가스 프로 한국 공식 수입사 자운드의 사운드캣 직영몰(http://zound.co.kr)에 접속합니다. 위쪽 메뉴에 있는 ❶ [검색] 아이콘을 클릭한 후 ❷ [베가스]를 검색합니다.

2. ❶ [MAGIX VEGAS 20 Edit 매직스 베가스 20 에디트]를 선택하고 ❷ [베가스 자료실 바로가기]를 클릭합니다.

3. 구글 드라이브에서 ❶ [MAGIX] → ❷ [VEGAS 20] → ❸ [VEGAS 20 Edit]를 순서대로 클릭합니다.

4. ❶ [베가스 업데이트 패치 파일(326ver)]과 ❷ [VEGAS_Deep_Learning_Models]를 ❸ 각각 마우스 오른쪽 버튼으로 클릭하고 [다운로드]를 선택합니다. 공식 수입사 공유 파일이므로 [파일의 바이러스를 검사할 수 없음] 경고문은 무시해도 됩니다.

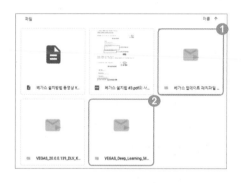

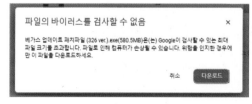

> 32bver보다 상위 버전의 패치 파일이 있으면 해당 파일을 다운로드하세요!

5. [베가스 업데이트 패치 파일(326ver)]을 실행합니다. 설치가 시작되면 다음과 같은 창이 나타납니다. ❶ [확인 후 설치]를 클릭합니다. 설치가 완료되면 ❷ [계속하기]를 클릭하여 베가스를 실행합니다. [VEGAS_Deep_Learning_Models]도 같은 방법으로 설치합니다.

하면 된다! } 베가스 프로 인증 코드 등록하고 실행하기

베가스 프로 20을 설치했지만 아직은 프로그램을 바로 사용할 수는 없습니다. 정품 사용자인지, 온라인 구독자인지, 체험판 사용자인지 구분해서 인증하는 절차가 필요합니다.

1. ❶ [시험판을 시작하십시오]를 선택한 후 ❷ [지금 등록하십시오]를 클릭합니다. 만약 베가스 프로를 구매했다면 [일련 번호 입력]을 선택하고 같은 방법으로 진행하면 됩니다.

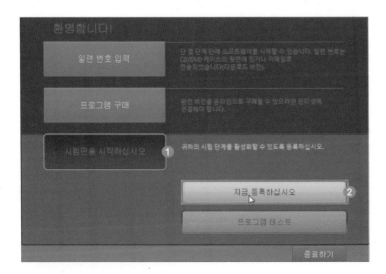

2. 회원 가입 여부를 묻는 창이 나타납니다. 아직 회원이 아니므로 ❶ 첫 번째 항목을 선택한 후 ❷ [Proceed]를 클릭합니다.

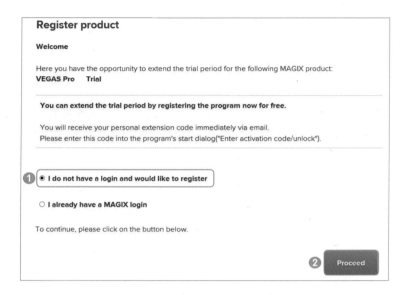

Register product

Welcome

Here you have the opportunity to extend the trial period for the following MAGIX product:
VEGAS Pro   Trial

You can extend the trial period by registering the program now for free.

You will receive your personal extension code immediately via email.
Please enter this code into the program's start dialog("Enter activation code/unlock").

❶ ● **I do not have a login and would like to register**

○ **I already have a MAGIX login**

To continue, please click on the button below.

❷ Proceed

3. 아래 설명을 참고해 ❶ 이름, 국가, 이메일 주소를 입력하세요. 이메일은 꼭 실제 사용하는 이메일을 입력해야 합니다. 이메일에서 인증 코드를 확인할 수 있기 때문입니다. ❷ 비밀번호까지 다 입력했다면 ❸ [Complete the registration]을 클릭해 최종 제출합니다.

Product:	VEGAS Pro Trial	
Title*:	❶ Ms. ▾	성별
First name*:	Seongwoo	이름
Last name*:	KIM	성
Country*:	Korea, Republic Of ▾	국가
Email address*:	ncedd@naver.com	이메일
Password*:	❷ ●●●●●●●●●●	비밀번호
Confirm password*:	●●●●●●●●●●	비밀번호 확인
	› Tips on creating a password	

To complete your registration, please click on "Complete the registration".

❸ Complete the registration

비밀번호에는 문자, 숫자 그리고 특수 문자가 반드시 들어가야 해요.

4. 인증 코드가 이메일로 전송되었다는 창이 나타납니다.

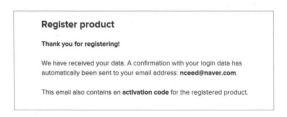

5. 이메일을 열어서 ❶ 링크 주소를 클릭하면 인증 코드가 나타납니다. ❷ 인증 코드를 복사하세요.

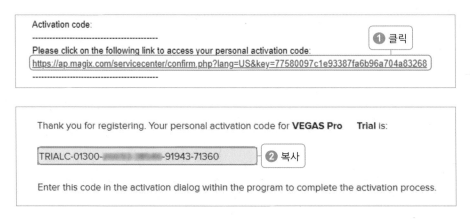

6. 베가스로 돌아와 ❶ 복사한 인증 코드를 붙여 넣은 후 ❷ [지금 등록하십시오]와 ❸ [프로그램 테스트]를 연속해서 클릭하세요. 그러고 나면 베가스 프로 20 체험판 설치가 완료되고 프로그램이 실행됩니다.

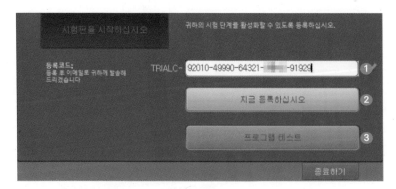

📹 01-2
코덱 설치하기

베가스 프로를 설치했으니 당장 영상을 편집하고 싶지요? 잠깐만 기다리세요! 영상 편집할 때 꼭 필요한 코덱과 글꼴 설치 작업이 남았습니다.

코덱이란?

우리가 흔히 보는 동영상 파일은 비디오와 오디오를 꾹꾹 눌러 담은 여행용 가방(포맷)이라고 할 수 있습니다. 코덱은 동영상을 재생하고 편집할 수 있도록 가방을 여닫는 열쇠(압축 해제)와 자물쇠(압축) 역할을 하는 프로그램입니다. 동영상 파일이 있더라도 알맞은 코덱이 없으면 동영상을 열 수 없어 재생할 수 없습니다. 따라서 다양한 규격의 동영상 파일을 열 수 있는 코덱을 반드시 설치해야 합니다. 세상에 수많은 열쇠와 자물쇠가 있듯 코덱의 종류도 다양합니다.

하면 된다! } 퀵타임 플레이어(코덱) 설치하기

배경이 투명한 영상 또는 아이폰에서 촬영한 영상 파일처럼 확장자가 MOV인 파일을 편집하려면 코덱을 추가해야 합니다. MOV는 애플에서 독자적으로 개발한 포맷이라 따로 코덱 설치가 필요하다는 정도로만 이해해 주세요. 퀵타임 플레이어에 코덱이 포함되어 있으므로 MOV 파일을 열고 편집할 수 있는 퀵타임 플레이어(QuickTime Player)를 설치해 보겠습니다.

1. 포털 사이트에서 '퀵타임 플레이어'를 검색해 설치 파일을 다운로드합니다.

2. 설치 파일을 실행한 후 [다음]을 누릅니다.

3. 설치 유형은 ❶ 기본 설정인 [일반]을 선택하고 ❷ [다음]을 누릅니다.

4. 프로그램을 어디에 설치할지 묻는 창이 나타납니다. 대상 폴더 경로를 설정한 후 ❶ [바탕 화면 바로 가기 설치] 체크를 해제합니다. 그리고 ❷ [설치]를 클릭합니다.

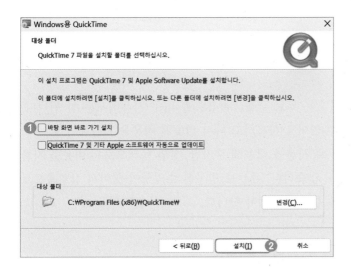

5. 성공적으로 설치되었다면 [완료]를 클릭해 마무리합니다.

📹 01-3
저작권 걱정 없는 무료 글꼴 설치하기

인터넷에서 검색하면 나오는 무료 글꼴(서체·폰트)을 마구 사용해서는 안 됩니다. 글꼴은 무료로 설치할 수 있어도 사용하고 나서 뒤늦게 비용을 지불해야 할 수도 있습니다. 개인에게는 무료 사용을 허용해 주지만, 상업 목적으로는 비용을 지불하도록 제한을 둔 글꼴도 많습니다. 유튜브 영상은 수익성이 있어서 상업용으로 볼 가능성이 크기 때문에 특히 조심해야 합니다.

글꼴 저작권 고민은 이 두 사이트로 끝!

반면 일반 기업이나 공공 기관에서 홍보용으로 배포한 무료 글꼴도 있습니다. 유튜브 영상에서 자주 볼 수 있는 한나체·주아체·을지로체는 배달의민족 앱을 만든 우아한형제들에서 만든 글꼴입니다. 굵직한 폰트로 묵직한 느낌을 주는 몬소리체는 소셜 커머스 업체인 티몬이 만들었고, 유려한 문체가 매력적인 마포금빛나루체는 마포구에서 만들었습니다.

배민 을지로체 우아한형제들	몬소리체 티몬	마포금빛나루 마포구
누군가에게 닮고싶은 사람이 되자	뭔소리 하는건지 나도 몰라	계획을 세우지 않는 것이 계획입니다

다행인 점은 우리가 이런 무료 글꼴을 찾으려고 일일이 웹 사이트를 돌아다니지 않아도 된다는 사실입니다. 상업 목적으로 이용할 수 있는 글꼴만 모아 놓은 사이트가 있으니까요!

한글 무료 글꼴 찾기 — 눈누

눈누(https://noonnu.cc/)는 상업용으로 사용할 수 있는 한글 무료 글꼴만을 한데 모아 놓은 사이트입니다. [추천 폰트]만 들어가 봐도 이름만 몰랐지 보는 순간 느낌이 딱 오는 익숙한 글꼴도 많을 거예요. [모든 폰트]에 들어가면 검색을 통해서도 글꼴을 찾을 수 있습니다.

훌륭한 점이 하나 더 있습니다. 이 사이트는 특정 글꼴로 문구를 썼을 때 어떤 느낌일지 쉽게 알 수 있도록 웹에서 바로 테스트할 수 있습니다. 글꼴을 일일이 설치하지 않아도 되니 무척 편리합니다.

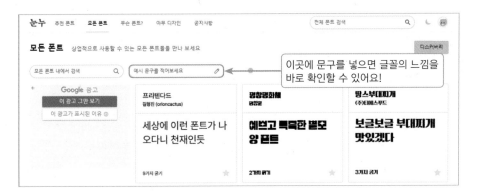

실습하는 데 필요한 글꼴을 미리 설치해 보겠습니다. 지금 소개하는 나눔글꼴, 배달의민족 글꼴은 유튜브를 포함한 다양한 콘텐츠에서 많이 사용해서 활용도가 높으므로 꼭 설치해 주세요.

하면 된다! } 나눔글꼴 설치하기

나눔글꼴은 네이버에서 제공하는 무료 글꼴입니다. 35종으로 구성되어 있으므로 나눔글꼴만 잘 활용해도 다양한 스타일의 자막을 만들 수 있습니다. 기본 중의 기본이라 생각하고 반드시 설치하세요.

1. 나눔글꼴을 전부 한꺼번에 다운로드해 보겠습니다. 네이버 나눔글꼴 사이트 (https://hangeul.naver.com/font)로 이동합니다. [나눔글꼴 전체 내려받기]를 클릭합니다.

2. 다운로드한 압축 파일의 압축을 풀어 주세요. ❶ [나눔고딕] 폴더를 선택합니다 ❷ [NanumFontSetup_TTF_GOTHIC]의 압축을 풀어 주세요. TTF와 OTF 둘 중의 하나만 설치하면 되는데 여기서는 TTF를 추천합니다. ❸ 모두 선택한 후 마우스 오른쪽 버튼을 누르고 ❹ [설치]를 클릭하면 글꼴이 자동으로 설치됩니다. 다른 폰트도 같은 방법으로 설치하면 됩니다.

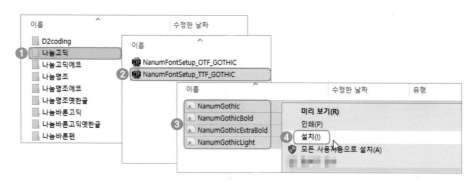

하면 된다! } 배달의민족 글꼴 설치하기

배달의민족 글꼴은 레트로 느낌의 복고풍 글꼴로 많은 사랑을 받고 있습니다. 나눔글꼴과 마찬가지로 상업용·비상업적 용도로 누구나 쓸 수 있는 인기 무료 글꼴입니다.

1. 배달의민족 글꼴 사이트(https://www.woowahan.com/fonts)에 접속합니다. 글꼴은 총 10개로 [글꼴 전체 패키지 다운로드]를 클릭해 다운로드합니다.

2. 다운로드한 글꼴의 압축을 풀어 준 후 [fonts] → [ttf] 폴더로 이동합니다. ❶ 폰트를 모두 선택한 후 마우스 오른쪽 버튼을 누릅니다. ❷ [설치]를 클릭하면 글꼴이 자동으로 설치됩니다.

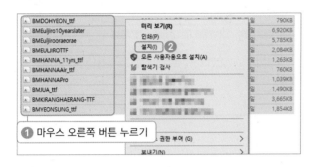

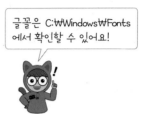

글꼴은 C:\Windows\Fonts 에서 확인할 수 있어요!

영문 무료 글꼴 찾기 — 다폰트

독특하게 연출하고 싶을 때 영문 글꼴을 사용하는 경우가 있습니다. 간단한 예로 새해나 크리스마스 시기에 흔히 나누는 인사 문구에 영문 글꼴을 사용해 살짝만 꾸며 줘도 세련된 느낌을 줄 수 있습니다.

이번에 소개하는 다폰트(https://www.dafont.com)는 개성 있는 영문 글꼴을 모아 놓은 사이트입니다. [Download] 버튼 위에 '100% Free'라고 적혀 있다면 상업용으로 쓸 수 있습니다.

상업용으로 사용할 수 없습니다.

상업용으로 사용할 수 있습니다.

하면 된다! } 레트로 느낌이 나는 VCR OSD Mono 글꼴 설치하기

레트로 느낌이 물씬 풍기는 VCR OSD Mono 글꼴을 설치해 보겠습니다. 옛날 비디오 느낌을 연출할 때 자주 쓰는 글꼴인데 5장 실습에서 사용할 것이므로 지금 미리 설치해 봅시다.

1. 다폰트 사이트(https://www.dafont.com)에 접속해서 ❶ 검색창에 'VCR OSD MONO'를 입력하고 ❷ [Search]를 누릅니다.

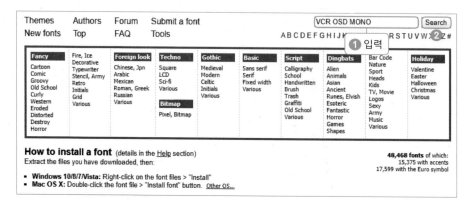

2. 오른쪽에 [Download]를 클릭합니다.

예시 문구를 클릭하면 상세 정보를 볼 수 있습니다.

3. 다운로드한 글꼴 압축 파일을 마우스 오른쪽 버튼으로 눌러 ❶ [여기에 풀기]를 클릭하고 ❷ [설치]를 클릭해 글꼴을 설치합니다.

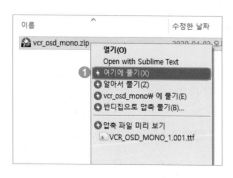

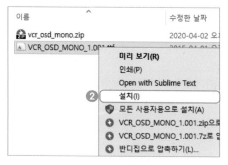

01-4
알아 두면 힘이 되는 웹 사이트

지금까지 잘 따라 왔다면 영상 편집을 위한 기본 준비는 모두 끝났습니다. 수영을 예로 들면 물에 풍덩 빠져 놀기 위한 준비 운동은 끝난 셈입니다. 지금부터 소개하는 내용은 튜브나 수경 또는 구명조끼와 같은 역할을 하는 도구입니다. 필수품은 아니지만 있으면 물놀이를 더 즐겁고 안전하게 즐길 수 있는 것처럼요.

1. 국내 최대 베가스 커뮤니티 — 베가스 프로 배움터

네이버 카페 베가스 프로 배움터(https://cafe.naver.com/vegas8090)는 2009년에 개설된 국내 최대 베가스 커뮤니티로 현재 회원수가 25만여 명이나 됩니다. 영상 제작에 필요한 자료와 정보가 가득합니다. 하지만 입문자에게는 정보가 너무 많아도 부담스럽습니다. 제가 권하는 콘텐츠는 [베가스 강의실]과 [질문/답변] 게시판입니다. 두 게시판만 잘 활용해도 실력 향상에 큰 도움이 됩니다.

2. 무료 이미지·동영상 사이트 — 픽사베이

픽사베이(https://pixabay.com/ko)는 이미지와 동영상 1,800만 개를 공유하는 사이트입니다. 단, 모든 자료를 무료로 제공하는 것은 아니라 이용 약관을 반드시 확인해야 합니다.

사용법은 간단합니다. 먼저 ❶ 원하는 키워드를 검색하세요. 만약 비디오 파일을 다운로드하고 싶다면 옵션을 누르고 ❷ [비디오]를 선택하면 됩니다. 마우스를 올려 놓으면 미리보기 화면을 볼 수 있어서 편리합니다. ❸ 원하는 비디오를 클릭해 보세요.

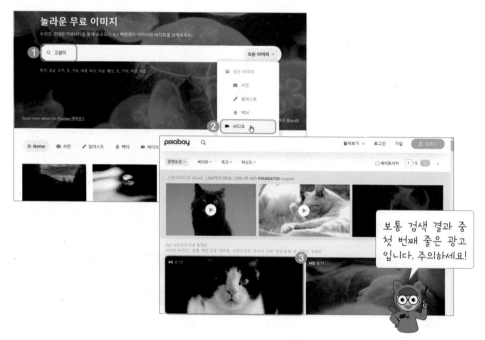

화면 오른쪽에서 내가 찾는 파일이 맞는지 미디어 종류, 해상도, 길이 등을 확인합니다. 라이선스까지 확인한 후 [무료 다운로드]를 클릭해 다운로드하면 됩니다.

3. 무료 음원 사이트 — 유튜브 오디오 보관함

유튜브 오디오 보관함(https://www.youtube.com/audiolibrary)에는 유튜브에서 사용할 수 있는 배경 음악과 효과음이 모여 있습니다. 댄스&일렉트로닉, 락, 레게 등 14개 '장르'나 고요하고 맑음, 극적, 낭만적 등 10가지 '분위기'로 분류되어 있어서 마음에 드는 음원을 쉽게 찾을 수 있습니다.

유튜브 스튜디오에서 [오디오 보관함]을 클릭해 들어갈 수 있습니다.

4. 무료 음원 유튜브 채널 — 데이드림 사운드

데이드림 사운드(http://bit.ly/DayDream_Youtube)는 유튜브 영상을 만들 때 필요한 효과음과 배경 음악을 공유하는 유튜브 채널입니다. 예능에 자주 등장하는 만화 같은 효과음부터 공포 분위기를 연출하는 배경 음악까지 상황별로 어울리는 무료 효과음이 가득 쌓여 있습니다. 일일이 효과음을 찾아야 하는 수고를 덜어 주므로 영상 제작 시간도 아낄 수 있습니다.

다운로드 방법을 소개합니다. 마음에 드는 효과음 영상을 골랐다면 ❶ [더보기]를 클릭하세요. 그다음 ❷ 다운로드 주소를 클릭합니다. ❸ 새 창이 뜨면 마지막으로 상단에 있는 다운로드 아이콘을 클릭하면 다운로드가 시작됩니다.

5. 색상 조합 사이트 — 어도비 컬러

자막을 만들거나 영상 효과를 낼 때 여러 가지 색상을 사용하는데요. 만약 색상 조합이 어렵게 느껴진다면, 어도비 컬러 사이트(https://color.adobe.com/ko)를 이용해 쉽고 간편하게 원하는 색 조합을 만들어 보세요.

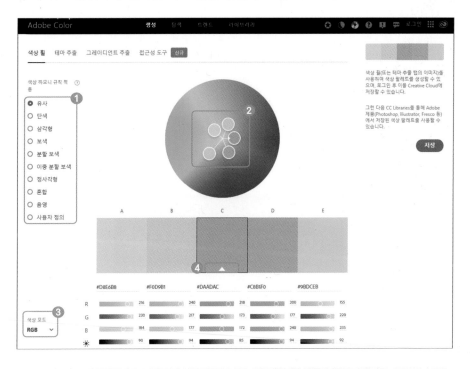

❶ 유사, 단색, 삼각형, 보색, 혼합, 음영 중에서 원하는 조합 규칙을 선택합니다.
❷ 동그라미를 마우스로 드래그해 움직이면 색상 조합이 바뀝니다.
❸ RGB, CMYK 등 원하는 색상 모드를 선택할 수 있습니다. 동영상에서는 RGB 모드를 씁니다.
❹ ▲를 누르면 원하는 색상이 고정된 채로 다른 색상을 조절할 수 있습니다.

색이 무조건 다양하고 화려하다고해서 좋은 것은 아닙니다. 자신을 상징하는 대표 색상을 골라 보는 것은 어떨까요? 대표 색상을 중심에 놓고 색의 활용도를 조금씩 높이는 방식을 추천합니다.

비디보에서 무료 영상 클립 다운로드하기

비디보(videvo)는 무료로 쓸 수 있는 영상, 배경 음악, 효과음을 풍성하게 제공하는 사이트입니다. 유료 영상도 있지만 회원 가입을 하지 않아도 이용할 수 있는 고품질 무료 영상이 많고, 주제별로 잘 정리되어 있어서 영상 편집을 연습하기 딱 좋습니다.

앞으로 수행할 '도전 크리에이터'는 비디보 사이트에서 제공하는 무료 영상 클립을 사용합니다. 따라서 사용 방법을 미리 연습해 볼게요.

1. 무료 영상 사이트 비디보(https://www.videvo.net)에 접속한 후 [All Videos]를 클릭합니다.

2. ❶ 필터를 열어 ❷ [Royalty-Free]를 선택합니다.

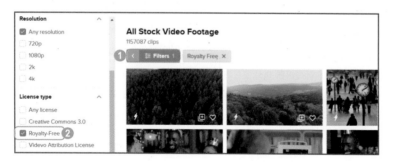

3. 'Free'로 표시된 비디오를 선택한 후 [Free Download]를 클릭합니다. 개인은 자유롭게 쓸 수 있지만 상업용은 영상별로 라이선스를 확인해야 합니다.

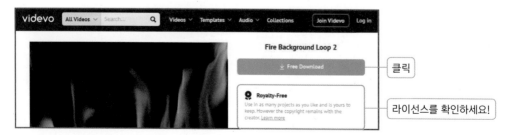

02

영상 제작!
처음부터 끝까지 30분이면 완성!

영상 제작의 시작과 끝을 30분 안에 배워 봅시다! 이번 시간에는 프로젝트 설
정부터 영상을 출력하는 렌더링까지 영상 제작의 전체 과정을 하나하나 직접
실습합니다. 여기서 다루는 내용만 알아도 간단한 영상쯤은 만들 수 있을 만큼
편집의 기본을 충실하게 담았습니다. 백문이 불여일견! 베가스 프로의 기본기
를 제대로 익혀 봅시다.

02-1
새 프로젝트 만들기

이제 베가스를 실행합니다. 낯선 화면 때문에 복잡하고 어렵게 느낄 수 있습니다. 하지만 익숙하지 않을 뿐이지 전혀 어렵지 않습니다. 천천히 단계별로 접근할 테니 저를 믿고 따라와 주세요. 그럼 베가스 프로를 시작하겠습니다!

하면 된다! } 베가스 화면 구경하기

베가스 화면은 탐색 화면(Ⓐ), 타임라인(Ⓑ), 트랙 리스트(Ⓒ), 미리보기 화면(Ⓓ)의 4개 구역으로 이뤄져 있습니다. 설명하기 쉽도록 일반적인 작업 흐름에 따라 Ⓐ, Ⓑ, Ⓒ, Ⓓ로 구분했습니다.

각 구역이 어떻게 유기적으로 움직이는지 간단한 예를 들어 설명해 볼게요. 탐색 화면(Ⓐ)에서는 편집할 소스 파일을 불러올 수 있습니다. 윈도우 탐색기라고 생각하면 됩니다. 불러온 동영상 내용 파일을 Ⓑ로 드래그하면 영상 편집을 시작할 수 있습니다. 이때 Ⓒ는 Ⓑ에 놓인 파일을 비디오 트랙과 오디오 트랙으로 구분해서 보여 줍니다. Ⓓ에서 편집 중인 영상을 미리 볼 수 있습니다.

가장 기본적인 이 흐름을 꼭 기억해 두세요. 구역별 세부 기능은 이후 실습하면서 하나씩 자연스럽게 익힐 수 있습니다.

Ⓐ 탐색 화면

영상 파일뿐만 아니라 편집할 때 사용할 음악, 자막, 화면 전환 효과, 그래픽 효과 등 모든 소스가 들어 있는 창고 같은 곳입니다. 베가스에서는 이러한 소스 하나하나를 미디어라고 부릅니다. 하단의 ❶~❺를 클릭하면 화면이 바뀝니다. 하나씩 클릭해서 직접 확인해 보세요. 각 탭의 용도는 다음과 같습니다.

하나씩 클릭하면서 살펴보세요.

❶ **프로젝트 미디어(Project Media):** 프로젝트에서 사용할 미디어 파일이 모두 들어 있습니다. 편집할 소스 파일을 타임라인으로 드래그하면 이 서랍으로 모입니다.

❷ **탐색기(Explorer):** 영상, 음악 등 미디어 파일을 내 PC에서 직접 찾아 불러올 수 있습니다.

❸ **비디오 효과(Video FX):** 영상에 넣을 특수 효과만 모아 놓았습니다.

❹ **미디어 생성기(Media Generators):** 자막, 배경, 텍스처 등을 직접 만들 수 있습니다.

❺ **변환 효과(Transitions):** 장면 전환 효과만 모아 놓았습니다.

VEGAS 허브, VEGAS 허브 익스플로러는 베가스 365(영문판)에서 제공하는 기능입니다. 스마트폰에서 타임라인으로 미디어를 보내는 기능과, 로열티 프리 스톡 비디오 및 오디오를 검색하여 사용할 수 있습니다.

Ⓑ 타임라인

타임라인은 실제 영상 편집이 이루어지는 곳으로 영상을 제작할 때 필요한 소스를 배치합니다. 마치 햄버거를 만들 듯 필요한 영상 재료를 겹겹이 쌓아 올리면 됩니다. 다음 그림을 보면 타임라인이 두 줄입니다. 색상과 모양이 조금 다르죠? 보라색은 비디오, 자주색은 오디오입니다. 이곳을 자유롭게 다루려면 에디트 라인과 클립이라는 용어를 반드시 알아야 합니다.

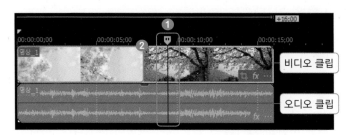

❶ 에디트 라인: 현재 재생 위치를 알려 주는 막대입니다.
❷ 클립: 타임라인에 있는 상자 하나하나를 의미합니다. 클립이 중요한 이유는 편집이 이루어지는 대상이자 단위이기 때문입니다. 비디오 클립, 오디오 클립, 자막 클립 등이 있습니다.

Ⓒ 트랙 리스트

소리가 들어 있는 영상 파일을 타임라인에 불러오면 비디오 클립과 오디오 클립이 나타나는 동시에, 트랙 리스트에도 비디오 트랙과 오디오 트랙이 생성됩니다. 타임라인에서는 클립 단위로 하나씩 편집할 수 있지만 트랙을 편집하면 타임라인 위에 놓인 전체 클립에 영향을 미칩니다. 예를 들면, 트랙 자체(클립 전체)를 안 보이게 숨길 수도 있고, 볼륨을 일괄 조절할 수도 있습니다.

사진 파일을 불러오면 비디오 트랙이, 음악 파일을 불러오면 오디오 트랙이 나타납니다. 반대로 트랙을 먼저 생성한 후 타임라인으로 파일을 옮겨 올 수도 있습니다. 보라색은 비디오 트랙, 자주색은 오디오 트랙입니다.

타임라인과 트랙의 관계를 잘 이해해야 나중에 헷갈리지 않아요. 트랙이 기차 선로라면, 타임라인에 있는 클립들은 줄지어 연결된 기차라고 생각하면 쉽습니다.

Ⓓ 미리보기 화면

타임라인(Ⓑ)의 에디트 라인이 위치한 곳의 화면을 보여 줍니다. 자막이 잘 들어갔는지, 장면 전환 효과는 잘 작동하는지 바로바로 확인할 수 있습니다. 상단에 여러 아이콘이 보입니다. 앞으로 실습하면서 하나씩 배울테니 화질 설정 방법만 알고 넘어가세요!

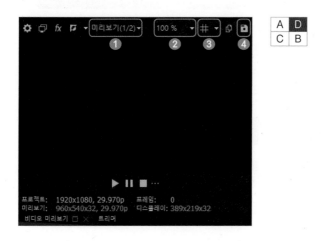

❶ **미리보기:** 미리보기 화면의 화질을 설정할 수 있습니다. 화질이 좋은 순서대로 최상(Best), 양호(Good), 미리보기(Preview), 초안(Draft)이 있습니다.
❷ **미리보기 확대, 축소:** 미리보기를 확대하고 축소할 수 있는 기능입니다. 마우스 휠을 조정하여 사용할 수 있습니다.
❸ **오버레이:** 미리보기 화면에 격자, 안전 범위 안내선을 표시합니다.
❹ **스냅샷:** 미리보기 화면을 그림 파일로 저장합니다.

화면 구성은 사용자의 편의에 맞게 위치를 옮기거나 크기를 조절할 수 있지만, 이 책에서는 기본 설정 화면을 그대로 사용합니다. 그리고 지면을 효율적으로 쓰기 위해 각 구역만 별도로 캡처한 경우가 많습니다. 실습하면서 헷갈리지 않도록 각 구역의 위치와 쓰임새를 잘 기억해 주세요.

> **김나옹의 꿀팁** 🐝 **베가스에서 시간을 읽는 방법**
>
> 타임라인의 맨 윗줄은 '시간 눈금자'입니다. 시간 눈금자를 보면 영상의 길이를 가늠할 수 있습니다. 그런데 자세히 보면 우리가 흔히 사용하는 시, 분, 초 말고 세미콜론(;) 뒤에 하나가 더 있습니다. 이를 '프레임'이라고 합니다. 프레임은 동영상의 가장 작은 시간 단위인데 '동영상 1초를 구성하는 사진의 수'라고 이해하면 됩니다.

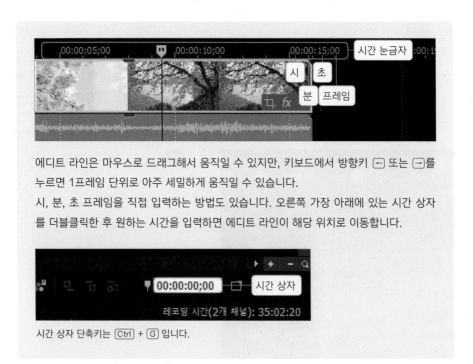

에디트 라인은 마우스로 드래그해서 움직일 수 있지만, 키보드에서 방향키 ← 또는 →를 누르면 1프레임 단위로 아주 세밀하게 움직일 수 있습니다.

시, 분, 초 프레임을 직접 입력하는 방법도 있습니다. 오른쪽 가장 아래에 있는 시간 상자를 더블클릭한 후 원하는 시간을 입력하면 에디트 라인이 해당 위치로 이동합니다.

시간 상자 단축키는 Ctrl + G 입니다.

하면 된다! } 프로젝트 만들고 설정하기

프로젝트는 그림을 그리는 도화지와 같습니다. 그림을 그리기 전에 도화지 크기를 정하는 것처럼, 영상이라는 그림을 그리기 전에 프로젝트를 설정해야 합니다. 만약 이 과정을 제대로 하지 않고 진행하면 영상이 깨지거나 효과가 제대로 적용되지 않을 수 있습니다. 영상을 만들기 전 꼭 프로젝트를 먼저 설정하세요.

1. 베가스를 실행하면 시작 화면이 나타납니다. 왼쪽에서 ❶ [16x9 TV와 유튜브]와 ❷ [30p]를 선택하고, ❸ [프로젝트 생성] 버튼을 클릭합니다.

1. [속성(Properties) ⚙]을 클릭해 프로젝트 설정에 들어갑니다.

2. 유튜브에 가장 적합하고 일반적으로 많이 사용하는 프로젝트 규격이 어떻게 설정되어 있는지 확인해 보겠습니다. 확인이 끝났거나 변경하고자 하는 항목을 변경했다면 ⑥ [확인]을 클릭하여 저장합니다.

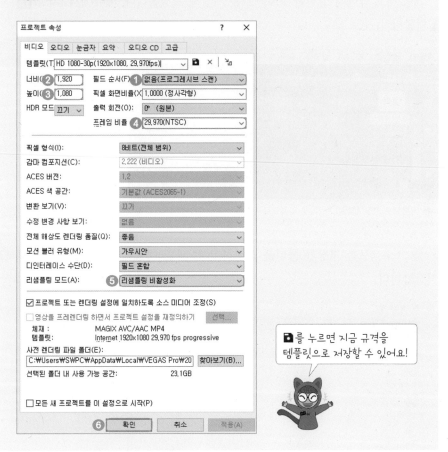

📩를 누르면 지금 규격을 템플릿으로 저장할 수 있어요!

❶ **필드 순서(Field order):** 모니터나 TV에 이미지를 보여 주는 방식을 설정합니다. 프로그레시브 스캔(progressive scan)은 순차 주사 방식이라고 부르는데 TV 송출용이 아니라면 [없음]으로 설정해야 합니다.

❷ **너비(Width):** 유튜브 권장 해상도인 16:9 비율로 1920이 설정됩니다(4K는 3840).

❸ **높이(Height):** 유튜브 권장 해상도인 16:9 비율로 1080이 설정됩니다(4K는 2160).

❹ **프레임 비율(Frame):** 29.970(NTSC)는 30프레임으로 통용됩니다(60프레임은 59.940).

❺ **리샘플링 모드(Resample mode):** [리샘플링 비활성화(Disable resample)]를 선택해 편집 영상에 잔상이 생기는 문제를 차단합니다.

하면 된다! } 프로젝트 저장하기

1. 그럼 이제 앞에서 설정한 프로젝트를 저장해 보겠습니다. 메뉴에서 [저장 🖫]을 클릭합니다.

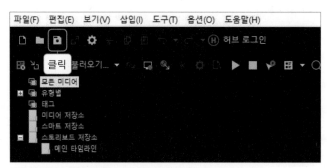

저장의 단축키는 Ctrl + S 입니다!

다른 이름으로 저장: [파일] → [다른 이름으로 저장]

2. ❶ 프로젝트를 저장할 폴더를 지정하고 ❷ 파일 이름에 '2-1'을 입력한 후 ❸ 저장합니다.

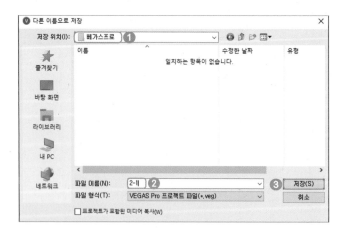

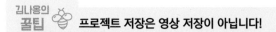

하면 된다! } 프로젝트 불러오기

1. 방금 저장한 베가스 프로젝트 파일(2-1.veg)을 불러오겠습니다. 메뉴에서 [열기 📁]를 선택합니다.

불러오기의 단축키는 Ctrl + O 입니다!

2. ❶ 저장한 [2-1.veg] 파일을 찾아서 선택한 후 ❷ [열기]를 클릭합니다. 또는 파일을 더블클릭해도 됩니다.

동영상의 시간을 구성하는 가장 작은 단위이자 동영상 1초를 구성하는 사진의 수를 의미하는 것은?

❶ 클립　　❷ 에디트 라인　　❸ 프레임　　❹ 타임라인

정답: ❸

🎥 02-2
컷 편집하기

준비 파일 2장/영상_1.mp4

완성 파일 2장/완성/2-1완성.mp4, 2-1완성.veg   작업 시간 30분

영상 편집에서 가장 기본인 컷 편집을 배워 보겠습니다. 컷 편집이란 쉽게 말해 영상을 자르고 붙이는 일입니다. 자르고 붙이는 일 자체는 어렵지 않지만 컷 편집은 영상 편집의 반이라고 할 정도로 많은 부분을 차지합니다. 또한 어떻게 자르고 붙이느냐에 따라 영상의 분위기마저 뒤바꿀 수 있어서 컷 편집은 영상 편집에서 가장 중요한 요소라고 할 수 있습니다.

하면 된다! } 타임라인 확대/축소하기

먼저 예제 영상을 타임라인에 불러오겠습니다. 영상을 불러오는 방법은 여러 가지가 있지만 지금 소개하는 방법이 가장 간단합니다.

1. 윈도우 탐색기를 열고 홈페이지에서 다운로드한 실습 파일의 [2장] 폴더를 열어 주세요. [영상_1.mp4] 파일을 드래그해서 타임라인 앞부분에 붙여 넣으세요.

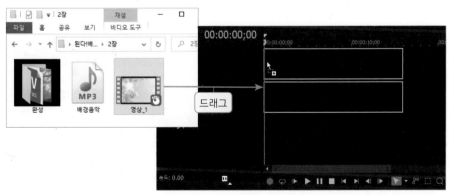

실습 파일 다운로드는 14쪽을 참조하세요!

2. 이때 경고 메시지가 나타날 수 있습니다! 현재 프로젝트의 속성을 방금 타임라인에 드래그한 동영상과 같은 속성으로 변경할 것인지 묻는 내용입니다. 우리는 앞에서 프로젝트를 새로 설정했으므로 속성을 변경할 필요가 없습니다.

❶ '최초로 추가된 비디오에 항상 기본 프로젝트 비디오 설정' 앞에 체크하고
❷ [아니오]를 클릭하면 이제 더 이상 경고 메시지가 나타나지 않습니다.

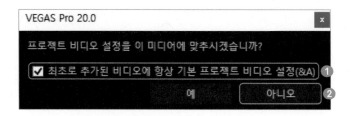

3. [영상_1.mp4] 파일이 타임라인에 들어온 것을 확인할 수 있습니다. 영상의 위치가 다음 그림과 같이 다른 곳에 있다면 드래그해서 맨 앞으로 옮겨 주세요.

4. 만약 영상 클립의 길이가 타임라인을 벗어나거나 세밀하게 작업해야 할 때는 타임라인의 비율을 조절하면 됩니다. 마우스 커서를 타임라인에 올린 후 마우스 휠을 위로 돌리면 확대되고, 반대로 휠을 아래로 내리면 축소됩니다.

타임라인을 확대한 후 스크롤바로 위치를 찾아 가세요.

5. 마우스를 사용하지 않는 방법도 있습니다. 키보드에서 방향키 ⬆, ⬇ 를 눌러 보세요.

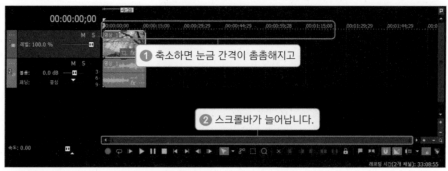

① 축소하면 눈금 간격이 촘촘해지고

② 스크롤바가 늘어납니다.

스크롤바의 길이는 타임라인의 확대·축소 비율에 따라 자동으로 조절됩니다.

하면 된다! } 영상 재생/정지하기

영상이 제대로 재생되는지 확인해 보고 싶죠? 재생과 정지 기능은 매우 자주 사용하므로 단축키로 익혀 두는 것이 좋습니다. 작업 시간을 아낄 수 있는 빨리 감기, 뒤로 감기도 단축키로 배워 보겠습니다. 손에 익도록 꼭 직접 해보세요!

1. 가장 많이 사용하는 재생 방법은 Enter 와 Spacebar 를 사용하는 것입니다. 먼저 ① Enter 를 눌러서 재생해 보세요. 에디트 라인이 오른쪽으로 움직이기 시작합니다. 미리보기 화면을 보면서 벚꽃과 호수가 나오기 시작하면 다시 ② Enter 를 눌러 보세요. 영상이 그 자리에 멈춥니다.

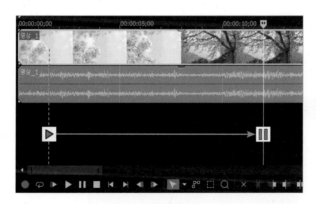

2. 이어서 ① Spacebar 를 눌러 보세요. 에디트 라인이 다시 움직이기 시작합니다. 영상의 끝나기 전에 다시 ② Spacebar 를 눌러 보세요. 에디트 라인이 Spacebar 를 처음 눌렀던 지점으로 돌아갔죠? 이렇듯 Spacebar 로 정지하면 에

디트 라인은 재생을 시작했던 지점으로 돌아갑니다.

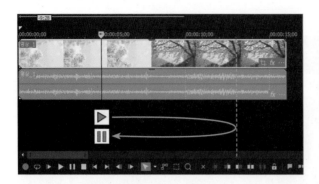

3. 두 번째 방법은 단축키 L, K, J를 이용하는 것입니다. 먼저 L을 누르면 재생됩니다. L을 한 번 더 누르면 속도가 빨라집니다. L을 계속 누르면 최대 4배속까지 빠르게 재생할 수 있습니다.

재생 속도

L을 눌러도 재생되지 않는다면 키보드의 한/영 을 눌러 보세요. 한글로 설정되었을 때는 단축키를 사용할 수 없습니다.

4. 영상이 재생될 때 K를 눌러 보세요. 영상이 정지되었죠? K는 Enter 와 마찬가지로 에디트 라인이 위치한 곳에서 영상을 정지시킵니다.

5. 이제 ⌨J⌨를 눌러 볼게요. 어때요? 영상이 뒤로 가죠? 한 번 더 눌러 보겠습니다. 더 빠르게 뒤로 갑니다. ⌨J⌨는 ⌨L⌨과 마찬가지로 최대 4배속까지 뒤로 감을 수 있습니다.

키보드에서 ⌨J⌨, ⌨K⌨, ⌨L⌨은 나란히 있습니다. 왼손의 약지, 중지, 검지를 올려놓고 작업하면 편하겠죠?

김나옹의 꿀팁 🐝 ⌨Spacebar⌨와 ⌨Enter⌨는 언제 쓰는 게 좋을까?

영상을 재생할 때 ⌨Enter⌨를 누르면 그 위치에 딱 멈춥니다. 따라서 "어느 위치에 자막을 넣지?" 또는 "이 위치에 효과음을 넣을까?"처럼 정확한 편집 지점을 찾고 싶을 때는 ⌨Enter⌨를 사용합니다.

⌨Spacebar⌨를 누르면 처음 위치로 돌아옵니다. ⌨Spacebar⌨를 한 번 더 누르면 아까 그 영상이 다시 재생되겠죠? ⌨Spacebar⌨를 연속해서 누르면 해당 구간의 영상을 반복해서 볼 수 있으므로 자막, 효과음, 화면 전환 효과가 제대로 들어갔는지 확인할 때는 ⌨Spacebar⌨를 사용합니다.

하면 된다! } 영상 길이 조절하기

1. 동영상 클립의 끝부분에 마우스 커서를 가져다 놓으면 ⯊ 모양으로 바뀝니다. 이때 클릭해서 왼쪽으로 드래그하면 클립의 길이가 줄어드는데, 드래그한 만큼 클립이 잘리기 때문입니다.

왼쪽으로 드래그

클립의 뒷부분이 잘린 모습

2. 반대로 오른쪽으로 드래그하면 영상의 길이가 늘어나며 방금 잘린 영상은 다시 복구됩니다.

잘렸던 부분이 복구된 모습. 되돌리기 단축키는 Ctrl + Z입니다.

3. 원본 영상 길이 이상으로 늘이면 동영상 클립에 ▼ 모양의 홈이 표시되는데, 여기서부터는 앞의 동영상이 반복되어 나타납니다.

4. 영상 클립 앞부분에도 똑같이 적용됩니다. 마우스 커서가 ⬌ 모양으로 바뀔 때 오른쪽으로 드래그하면 줄어든 길이만큼 영상이 잘리고, 다시 늘이면 잘린 영상이 복구됩니다.

앞부분 영상이 잘린 모습

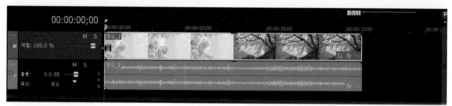

잘렸던 앞부분 영상이 복구된 모습

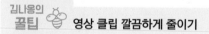
김나옹의 꿀팁 🐝 **영상 클립 깔끔하게 줄이기**

영상에서 필요 없는 부분을 마우스 드래그만으로 정확하게 잘라 내기는 어렵습니다. 이런 경우에는 에디트 라인을 활용해야 합니다. 에디트 라인을 편집할 위치에 미리 가져다 놓고, 영상 클립의 앞 또는 끝부분을 마우스로 잡아 끌고 오면 어느 순간 에디터 라인에 자석처럼 착! 달라붙어 자신이 원하는 위치에서 클립을 잘라 낼 수 있습니다.

하면 된다! } 클립 자르고 붙이기

영상을 필요한 부분만 완벽하게 촬영하는 건 불가능에 가깝습니다. 그러므로 영상에서 필요 없는 부분을 자르고 필요한 부분을 이어 붙이는 작업은 편집에서 필수입니다. 컷 편집에서 가장 중요한 비디오 클립을 자르고 붙이는 방법을 배워 보겠습니다.

1. 먼저 에디트 라인을 5초 부분에 가깝게 옮겨 주세요. 앞에서 배운 방법대로 영상을 재생해서 에디트 라인을 움직여도 되고, 마우스로 에디트 라인을 직접 드래그해도 됩니다. 키보드 방향키 ←, →를 이용하면 프레임 단위로 더 정밀하게 편집점을 잡을 수 있습니다.

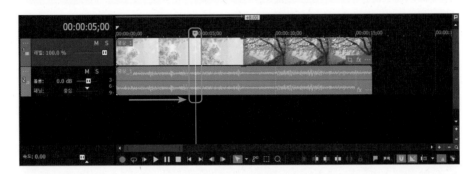

2. 키보드에서 S를 눌러 보세요. 에디트 라인을 기준으로 비디오 클립이 2개로 잘립니다. 이처럼 단축키 S는 비디오 클립과 오디오 클립 등을 둘로 자르는 기능을 합니다.

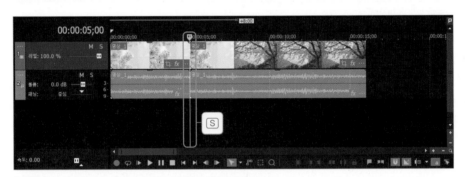

한/영 을 눌러 영문으로 설정해야 단축키 S가 작동합니다.

3. 이번엔 ❶ 에디트 라인을 10초 부분으로 옮긴 후 ❷ 단축키 S를 눌러 비디오 클립을 또 한 번 잘라 보세요. 이로써 클립이 3등분되었습니다.

4. 그럼 이제 가운데 클립을 삭제해 볼까요? 방법은 간단해요. ❶ 가운데 클립을 선택한 후 ❷ Delete 를 눌러 주면 됩니다.

5. 영상을 처음부터 재생해 보면 클립을 삭제해서 생긴 빈 부분이 검은색 화면으로 표시됩니다. 의도한 게 아니라면 빈 부분을 채워 주는 것이 좋겠죠? ❶ 뒷부분의 비디오 클립을 드래그해 앞 클립의 끄트머리에 붙여 주세요. 경계선에 다가가면 자석처럼 착 붙을 거예요.

6. 참 쉽죠? 알아서 착 달라붙는 이유는 [정렬 활성화 🧲] 기능이 활성화되어 있기 때문입니다. 만약 활성화되어 있지 않으면 클립을 제대로 붙이기 어렵습니다. 타임라인 아래에서 🧲 아이콘이 활성화되어 있는지 확인해 보세요. 물론 이 아이콘을 항상 활성화한 상태로 편집하는 것을 권장합니다.

7. [Ctrl] + [Z]를 여러 번 눌러서 비디오 클립을 3등분한 상태로 되돌립니다. 이번에는 가운데 클립을 삭제하기 전에 도구 상자에서 [자동 리플 █]을 클릭해 활성화합니다. 이후 가운데 클립을 삭제하면 뒤에 있는 클립이 자동으로 달라붙어 빈 부분이 채워집니다.

컷 편집 작업량이 많을 때 무척 유용합니다!

8. [자동 리플 █] 아이콘 오른쪽에 있는 ❶ 역삼각형 아이콘을 누르면 3가지 설정이 나타납니다. 기본 설정값인 [영향 받은 트랙]은 컷 편집이 된 트랙만 앞으로 당기기 때문에 자막 트랙이 있을 경우 자막과 영상의 싱크(sync)가 어긋날 가능성이 높아 추천하지 않습니다. ❷ 따라서 [모든 트랙, 마커 및 영역]으로 설정을 변경합니다.

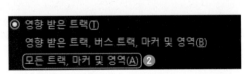

자동 리플의 3가지 설정

· **영향 받은 트랙**: 같은 트랙의 클립들만 앞으로 당깁니다.
· **영향 받은 트랙, 버스 트랙, 마커 및 영역**: 같은 트랙에 지정된 클립과 모든 요소를 앞으로 당깁니다.
· **모든 트랙, 마커 및 영역**: 모든 트랙의 모든 요소를 앞으로 당깁니다.

김나옹의 꿀팁 🐝 비디오 클립과 오디오 클립 분리하기

영상 클립을 움직일 때 비디오 클립과 오디오 클립이 함께 움직였지요? 타임라인 화면 아래에 있는 도구 상자에서 [이벤트 그룹핑 무시 📷]를 클릭해 비활성화하면 비디오 클립과 오디오 클립을 분리해 별도로 편집할 수 있습니다. 예를 들어 잡음이 너무 심해서 소리는 지우고 영상만 사용하고 싶을 때 소리와 영상을 분리해서 작업하면 됩니다.

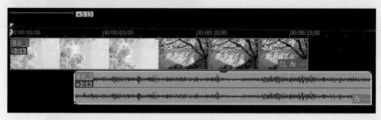

김나옹의 꿀팁 🐝 트리머 기능 활용하기

트리머는 타임라인에 편집할 영상을 삽입하기 전, 영상의 필요한 부분만 미리 잘라서 타임라인에 넣는 기능입니다. 긴 영상 파일을 편집할 때 유용한 기능이에요. 사용법은 간단합니다.

1. ❶ [탐색기]에서 편집할 영상이 들어있는 폴더를 찾아주세요. ❷ 트리머에 넣을 영상 파일을 선택한 후 [마우스 오른쪽 버튼]을 클릭해 ❸ [트리머에서 열기]를 선택합니다.

2. 트리머에 나오는 ① 미리보기 화면을 드래그해 영상의 일부분을 선택하거나 또는 화면 아래의 눈금자에서 영상의 편집 구간을 설정합니다. 그리고 ② 드래그를 통해 타임라인으로 영상을 삽입합니다. 또는 ③ 🎞[타임라인으로 추가] 버튼을 클릭해 에디트 라인 앞부분에 영상 클립을 삽입할 수 있습니다.

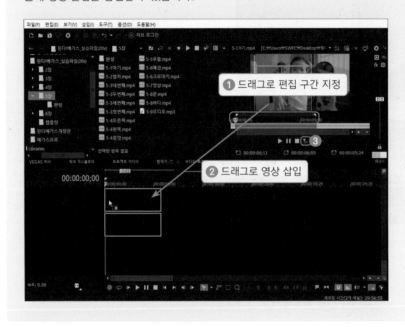

① 드래그로 편집 구간 지정

② 드래그로 영상 삽입

1분 퀴즈

다음 중 단축키와 기능이 <u>잘못</u> 짝지어진 것은?

❶ Ⓛ: 재생   ❷ Ⓙ: 역재생   ❸ Delete: 클립 삭제   ❹ Ⓒ: 클립 자르기

정답: ❹, 클립 자르기 단축키는 Ⓢ이다.

📹 02-3
영상 크기와 위치 변경하기

이벤트 패닝/자르기(Event Pan/Crop) 기능을 이용하면 영상 크기 변경은 물론 영상의 위치를 바꾸거나 화면을 회전시킬 수 있습니다. 영상뿐만 아니라 사진, 그림, 자막 등에도 활용할 수 있는 기능이니 잘 익혀 보세요!

하면 된다! } 이벤트 패닝/자르기 실행하기

1. 앞에서 실습한 영상 파일로 이어서 작업하겠습니다. 영상 크기를 조절하려면 별도의 화면을 띄워야 해요! 두 번째 영상 클립의 오른쪽 위에 있는 ⬚을 클릭하세요.

클립에 아이콘이 보이지 않는다면 Ctrl + Shift + C 를 눌러 보세요!

2. 다음과 같은 창이 나타났나요? 점선으로 된 그림 상자와 그 안에 점선으로 F라고 크게 적힌 글자가 보일 거예요. 이 상자의 이름은 여러 가지가 있지만 우리는 'F 상자'라고 부르겠습니다.

F 글자가 온전히 보이지 않는다면 창의 모서리를 드래그해 크기를 키워 보세요.

하면 된다! } 이벤트 패닝/자르기로 확대·축소·이동·회전하기

1. 먼저 확대/축소입니다. F 상자의 모서리에 마우스 커서를 가져다 놓으면 ⬉ 또는 ⬈ 모양으로 변합니다. 이때 안쪽으로 밀어 넣으면 F 상자는 작아지고 영상은 확대됩니다. 반대로 F 상자를 바깥쪽으로 잡아당기면 F 상자가 커지면서 영상은 작아집니다. 이벤트 패닝/자르기 작업을 하는 동안에는 미리보기 화면을 잘 확인해 주세요.

안쪽으로 드래그합니다.

영상이 확대됩니다.

바깥쪽으로 드래그합니다.

영상이 축소됩니다.

2. 특정 부분만 확대하는 방법을 알아볼게요. ❶ 먼저 F 상자를 작게 만들어 화면을 확대합니다. ❷ 그리고 F 상자 안쪽 부근에 마우스 커서를 올려 주세요. 그러면 마우스 커서가 ✥ 모양으로 바뀝니다. ❸ 이때 F 상자를 원하는 곳으로 드래그해 이동하면 됩니다.

3. 이제 영상을 회전시켜 보겠습니다. F 상자를 둘러싼 점선으로 된 원이 보이나요? ❶ 이 원에 마우스 커서를 올리면 ↻ 모양으로 바뀝니다. ❷ 이때 드래그하면 영상을 회전시킬 수 있습니다.

여기에서 주의할 점이 하나 있습니다! F 상자의 회전 방향과 미리보기 화면의 회전 방향은 반대라는 것입니다. F 상자를 회전시킬 때 꼭 미리보기 화면에서 회전 방향을 확인하면서 돌리세요.

시계 방향으로 회전

시계 반대 방향으로 회전된 모습

시계 반대 방향으로 회전

시계 방향으로 회전된 모습

4. 마지막으로 F 상자를 처음 크기로 복원하는 방법을 알아볼게요. ❶ F 상자를 마우스 오른쪽 버튼으로 누르고 ❷ [복원]을 클릭합니다. 그러면 다시 처음 크기 대로 돌아온 것을 확인할 수 있습니다.

5. [이벤트 패닝/자르기] 기능을 이용해서 화면 조절을 마쳤다면 ⊠ 를 눌러 창을 닫아 주세요. 창을 닫기만 하면 따로 저장하지 않아도 바로 적용됩니다.

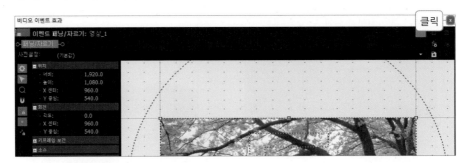

검은색 바를 없애는 방법

검은색 바는 왜 나타나는 걸까요? 프로젝트의 비율과 영상 또는 사진 클립의 비율이 일치하지 않기 때문입니다. 42쪽에서 프로젝트 규격을 정할 때 우리는 프로젝트 화면 비율을 유튜브 영상의 권장 해상도 비율인 16:9로 설정했습니다. 그런데 4:3 비율의 사진을 넣으면 비율이 맞지 않는 부분이 검정 바로 나타납니다.

따라서 화면 비율만 맞춰 주면 간단히 해결됩니다! 해당 클립의 [이벤트 패닝/자르기] 창에서 ❶ F 상자를 마우스 오른쪽 버튼으로 누르면 나타나는 팝업 메뉴에서 ❷ [출력 비율 맞추기]를 클릭합니다.

화면 비율이 달라 왼쪽에 검은색 바가 나타난 모습

그러면 프로젝트 규격에 맞는 비율로 F 상자가 조절되어 검은색 바가 사라집니다. 어때요? 참 쉽죠? 단, 이때 F 상자는 너비에 맞추어 화면 비율을 조절하므로 화면이 꽉 채워지는 대신 화면 일부가 잘릴 수 있습니다.

프로젝트 규격에 맞는 비율로 조절된 모습

 다음 중 화면 크기를 조절하는 아이콘은?

①    ②   ③   ④ Ü

정답: ❶, 이벤트 팬닝/자르기 아이콘이다.

02-4
장면 전환 효과(변환 효과) 넣기

장면 전환(변환 효과, 트랜지션)은 영상의 장면과 장면 사이에 적용하는 효과입니다. 이번 시간에는 베가스 프로에서 제공하는 변환 효과 기능으로 영상을 좀 더 풍부하게 만드는 방법을 배우겠습니다.

하면 된다! } 크로스 페이드 변환 효과 만들기

1. 두 번째 클립을 드래그해 움직여서 일부러 앞의 클립과 살짝 겹쳐 놓아 보세요. 만약 서로 겹쳐지지 않는다면 도구 상자에서 [자동 크로스 페이드 ◪]가 활성화되어 있는지 확인합니다.

크로스페이드는 두 개의 영상을 자연스럽게 겹치는 것!

영문판 Automatic Crossfades

2. 서로 겹친 구간만큼 시간이 뜨면서 크로스 페이드 변환 효과가 자동으로 적용됩니다. 비디오와 오디오가 그룹으로 묶여 있어서 오디오도 함께 크로스 페이드됩니다. 만약 [이벤트 그룹핑 무시 ◪]를 활성화하면 비디오와 오디오를 분리해서 효과를 적용할 수 있습니다.

영문판
Ignore Event
Grouping

3. 영상이 겹친 부분은 어떻게 변할까요? 에디트 라인을 움직여서 재생해 보세요.

크로스 페이드 변환 효과가 일어나면서 두 영상이 자연스럽게 교차됩니다.

크로스 페이드 변환 효과가 자동으로 적용되었습니다. 이 효과는 장면과 장면을 부드럽게 교차하는 가장 기본적인 변환 효과입니다. 그리고 두 영상을 겹쳐 놓는 이 작업은 다양한 변환 효과를 적용하기 위한 기초 작업입니다. 그럼 지금부터 본격적으로 변환 효과를 적용해 보겠습니다.

하면 된다! } 푸시 변환 효과 적용하기

1. 다양한 변환 효과는 어디서 가져와야 할까요? 바로 탐색 화면입니다. 탐색 화면 하단에서 ❶ [변환 효과] 탭을 선택합니다. 왼쪽의 변환 효과 목록에서 ❷ [푸시]를 선택하세요.

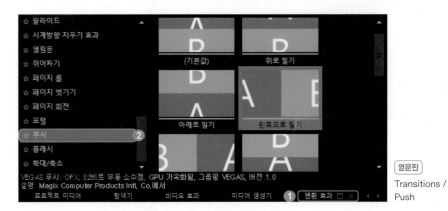

영문판
Transitions /
Push

2. 사전 설정(Preset) 안에 예시 화면들이 보이나요? 마우스 커서를 올리면 어떤 변환 효과인지 움직임을 미리 볼 수 있습니다. 여기서는 ❶ [왼쪽으로 밀기] 변환 효과를 선택하겠습니다. ❷ [왼쪽으로 밀기]를 드래그해 크로스 페이드 구간에 가져다 놓으세요.

영문판
Push Left

사전 설정(Preset)이란 자주 사용하는 효과를 바로 사용할 수 있게 미리 설정해둔 값을 뜻합니다.

3. [푸시] 변환 효과를 지정할 수 있는 세부 설정 창이 나타납니다. 기본 설정 그대로 사용해도 충분하므로 창을 바로 닫습니다.

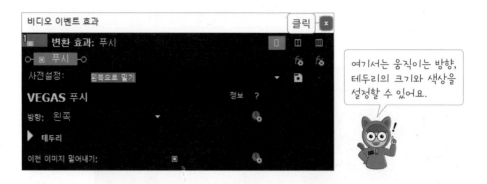

여기서는 움직이는 방향, 테두리의 크기와 색상을 설정할 수 있어요.

4. 영상을 재생해서 적용된 변환 효과를 미리보기 화면에서 확인합니다. 아주 간단하죠? 베가스 프로는 변환 효과 27종류와 사전 설정 320개를 제공합니다. 방법은 모두 같으니 원하는 변환 효과를 찾아 자유롭게 연습해 보세요.

변환 효과 구간을 재생합니다.

효과가 반영되었습니다.

김나옹의 꿀팁 🐝 변환 효과 삭제하기

영상 클립에 적용된 변환 효과의 ❶ [변환 효과 속성 ▣]을 누른 뒤 ❷ [선택된 플러그인 지우기 🄵]를 선택하면 변환 효과를 삭제할 수 있습니다.

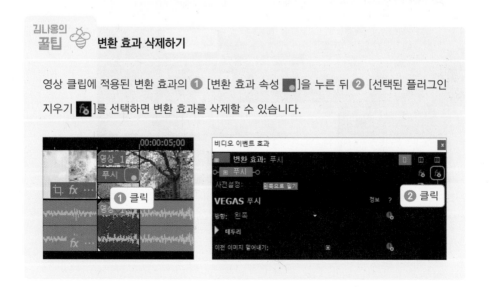

하면 된다! } 페이드인, 페이드아웃 만들기

앞에서 영상과 영상을 잇는 변환 효과를 넣어 봤으니 영상의 시작과 끝도 자연스럽게 만들어 보겠습니다.

1. 첫 번째 클립의 맨 앞부분과 마지막 클립의 끝부분 모서리에 있는 파란색 작은 삼각형에 마우스 커서를 가져다 놓으면 각각 ◀▶, ◀▶ 모양으로 바뀝니다.

첫 번째 클립의 앞부분

마지막 클립의 끝부분

2. ◀▶ 상태에서 클립의 안쪽으로 드래그하면 흰색 곡선 그래프가 나타나면서 페이드인, 페이드아웃이 적용됩니다.

페이드인이 적용된 모습

페이드아웃이 적용된 모습

3. [변환 효과] 탭에서 마음에 드는 변환 효과를 골라 페이드인과 페이드아웃에 드래그해 가져다 놓으면 다른 효과로 바꿀 수 있습니다.

페이드 타입을 활용해 보세요!

페이드인, 페이드아웃 또는 크로스 페이드 부분을 마우스 오른쪽 버튼으로 누르면 팝업 메뉴가 나타납니다. 가장 위에 있는 [유형 페이드]를 누르면 페이드의 유형을 선택할 수 있습니다.

페이드인, 페이드아웃을 할 때는 부드러운 페이드 유형(④)이 기본으로 적용됩니다. 부드러운 페이드 유형은 가장 자연스럽게 페이드되므로 어떠한 상황에서도 잘 어울립니다.

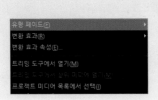 

크로스 페이드의 페이드 유형

❶ **빠른 페이드**: 처음은 빠르게, 끝은 느리게 희미해집니다

❷ **선형 페이드**: 처음부터 끝까지 같은 속도로 점점 희미해집니다.

❸ **느린 페이드**: 처음은 느리게, 끝은 빠르게 희미해집니다.

❹ **부드러운 페이드**: 처음과 끝은 느리게, 중간은 빠르게 희미해집니다.

❺ **날카로운 페이드**: 중간 부분만 느리게 희미해집니다.

1분 퀴즈   변환 효과를 적용할 때 자주 사용하는 기능 중 설명이 <u>틀린</u> 것은?

❶ 겹친 구간만큼 크로스 페이드가 자동으로 적용된다.

❷ 페이드인, 페이드아웃 효과를 조절한다.

❸ 비디오 트랙과 오디오 트랙을 분리한다.

❹ 현재 적용된 변환 효과를 삭제한다.

정답: ❷. 페이드 효과를 수정하는 것은 아이콘이다.

🎥 02-5
자막 넣기

자막이 있다면 소리가 없어도, 주변이 시끄러워도 영상을 시청할 수 있도록 도와 줍니다. 하지만 자막은 결코 보조 도구 역할만 하는 것은 아닙니다. 자막이 없는 예능 방송을 상상할 수 없듯이 자막은 그 자체로 매우 훌륭한 시청각 재료입니다. 글꼴, 크기, 색상, 위치 등에 따라 다양하게 표현할 수 있기 때문입니다.

자막의 다양한 쓰임은 3장과 4장에 걸쳐 자세히 다룰 예정이니 조금만 기다려 주세요. 여기서는 간단한 예제로 자막 세계에 입문해 보겠습니다. 자막의 중요성을 다시금 생각하면서 실습을 시작해 볼까요?

하면 된다! } 자막 트랙 만들기

1. 자막도 하나의 클립입니다. 따라서 트랙 위에 올려놓아야 합니다. 지금까지는 비디오, 오디오 트랙을 각각 하나씩만 사용했는데 자막을 올릴 새로운 트랙을 추가해 볼게요. 트랙 리스트의 빈 부분을 ❶ 마우스 오른쪽 버튼으로 누릅니다. 팝업 메뉴가 나타나면 ❷ [비디오 트랙 삽입]을 누릅니다.

자막 트랙은 따로 존재하지 않아요! 자막도 비디오 트랙 에서 편집합니다!

영문판 Insert Video Track

2. 새로운 트랙이 생성되었습니다! 동시에 텅 빈 타임라인도 한 줄 생겼지요? 이
곳에 자막 클립을 넣어 보겠습니다.

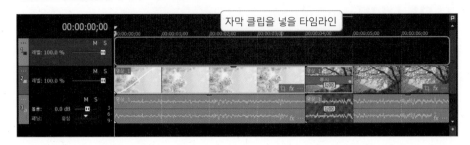

하면 된다! } 자막 클립 만들기

1. 탐색 화면에서 ❶ [미디어 생성기]를 클릭합니다. 왼쪽 목록에서 ❷ 기본 자막
이 모여 있는 [타이틀 & 자막]을 클릭해 주세요.

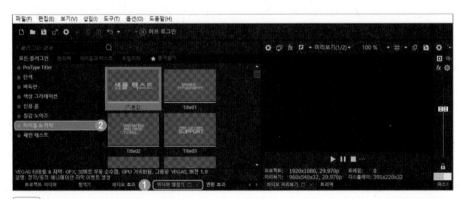

영문판 Media Generators / Title & Text

2. 방금 만든 자막 트랙에 [기본값]을 드래그해 넣어 주세요.　영문판 Default

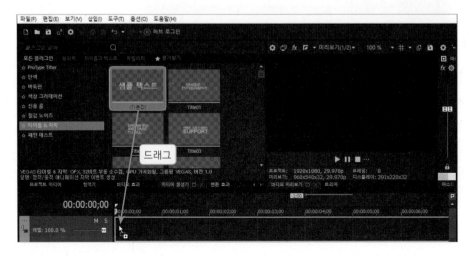

3. 그럼 창이 하나 나타납니다. 이곳에서 문서를 편집하듯 글꼴, 글자 크기, 글자 색상 등을 설정할 수 있습니다.

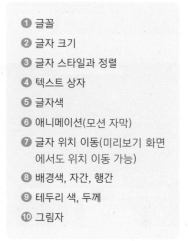

❶ 글꼴
❷ 글자 크기
❸ 글자 스타일과 정렬
❹ 텍스트 상자
❺ 글자색
❻ 애니메이션(모션 자막)
❼ 글자 위치 이동(미리보기 화면 에서도 위치 이동 가능)
❽ 배경색, 자간, 행간
❾ 테두리 색, 두께
❿ 그림자

4. ❶ 텍스트 상자에 '나만 알고 싶은 벚꽃 길'을 입력하세요. 글씨를 드래그해 선택한 후 ❷ 글꼴은 [나눔손글씨 펜], ❸ 글자 크기는 [33], [굵게]로 선택해 주세요. 이어서 ❹ 그림자를 넣기 위해 [그림자]의 ▶를 클릭합니다.

[상급]에서는 자간과 행간을, [아웃라인]에서는 테두리를 조절할 수 있습니다.

5. ❶ [그림자 넣기]를 체크하면 글자에 그림자를 넣을 수 있습니다. ❷ [그림자 색상]의 색상 바를 눌러 그림자의 색상을 변경하고, ❸에서 그림자의 위치를 조절합니다. [그림자 오프셋 X]와 [그림자 오프셋 Y]를 각각 [0.030]으로 지정하고 창을 닫아 주세요.

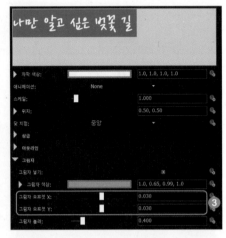

6. 완성한 자막은 미리보기 화면에서 확인할 수 있습니다.

김나옹의
꿀팁 🐝 글자가 옆으로 누워 있다면?

가끔 글자가 옆으로 누워 있어서 곤란할 때가 생깁니다. 이때는 글꼴 이름을 꼭 확인하세요. 글꼴 이름 앞에 @가 붙어 있으면 글자가 세로로 입력됩니다.

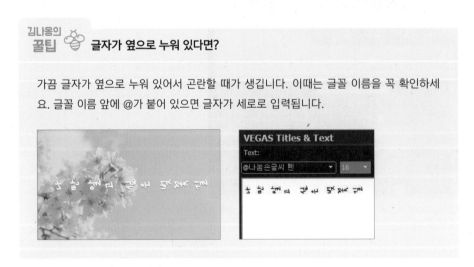

7. 마지막으로 자막을 어떻게 등장시켜서, 얼마나 보여 주고, 어떻게 사라지게 할지 세부 조절이 필요합니다. 앞에서 배운 비디오 클립을 다루는 방법 그대로 ❶ 자막 클립의 길이를 5초로 줄이고 ❷ 페이드인, 페이드아웃 효과를 넣어 보세요.

자막 클립도 비디오 클립을 컷 편집하는 방법과 똑같이 편집합니다. 물론 변환 효과도 넣을 수 있습니다.

8. 자막을 수정하고 싶다면 [생성된 미디어 🔳]를 클릭하면 됩니다.

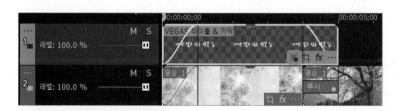

1분 퀴즈   자막 기능과 관련된 설명 중에서 틀린 것은?

❶ 자막 클립은 오디오 트랙을 생성해서 삽입한다.
❷ 탐색 화면에서 [미디어 생성기] 탭에 들어가면 자막을 만들 수 있다.
❸ 자막 클립 위에 있는 🔳 아이콘을 누르면 자막을 수정할 수 있다.
❹ 만든 자막은 미리보기 화면에서 확인할 수 있다.

정답: ❶, 자막 클립은 비디오 트랙에 생성해서 삽입한다.

02-6
배경 음악 넣기

준비 파일 2장/배경음악.mp3
작업 시간 15분

영상은 비디오와 오디오로 구성되므로 오디오 편집 또한 비디오 편집 못지않게 아주 중요합니다. 이번 시간에는 음악을 불러오는 방법과 오디오의 음량을 조절하는 방법을 배워 볼게요.

하면 된다! } 음악 불러오기, 컷 편집하기

1. [2장] 폴더를 열어 주세요. ❶ [배경음악.mp3] 파일을 타임라인의 가장 아랫부분에 드래그해서 넣어 주세요. ❷ 새 오디오 클립이 생성됩니다.

2. 음악이 타임라인에 성공적으로 삽입되었습니다. 음악이 영상보다 길어서 컷 편집을 하는 것이 좋겠죠? 에디트 라인을 영상 클립의 마지막 부분인 ❶ [00:00:10;00]으로 옮깁니다. 그리고 ❷ S 를 눌러서 오디오 클립을 잘라 주세요.

3. 잘린 오디오 클립의 뒷부분을 Delete 를 눌러서 삭제합니다.

하면 된다! } 오디오 트랙 음량 조절하기

음량을 조절하는 작업을 할 때에도 순서가 있습니다. 먼저 오디오 트랙에서 전체 소리의 크기와 방향을 일괄 조절해야 합니다. 이후 타임라인에서 클립별로 정밀하게 조절합니다.

1. 오디오 트랙의 [볼륨]은 소리의 크기를 조절합니다. 오른쪽에 있는 🔘을 좌우로 움직이면 소리의 크기를 -INF(음소거)부터 12.0dB(데시벨)까지 조절할 수 있습니다.
기본 음량은 0.0dB입니다. 이때 0.0dB은 오디오의 절대 음량이 아닌 증폭 수치를 의미합니다. 즉, 1.0dB은 기존 오디오 음량에서 1.0dB만큼 증폭시켰다는 것을 의미합니다. 반대로 −1.0dB은 기존 음량에서 1.0dB만큼 감소시켰다는 거겠죠?

영문판
Vol: 볼륨
Pan: 패닝

오디오 파형이 보이지 않는다면 메뉴에서 [보기 → 오디오 이벤트 파형]을 클릭합니다. 또는 단축키 Ctrl + Shift + W 를 눌러 보세요.

2. [패닝]은 소리의 방향을 조절합니다. 이어폰을 양쪽 귀에 낀 채로 패닝 값을 좌우로 움직여 보세요. 왼쪽으로 움직이면 왼쪽 이어폰의 소리가 커지고, 오른쪽으로 움직이면 오른쪽 이어폰의 소리가 커집니다.

하면 된다! } 오디오 파형으로 음량 조절하기

앞에서는 영상의 전체 음량을 조절했으니 여기서는 클립 하나를 조절해 볼게요. 섬세한 작업을 하려면 오디오를 세밀하게 살펴봐야 합니다.

1. 먼저 오디오 트랙을 확대해서 파형이 잘 보이게끔 만들어 볼게요. ❶ 마우스 커서를 오디오 트랙의 밑에 놓으세요. 그러면 커서가 ⬍ 모양으로 바뀝니다. ❷ 이때 아래로 드래그합니다.

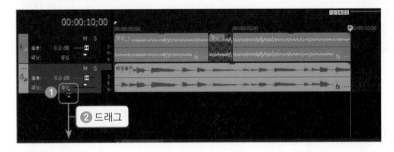

2. 오디오 트랙의 높이가 길어져서 오디오 파형도 더욱 잘 보이네요. 편집하기가 한결 수월하겠죠?

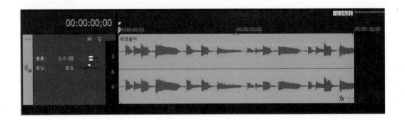

3. ❶ 오디오 클립의 가운데를 보면 파란색 사다리꼴 모양이 있습니다. 이곳에 마우스 커서를 가져다 놓으면 🖑 모양으로 바뀝니다. 이를 ❷ 위아래로 드래그하면 클립의 음량이 조절됩니다. 아래로 드래그해 보세요.

4. 아래로 드래그하면 흰색 선이 아래로 내려가면서 파형 높이가 낮아지는 것을 확인할 수 있습니다. 단, 이 작업에서는 음량을 기본 음량(0.0dB)보다 키울 수는 없습니다.

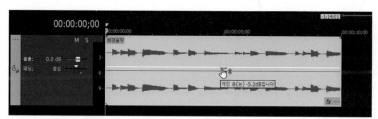

파형 높이가 낮아지면서 음량이 줄어든 모습

하면 된다! } 내 마음대로 오디오 음량 조절하기

1. 오디오의 중간 부분만 음량을 조절할 순 없을까요? 가능합니다! 화면 아래쪽 도구 상자에 있는 [엔벨롭 편집 도구 🎵]를 클릭합니다. 음량 관련 그래프를 조절할 때만 사용하는 편집 도구입니다. 그 외에는 [일반 편집 도구 ▶]를 사용해 주세요!

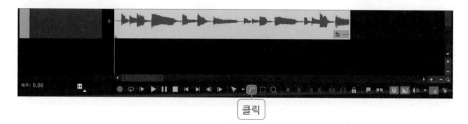

클릭

2. 음량을 조절할 오디오 클립에 커서를 두고 ❶ 마우스 오른쪽 버튼을 누릅니다. 그리고 ❷ [엔벨롭 삽입/제거 → 음량]을 클릭하세요.

영문판 Insert/Remove Envelope → Volume

3. 파란색 선이 생깁니다. 오디오 트랙에 있는 클립의 음량을 조절하는 볼륨 선이 에요. 파란색 선을 내리고 올리면서 원하는 구간의 음량을 조절할 수 있습니다.

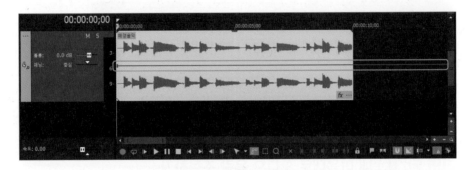

4. 만약 파란색 볼륨 조절 선이 나타나지 않는다면 오디오 클립을 ❶ 마우스 오른 쪽 버튼으로 눌러 ❷ [엔벨롭 표시 → 음량]을 체크합니다.

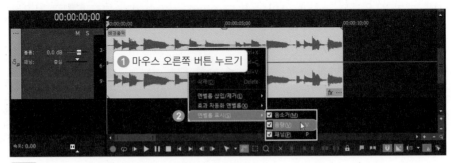

영문판 Show Envelope → Volume

5. 볼륨 선을 2초 부근에서 더블클릭해 보세요. 파란색 사각형이 생기는데 이를 키 프레임이라고 합니다. 쉽게 말해 음량을 자연스럽게 조절할 수 있도록 마디를 나눈 것입니다.

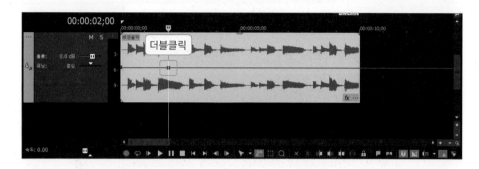

6. ❶ 3초 부근에도 더블클릭해 키 프레임을 하나 더 만들어 주세요. ❷ 그리고 키 프레임을 밑으로 드래그해 주세요. 볼륨 선이 밑으로 내려가면서 음량이 낮아지는 것을 볼 수 있습니다.

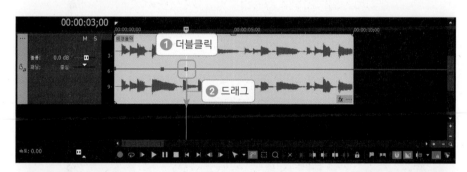

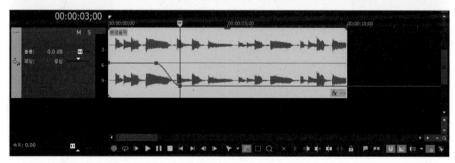

7. ❶ 6초와 7초쯤에도 키 프레임을 하나씩 만들어 주세요. ❷ 그리고 이번에는 마지막 키 프레임을 위로 드래그해 0.0dB로 만들어 주세요.

8. 완성된 오디오를 재생해 보면 음량이 서서히 작아졌다가 다시 서서히 커지는 것을 확인할 수 있습니다.

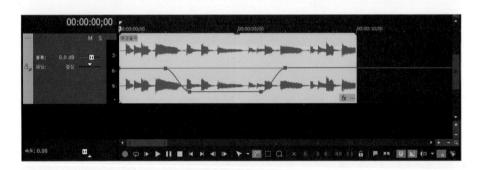

9. 키 프레임을 조금 더 세밀하게 조절하는 방법이 있습니다. [Ctrl] 을 누른 채 키 프레임을 드래그하면 상하로만 옮길 수 있습니다. 위치는 고정한 채 음량만 조절할 때 사용합니다. [Alt]를 누른 채 드래그하면 좌우로만 옮길 수 있습니다. 음량은 고정한 채 위치를 조절할 때 사용합니다. [Ctrl]로 조정이 안 될 때는 [일반 편집 도구 ▼]로 변경한 뒤 조절해 주세요.

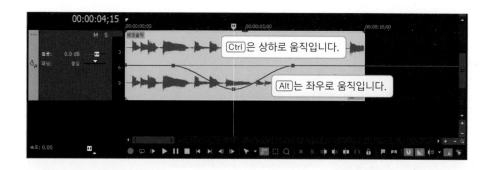

10. 오디오 음량 조절이 끝났다면 화면 아래쪽 도구 상자에서 [일반 편집 도구 ▶]를 선택해 주세요. 보통 편집할 때는 [일반 편집 도구 ▶]를 활성화해 놓는 것이 좋습니다. 꼭 기억해 주세요.

김나영의 꿀팁 🐝 키 프레임 다시 설정하기

키 프레임이란 움직임(동작, 크기, 위치 등)을 만들기 위한 시작점과 끝점을 의미하며 키 프레임 사이의 프레임들은 부드럽게 움직이도록 설정값이 자동으로 조절됩니다.
키 프레임에 커서를 올려놓고 마우스 오른쪽 버튼을 누르면 다음과 같은 팝업 메뉴가 나타나는데 이곳에서 키 프레임을 재설정하거나 삭제할 수 있습니다.

❶ 키 프레임을 해당 값으로 변경
❷ 키 프레임을 임의의 값으로 변경
❸ 키 프레임 삭제
❹ 키 프레임 페이드 설정
❺ 모든 키 프레임 초기화

하면 된다! } 오디오 페이드인, 페이드아웃하기

1. 오디오 클립도 비디오 클립과 마찬가지로 서서히 커지면서 시작하고 서서히 작아지면서 끝나야겠죠? 첫 번째 클립의 ❶ 맨 앞부분과 ❷ 끝부분 모서리에 마우스 커서를 가져다 놓으면 ⟂, ⟂ 모양으로 각각 바뀝니다. 이 아이콘을 클립 안쪽으로 드래그하면 페이드인, 페이드아웃을 적용할 수 있습니다.

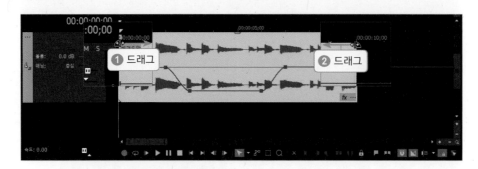

2. 페이드인을 적용한 앞부분은 흰색 선이 서서히 올라가고, 페이드아웃을 적용한 끝부분은 흰색 선이 서서히 내려가는 것을 확인할 수 있습니다.

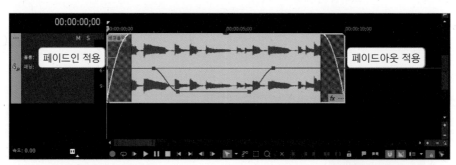

페이드인과 페이드아웃이 적용된 모습

하단 도구 상자에 아이콘이 많이 보여서 어렵게 느껴질 수 있지만 전부 다 사용하지는 않습니다. 이쯤에서 도구 상자를 한번 정리하고 넘어가 볼게요. 가장 자주 쓰고 중요한 도구만 소개합니다.

	일반 편집 도구	타임라인 미디어 편집에 사용하는 기본 도구입니다.
	엔벨롭 편집 도구	비디오 속도 선, 오디오 볼륨 선의 키 프레임을 조절할 때 사용합니다.
	정렬 활성화	클립이 자석처럼 착! 달라붙게 합니다.
	자동 크로스 페이드	클립을 겹치면 크로스 페이드를 자동으로 만듭니다.
	자동 리플	클립을 삭제하면 뒤에 있는 클립들을 자동으로 앞으로 당깁니다.
	이벤트 그룹핑 무시	그룹으로 묶여 있는 비디오 트랙과 오디오 트랙을 분리합니다.

1분 퀴즈 오디오 볼륨 선의 키 프레임을 조절할 때 사용하는 도구는?

❶   ❷   ❸   ❹

정답: ❹, 엔벨롭 편집 도구(Envelope edit tool)

02-7
렌더링하기

마지막 단계입니다! 열심히 편집한 작업물을 누구나 볼 수 있게 하나의 동영상으로 만드는 방법인데요. 이번에는 유튜브에 적합한 동영상을 쉽고 빠르게 출력하는 방법을 알아보겠습니다.

동영상 파일의 확장자 이해하기

우리가 자주 접하는 동영상 파일의 확장자는 MP4, MOV, AVI입니다. 베가스도 렌더링 설정을 통해 이러한 확장자로 동영상 파일을 모두 만들 수 있습니다. 그러나 우리는 앞으로 압축률과 화질 면에서 가장 우수한 MP4 파일만 만듭니다. '요즘 대세는 MP4!' 이렇게만 알고 넘어가도 됩니다. MP4, MOV, AVI 확장자의 특징과 차이점이 궁금하다면 아래 내용을 읽어 보세요.

김나옹의 꿀팁 🐝 MP4, MOV, AVI 확장자의 특징과 차이

MP4	·MPEG-4 Part 14의 줄임말로 MPEG에서 개발한 미디어 포맷입니다. 고화질 동영상을 높은 압축률로 저장할 수 있으며 PC와 스마트폰, 카메라 등 다양한 전자 기기에서 사용합니다. ·유튜브 권장 포맷입니다.
MOV	·애플에서 개발한 비디오 포맷으로 iOS에서 주로 사용합니다. ·윈도우 기반에서는 퀵타임(QuickTime) 코덱을 설치해야 재생·편집을 할 수 있습니다. ·전문 영상 제작 분야에서 많이 사용하는 포맷입니다.
AVI	·오디오 비디오 인터리브(audio video interleave)의 줄임말로 마이크로 소프트에서 윈도우를 개발하면서 함께 만든 동영상 포맷입니다. ·화질 손실이 없는 비압축 코덱을 지원합니다. ·최근에는 MP4 포맷에 밀려 잘 사용되지 않습니다.

하면 된다! } 렌더링! 영상 출력하기

1. 시간 눈금자에서 노란색 삼각형처럼 보이는 ❶ [반복 영역 ▨]을 드래그해서 출력할 구간을 지정합니다. 이어서 화면 위쪽 메뉴에서 ❷ [다음으로 렌더링 🔗] 을 클릭합니다.

이처럼 반복 영역(루프 영역)을 지정하면 원하는 구간만 렌더링할 수 있습니다. 만약 반복 영역을 지정하지 않으면 타임라인 전체를 렌더링합니다. 그러나 작업 중에 반복 영역을 건드릴 수 있으므로 출력 전 반복 영역이 선택된 영역을 꼭 확인해야 합니다.

2. 뭔가 복잡한 창이 떴지요? 당황하지 말고 ❶~❺ 순서대로 따라해 옵션을 설정하세요. 유튜브 규격에 맞는 고품질 영상으로 출력할 수 있습니다.

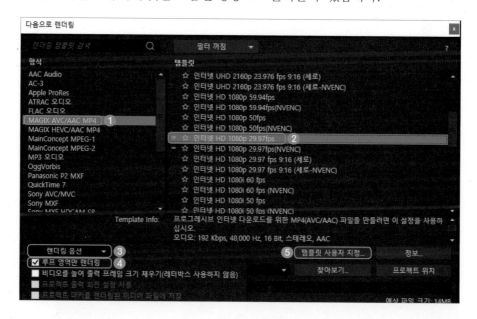

❶ [MAGIX AVC/AAC MP4] 클릭
❷ [인터넷 HD 1080p 29.97fps] 클릭
❸ [렌더링 옵션] 클릭
❹ [루프 영역만 렌더링] 체크 표시
❺ [템플릿 사용자 지정] 클릭

3. 창이 또 하나 뜹니다. ❶~❸ 순서대로 설정한 후 ❹ [확인]을 누르면 가장 높은 품질로 영상을 출력할 수 있습니다.

영상을 출력했는데 오디오가 나오지 않는다면 [오디오] 탭에서 [오디오 포함]을 체크해야 합니다!

❶ [프로젝트] 탭 클릭
❷ [비디오 출력 품질] 항목 선택
❸ [베스트] 클릭
❹ [확인] 클릭

4. ❶ [찾아보기]를 선택한 다음 ❷ 저장할 위치와 ❸ 동영상 이름을 입력합니다. 마지막으로 ❹ [렌더링]을 클릭하면 출력됩니다.

5. 화면 중앙에 창이 뜨면서 진행 상황을 알려 줍니다. 100% 완료되었다면 [열기]를 눌러서 동영상이 제대로 출력됐는지 확인해 보세요!

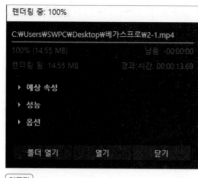 

영문판
Elapsed time: 경과 시간
Approximate time left: 남은 시간

차근차근 잘 따라왔죠? 지금까지 배운 내용은 가장 기본적인 영상 제작 방법입니다. 앞으로 배울 내용은 지금까지 다룬 것보다 조금 더 깊게 들어가거나 응용하는 수준입니다. 따라서 앞으로 막히는 부분이 생긴다면 2장을 복습해 보세요. 답을 스스로 찾을 수 있을 것입니다.

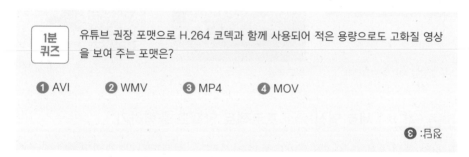

1분 퀴즈 유튜브 권장 포맷으로 H.264 코덱과 함께 사용되어 적은 용량으로도 고화질 영상을 보여 주는 포맷은?

❶ AVI   ❷ WMV   ❸ MP4   ❹ MOV

정답: ❸

📹 02-8
쇼츠 영상 만들기

유튜브 쇼츠(Shorts), 인스타그램 릴스(Reels), 틱톡 등이 유행하면서 9:16 비율의 세로 영상 비중이 점점 늘어나고 있는데요. 베가스에서도 아주 쉽게 세로 영상을 만들 수 있다는 사실을 알고 있나요? 이번 절에서는 쇼츠 영상을 만드는 방법과 여백을 채우는 방법, 그리고 렌더링(출력)하는 방법을 알려드리겠습니다.

가로 영상을 세로로 편집하기

세로 영상

하면 된다! } 세로 영상(9:16) 프로젝트 만들고 출력하기

1. 시작 화면에서 ❶ [9x16 스마트폰과 타블렛]을 선택합니다. 그리고 ❷ [30p]를 선택한 다음 ❸ [프로젝트 생성]을 클릭하세요!

2. 9:16 비율의 세로 영상을 넣어 보겠습니다. ❶ [탐색기]를 눌러 ❷ [2장] 폴더에 있는 [아기(세로영상).mp4]를 찾습니다. 그리고 ❸ 타임라인에 가져다 놓습니다.

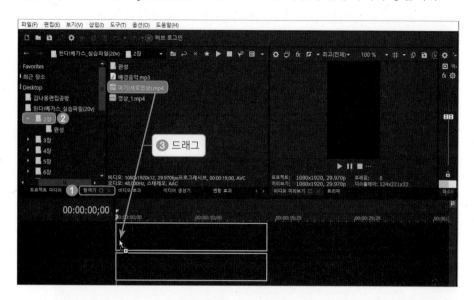

3. 세로 영상이 잘 나오는지 확인했나요? 그럼 바로 출력해 보겠습니다. ❶ 🔲을 드래그해 출력할 구간을 지정한 후 ❷ [다음으로 랜더링 📤]을 클릭합니다.

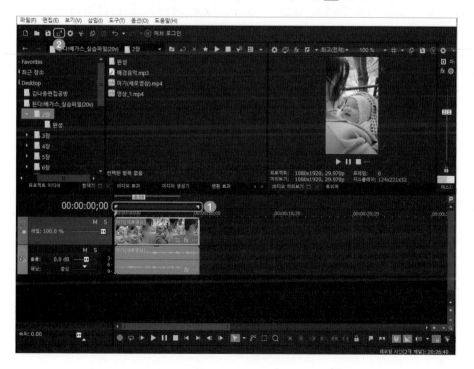

4. ❶ [MAGIX AVC/AAC MP4]를 클릭한 후 ❷ [인터넷 HD 1080p 29.97 fps
9:16 (세로)] 템플릿을 선택합니다. ❸ [찾아보기]를 선택한 다음 ❹ 저장할 위치와
❺ 동영상 이름을 입력합니다. ❻ [렌더링]을 클릭하면 출력이 됩니다.

하면 된다! } 16:9 가로 영상 → 9:16 세로 영상으로 편집하기

1. 다시 새 프로젝트부터 만들어 보겠습니다. ❶ [파일]을 눌러 주세요. 그리고 ❷
[시작 화면]을 클릭합니다. 그러면 베가스를 실행했을 때와 같은 시작 화면 창이 나
타납니다. 앞서 만들었던 프로젝트 규격과 똑같이 ❸~❺ 순서대로 선택하여 프로
젝트를 만들어 주세요.

 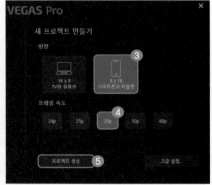

2. 새 프로젝트를 만들었나요? 그렇다면 ❶ [탐색기]를 눌러 [2장] 폴더에 있는
❷ [아기(가로영상).mp4]를 찾습니다. ❸ 파일을 드래그해 타임라인에 배치해 주
세요. 그리고 ❹ 🔲 버튼을 클릭하여 위아래 여백을 꽉 채워 볼게요.

3. F 상자를 ❶ 마우스 오른쪽 버튼으로 누르고 ❷ [출력 비율 맞추기]를 선택합
니다.

4. F 상자 비율이 9:16으로 변경되며, 미리보기 화면이 영상으로 꽉 차게 표시됩니다. 이때 F 상자의 위치를 조정하여 원하는 부분을 화면에 보이도록 설정할 수 있습니다.

 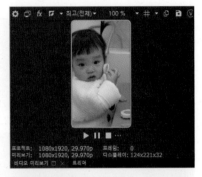

하면 된다! } 9:16 세로 영상에서 색깔 여백 채우기

1. 먼저 새 프로젝트를 다시 만들어 주세요. 프로젝트를 새로 만들었다면 ❶ [탐색기]를 눌러 [2장] 폴더에 있는 ❷ [아기(가로영상).mp4]를 찾습니다. ❸ 파일을 드래그해 타임라인에 배치합니다. 그리고 ❹ [미디어 생성기]에서 ❺ [단색]을 선택한 후 ❻ [흰색]을 영상 클립 맨 밑으로 드래그해 배치합니다.

2. 여백의 색상을 변경할 수 있는 창이 나타나는데요. 여기서 ❶ [색상]을 클릭하여 원하는 색으로 여백을 변경할 수 있습니다. 그리고 ❷ **x** 를 눌러 마무리해 주세요.

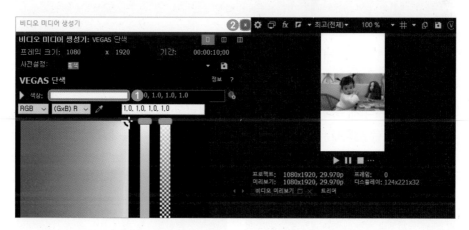

3. 마지막으로 영상의 길이만큼 배경의 길이도 늘려 주세요.

하면 된다! } 9:16 세로 영상에서 검은 바 채우기

1. ❶ [탐색기]를 눌러 [2장] 폴더에 있는 ❷ [아기(가로영상).mp4]를 찾습니다.
❸ 파일을 드래그해 타임라인에 배치합니다. 그리고 ❹ [비디오 효과]에서 ❺ [검은 바 채우기]를 선택한 후 ❻ [기본값]을 영상 클립에 넣어 주세요.

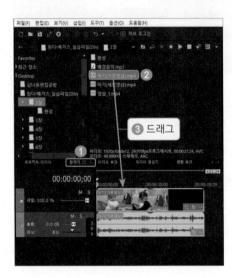

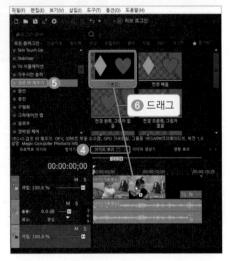

2. 기본 설정으로 사용해도 충분하지만 ❶ 그림자 블러 값을 [0.000]으로 설정하는 게 좀 더 깔끔합니다. ❷ x 를 눌러 마무리해 주세요.

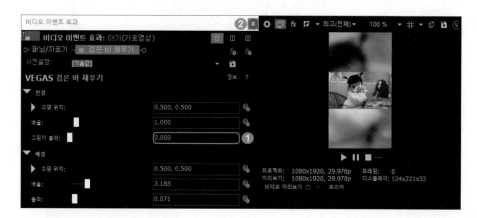

자막을 넣는 방법은 3장, 4장에서 배울 수 있습니다. 영상 비율과 상관없이 자막 넣는 방법은 동일합니다!

'동물의 왕국' 인트로 영상 만들기

실습 영상 videvo.net > Animal

이번 실습의 최종 목표는 멋진 '결과물'이 아니라 영상 제작의 처음과 끝을 그저 경험하는 것입니다. 그러니 무리하지 마세요. 자막은 사용하지 않아도 괜찮습니다. 클립을 자르고, 붙이고, 배경 음악을 넣고 직접 렌더링하는 것만으로도 충분합니다.

비디보(https://www.videvo.net/)에 접속해서 다음과 같은 방법으로 동물 관련 영상을 10~20클립쯤 다운로드한 후 실습을 시작하세요. '도전 크리에이터'는 앞으로도 이러한 방법으로 진행됩니다.

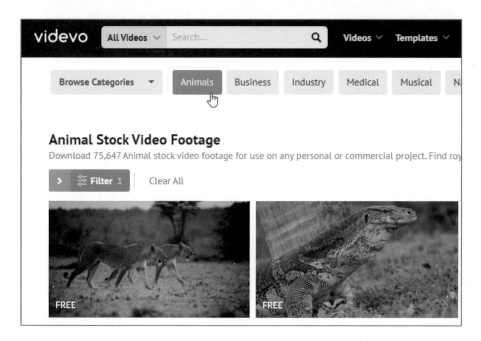

연출 팁!

- ☑ 동물의 역동적인 모습에 주목하세요.
- ☑ 동물의 크기, 위치, 움직임의 방향을 고려해 영상 순서를 정하세요.
- ☑ 야생 느낌을 살린다면 웅장한 분위기나 아프리카 음악이 잘 어울릴 거예요.
- ☑ 귀여운 동물의 모습만 담아서 밝은 분위기로 연출할 수도 있어요.

추천 음악!

❶ 영화 라이온킹의 OST인 〈The Lion Sleeps Tonight〉을 추천해요.
❷ 유튜브에서 '퀴즈탐험 신비의 세계 오프닝'을 검색하세요.
❸ 유튜브 오디오 보관함: 〈At The Shore - The Dark Continent〉

03

유튜브에 특화된
대표 자막 5가지와 활용법

유튜브 영상 편집에서 절대 빼놓을 수 없는 편집 요소 하나! 바로 자막입니다. 자막은 영상 정보를 효과적으로 전달함과 동시에 시청자와 소통하는 창구로서 중요한 역할을 하는데요. 이번 시간에는 브이로그, 인터뷰, 예능 등에서 자주 사용하는 자막 편집 기법을 배워 보겠습니다.

03-1
길이가 자동으로 조절되는 자막 바 만들기

준비 파일 3장/3-1.veg, 3-1영상.mp4

완성 파일 3장/완성/3-1완성.mp4, 3-1완성.veg   작업 시간 5분

자막 바는 자막의 배경이 되는 상자를 의미합니다. 다음 그림처럼 흰색 글자 뒤에 깔리는 검은 상자가 대표적입니다. 자막 바를 사용하면 가독성이 월등히 좋아지므로 영상의 종류를 불문하고 가장 많이 사용하는 방식입니다.

배경에 넣는 상자 말고는 특별한 디자인이 필요 없기 때문에 간단해 보입니다. 하지만 자막의 길이에 따라 매번 자막 바의 길이를 직접 조절해야 한다면 작업이 간편하진 않겠죠? 그래서 우리에게 필요한 건 길이가 자동으로 조절되는 자막 바입니다.

시청자와 대화하는 식으로 자막을 연출하면 효과적입니다.

하면 된다! } 텍스트 만들기

1. [3장] 폴더에 있는 프로젝트 파일 [3-1.veg]를 열어 주세요. 이곳에 냉면 먹방 영상이 하나 담겨 있습니다.

2. 우선 영상을 재생해 보면서 어떤 내용으로 자막을 넣을지 구상해 볼까요? 대충 5개 장면으로 구분할 수 있겠네요. 각각 상황에 맞게 대화체로 자막 내용을 적어 보세요.

냉면 등장 → 진주냉면 맛보러 왔어요

가위로 자르기 → 저는 냉면을 가로로 한 번만 잘라서 먹어요

섞기 → 이제 슥슥 면을 섞어 볼게요~

먹기 → 폭풍 먹방

숟가락 등장 → 갑자기 나타난 숟가락...

3. 자막 내용을 정했다면 이제 만들어 봅시다! 실습 파일에 자막을 넣을 트랙을 미리 추가해 두었습니다. 이곳에 자막을 만들어 보겠습니다.

4. 여기서 잠깐! 베가스 프로 17 버전부터는 ProType Titler 기능이 숨어 있습니다. 이 기능을 먼저 꺼내 놓고 계속 진행할게요. 메뉴의 **①** [옵션]에서 **②** [기본 설정]을 클릭하고 창이 뜨면 **③** [사용되지 않는 기능] 탭의 **④** [ProType Titler 사용], [QuickTime 플러그인 사용]을 체크한 후 **⑤** [확인]을 누르세요. 작업하던 프로젝트 파일을 저장해 놓고 베가스 프로를 재시작합니다.

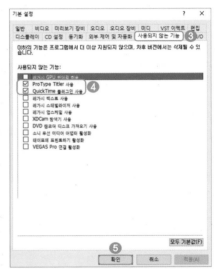

영문판 Options → Preferences… → Deprecated Features

5. **①** [미디어 생성기] 탭을 선택한 후 다양한 스타일의 자막을 만들 수 있는 **②** [ProType Titler]를 선택해 주세요. 이어서 빈 자막을 의미하는 **③** [Empty]를 1번 트랙의 타임라인으로 드래그해 넣어 주세요.

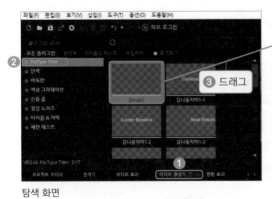

탐색 화면   타임라인

6. 팝업 창이 나타납니다. 자막 바의 배경색이 검은색이나 흰색이면 자막과 배경 색이 겹칠 수 있으므로 자막을 수정하기가 어렵습니다. 따라서 ❶ [Background] 를 [Custom]으로 변경해 주세요. 그리고 자막을 추가하는 ❷ ➕ 를 클릭합니다.

7. 다음과 같이 'Sample Text'라는 흰색 자막이 ❶ 팝업 창과 ❷ 미리보기 화면 에 나타납니다.

하면 된다! } 텍스트 입력하기

1. ① 'Sample Text'를 드래그한 후 왼쪽 [Text] 탭의 ② [Font family]에서 글꼴을 [나눔바른고딕]으로 선택하고, ③ [Font size]에서 글자 크기를 [1]로 설정합니다.

마우스 휠로도 작업 공간을 확대·축소할 수 있습니다.

2. 자막의 배경을 설정하기 위해 ① [Style] 탭을 클릭하세요. 검은색 배경이 들어간 자막을 만들어야 하니 ② [Background]에 체크합니다. 색상을 선택하기 위해 ③ 색상 바를 클릭합니다.

3. 색상 조절 창이 뜹니다. Red, Green, Blue 조절 바를 움직여 자막의 배경색을 선택할 수 있습니다. ① Red, Green, Blue 모두 왼쪽 끝으로 드래그해 옮겨 놓고 ② 투명도인 Alpha는 오른쪽 끝으로 옮겨서 검은색 자막 배경을 만들어 줍니다. 이것으로 자막 디자인을 모두 마쳤습니다. ③ X를 눌러 색상 조절 창을 닫습니다.

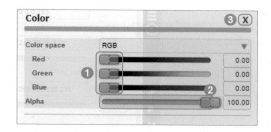

4. 첫 번째 자막인 ❶ '진주냉면 맛보러 왔어요'를 입력해 보세요. 입력한 텍스트 길이에 맞춰 검은색 배경이 자동으로 생성됩니다! 이처럼 베가스를 사용하면 별도의 상자를 추가하지 않아도 글자의 배경을 넣는 방식으로 자막 바를 아주 쉽게 만들수 있습니다. 이어서 ❷를 클릭하거나 Esc를 누르면 글자 수정이 마무리됩니다.

5. 마지막으로 자막을 아래로 옮기겠습니다. ❶ 방금 쓴 자막을 클릭해 주세요. 그리고 ❷ 키보드 방향키를 누르거나 마우스로 드래그해 아래로 옮겨 주세요. 왼쪽 창에서 오프셋의 X값(가로)과, Y값(세로)을 입력할 수도 있습니다. 좀 더 세밀하게 위치를 잡을 때 도움이 됩니다.
이제 작업이 끝났습니다. ❸ 창을 닫아 주세요. 베가스에서는 따로 저장을 하지 않아도 ▣를 누르면 효과가 적용됩니다.

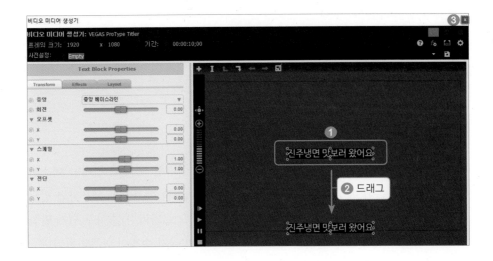

6. 자막 길이에 맞춰 자막 바가 자동으로 생성되어 깔끔한 자막이 완성되었습니다.

하면 된다! } 자막 복사하기

1. 지금은 앞에서 완성한 첫 번째 자막이 영상의 처음부터 끝까지 나타납니다. 자막 길이를 적절하게 줄여야겠죠? 타임라인에서 다음 그림과 같이 자막 클립을 왼쪽으로 드래그해 3초로 줄여 주세요.

에디트 라인을 3초에 두고 편집하면 편합니다.

2. 그다음으로 첫 번째 자막 클립을 복사해 나머지 자막을 만들면 편하겠죠? 자막 클립을 선택한 후 Ctrl 을 누른 채 오른쪽으로 드래그하면 새로운 자막 클립이 생성됩니다.

3. 팝업 창이 나타납니다. 원본과 연결하지 않고 별개의 자막을 만들기 위해 ❶ [새 소스 미디어 사본 만들기]를 선택한 뒤 ❷ [확인]을 눌러 주세요.

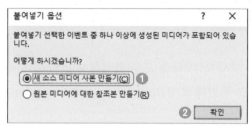

만약 [새 소스 미디어 사본 만들기]를 선택해서 원본과 연결시키면 하나만 수정해도 둘 다 같은 내용이 적용됩니다.

4. 앞에서 만들었던 자막 클립을 복사해서 두 번째 자막을 만드는 데 성공했습니다. 이제 ❶ [생성된 미디어 📇]를 클릭하면 설정은 그대로 유지하면서 자막 내용을 수정할 수 있습니다.

자막 클립의 버튼이 보이지 않는다면 타임라인을 확대하거나 단축키 Ctrl + Shift + C 를 눌러 보세요.

5. 앞에서 수정했던 팝업 창이 다시 떴지요? ❶ 글자 부분을 더블클릭한 후 두 번째 자막 내용인 '저는 냉면을 가로로 한 번만 잘라서 먹어요'로 수정합니다. ❷를 클릭하거나 [Esc]를 눌러 글자 수정을 마무리한 후 창을 닫으면 두 번째 자막도 적용됩니다.

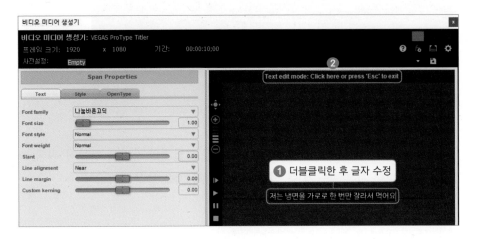

같은 방식으로 나머지 자막을 완성해 보세요! 자막을 모두 완성했다면 86쪽에서 배운 방식으로 영상을 출력해서 결과를 확인해 보세요.

1분퀴즈 다음 그림에서 자막을 수정할 때 사용하는 아이콘은?

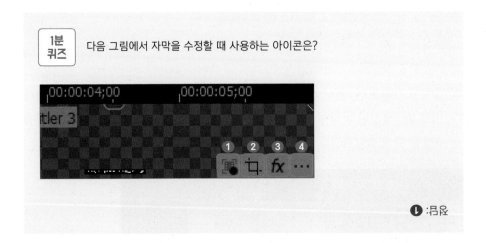

정답: ❶

◉REC 03-2
엔딩 크레디트 만들기

준비 파일 3장/3-2.veg, 3-2영상.mp4, 3-2 엔딩크레디트.txt

완성 파일 3장/완성/3-2완성.mp4, 3-2완성.veg   작업 시간 10분

영화가 끝나고 출연자와 스태프의 이름이 줄지어 나오는 장면을 보았을 것입니다.
이처럼 엔딩 크레디트는 글자가 아래에서 위로 올라가다 화면 밖으로 벗어나는 식
으로 만듭니다. UCC 공모전에 출품할 때 참가자 이름을 넣거나 여행 영상에 추억
을 새기는 의미로 함께한 가족, 친구의 이름을 넣어 보면 어떨까요?

하면 된다! } 텍스트 만들기

1. [3장] 폴더에 있는 프로젝트 파일 [3-2.veg]를 열어 주세요. 복습하는 마음으
로 트랙 리스트와 타임라인을 자세히 살펴보세요.

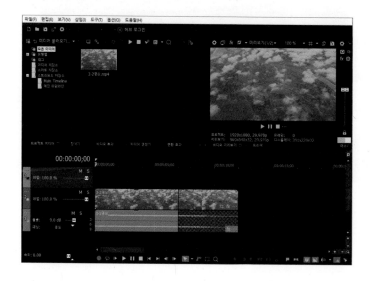

2. 먼저 영상을 재생해 볼까요? 비행기에서 내려다본 풍경이 펼쳐지는 영상이네요. 여행 영상의 크레디트로 잘 어울릴 것 같습니다. 그럼 바로 자막을 만들어 보겠습니다.

3. 자막을 넣을 트랙을 미리 추가해 두었습니다. 이곳에 자막을 만들어 보겠습니다. ❶ [미디어 생성기] 탭을 선택한 후 ❷ [ProType Titler]를 선택해 주세요. 그리고 ❸ [Empty]를 1번 트랙의 타임라인에 가져다 놓아 주세요.

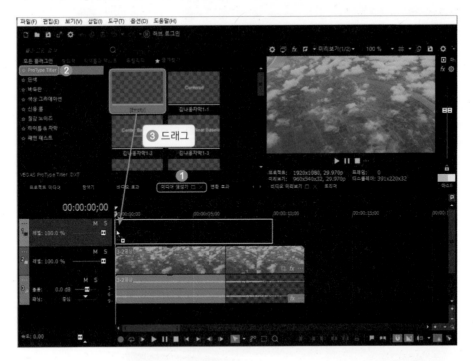

4. 팝업 창이 나타납니다. ❶ [Background]를 [Custom]으로 변경한 다음 ❷ [기간]을 [00:00:15;00]으로 입력해 주세요. [기간]은 자막 클립의 재생 길이를 뜻합니다. 시:분:초;프레임(00:00:00;00) 단위로 길이를 설정할 수 있습니다.

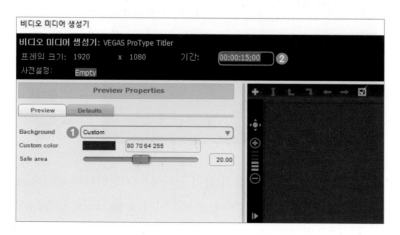

5. [3장] 실습 폴더에서 [3-2 엔딩크레디트.txt] 파일을 열어 글자 전체를 복사합니다. 넣을 자막이 긴 문장일 경우 메모장에 입력한 후 모두 복사해서 붙여 넣는 방법이 효율적입니다.

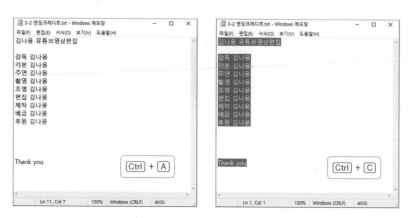

6. ❶ ➕를 클릭해 텍스트를 생성합니다. 그리고 ❷ 복사한 엔딩 크레디트를 붙여 넣으세요. 자막이 작업 화면을 벗어난다면 ⊕과 ⊖를 이용해서 ❸ 작업 화면의 크기를 알맞게 조절합니다. 자막의 위치는 지금 당장 신경 쓰지 않아도 됩니다. 이후 위로 흐르는 애니메이션을 적용할 때 한꺼번에 다룰게요.

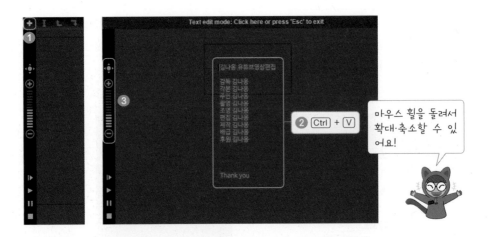

마우스 휠을 돌려서 확대·축소할 수 있어요!

7. 03-1절에서 배운 내용을 기억해 다음과 같이 글자를 디자인합니다. ❶ [Font family(글꼴)]: [나눔바른고딕], ❷ [Font size(글자 크기)]: [1], ❸ [Font weight(글자 두께)]: [Bold], ❹ [Line alignment(정렬)]: [Center]로 변경합니다.

8. 제목은 조금 더 강조하면 좋겠네요. ❶ '김나옹 유튜브영상편집'을 드래그해서 선택한 후 ❷ [Font family(글꼴)]: [배달의민족 도현], ❸ [Font size(글자 크기)]: [2]로 변경합니다.

9. 맨 마지막에 있는 ❶ 'Thank you'도 드래그해 ❷ [Font family(글꼴)]: [나눔손
글씨 펜], ❸ [Font size(글자 크기)]: [2]로 변경합니다.

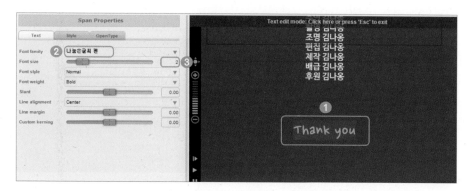

10. '김나옹'의 글자 굵기를 얇게 하기 위해 ❶ '김나옹'을 하나씩 드래그한 후 ❷
[Font weight(글자 두께)]를 [Normal]로 변경합니다.

11. 모두 완료했다면 [Esc] 또는 작업 화면 상단의 안내 문구를 눌러서 수정을 완
료해 주세요.

12. 글자 줄이 너무 다닥다닥 붙어 있네요. ❶ 자막을 선택하고 ❷ [Layout] 탭을 선택한 후 ❸ [Line spacing(줄 간격)]을 [1.5]로 변경해 주세요. 그러면 줄 간격을 일정하게 띄울 수 있습니다.

하면 된다! } 애니메이션 효과 넣기

1. 자막이 아래에서 위로 올라가도록 애니메이션 효과를 넣어 보겠습니다. ❶ [Transform] 탭으로 돌아와 ❷ [오프셋]의 [Y] 왼쪽에 있는 ⊚를 클릭합니다. 그러면 아래에 ❸ Y축(세로축) 속성이 추가되고 ❹ 애니메이션 효과를 넣을 수 있는 타임라인이 생성됩니다.

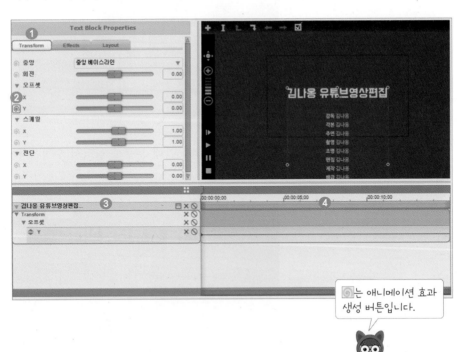

⊚는 애니메이션 효과 생성 버튼입니다.

2. 자막이 맨 아래에서 위로 올라가려면 처음엔 화면 밖 아래쪽에 있어야겠죠? 먼저 ❶ [Y]값을 [−13]으로 입력해 보세요. 그럼 ❷ 엔딩 크레디트 자막이 아래로 이동합니다.

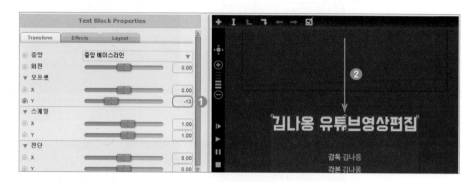

3. 이제부터가 중요합니다! 서서히 자막이 올라가도록 설정해 볼게요. 타임라인에 [] 에디트 라인이 보이나요? 에디트 라인을 오른쪽 끝으로 옮기세요.

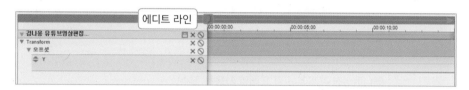

4. 'Thank you'가 화면 중간쯤 도달했을 때 끝나도록 ❶ [오프셋]의 [Y]값을 [30]으로 변경합니다. ❷처럼 키 프레임이 생성되었나요?

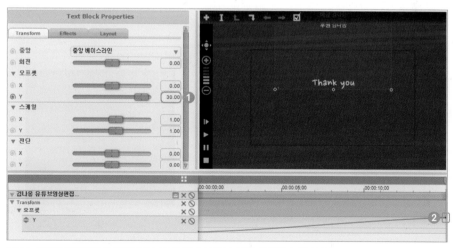

마우스 오른쪽 버튼으로 키 프레임을 누른 후 Delete 를 누르면 삭제할 수 있습니다.

5. Spacebar를 누르거나 에디트 라인을 직접 드래그해 옮겨 보면서 자막의 움직임을 확인한 후 창을 닫아 주세요.

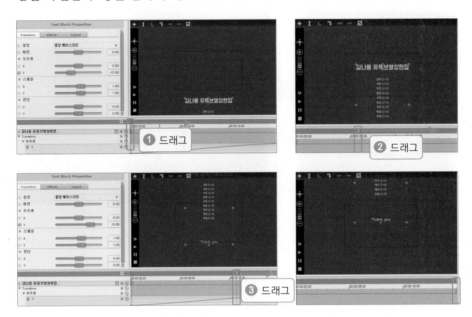

김나용의 꿀팁 🐝 애니메이션 효과에서 키 프레임 사용은 필수!

키 프레임은 '특정한 시간대에 있는 특정 항목의 수치를 나타내는 정보'입니다. 예를 들어 지금은 ① 0초 지점에 F 상자가 있는데 ② 4초 지점에 키 프레임을 생성해 F 상자를 오른쪽으로 옮겼다고 가정해 봅시다.

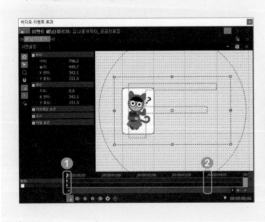

에디트 라인을 ① ~ ② 키 프레임 중간인 ③ 2초 지점에 가져다 놓았을 때 F 상자의 위치는 어디가 될까요? ③ 지점에 키 프레임을 따로 설정하지 않았기 때문에 움직임의 변화가 없다고 생각할 수 있지만 키 프레임의 특성 때문에 ③ 2초 지점의 F 상자는 다음 그림처럼 중앙에 위치합니다.

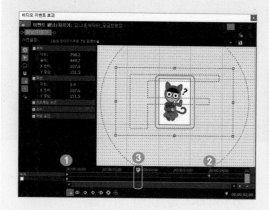

이처럼 키 프레임은 시작점과 끝점에 있는 특정 항목의 수치를 만들어 그 사이의 수치들을 점차 변화시키는 역할을 합니다. 즉, 0초~4초 동안 F 상자 X축의 값은 0 → 10 → 20…90 → 100으로 서서히 변합니다. 왼쪽에서 오른쪽으로 그림이 점점 이동하는 것이죠. 키 프레임은 이처럼 크기, 위치, 비율뿐만 아니라 각종 비디오 효과의 수치들을 변화시킬 수 있어서 애니메이션 효과를 만들 때 꼭 기억해야 하는 개념입니다!

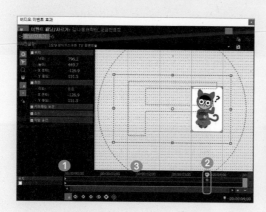

하면 된다! } 자막 클립 길이 늘이기, 페이드아웃 만들기

1. 앞에서 ProType Titler에서 [기간]을 15초로 설정했으므로 자막 클립도 이 길이에 맞춰 15초까지 늘여 주세요.

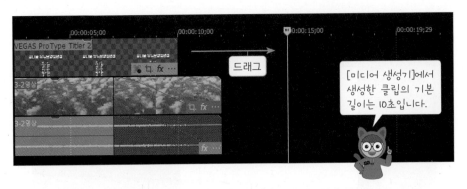

2. 자막이 자연스럽게 사라지도록 다음 그림과 같이 페이드아웃을 적용해 주세요. 끝부분을 클릭해 왼쪽으로 13초 지점까지 드래그하면 됩니다.

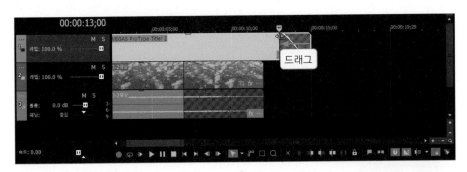

3. 엔딩 크레디트가 완성되었습니다! 완성된 모습을 확인해 보세요.

자막 애니메이션을 빠르게 또는 느리게 변경하기

ProType Titler, 타이틀 & 자막 작업 창 상단의 [기간]에서 수치를 줄이면 애니메이션이 빨라지고 늘이면 애니메이션이 느려집니다. 예를 들어 엔딩 크레디트 애니메이션에서 [기간]을 10초 또는 5초로 수정하면 자막이 빨리 올라갑니다. 반대로 더 길게 30초, 1분으로 입력하면 자막이 느리게 올라갑니다.

자막 클립을 [기간] 길이에 맞게 편집해야 한다는 사실도 잊지 마세요!

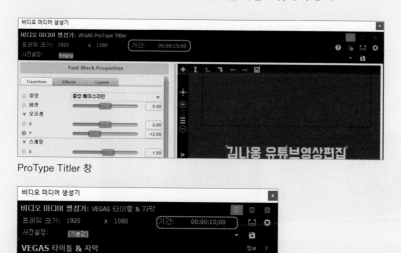

ProType Titler 창

타이틀 & 자막 창

1분 퀴즈

다음 설명 중 틀린 것은?

❶ 자막 클립은 자르고, 붙이고, 늘이고, 줄일 수 있다.
❷ 자막 클립에도 페이드인, 페이드아웃 효과를 넣을 수 있다.
❸ 키 프레임을 활용해 자막에 애니메이션 효과를 줄 수 있다.
❹ 자막의 재생 길이(기간)는 시, 분, 초까지만 설정할 수 있다.

정답: ❹ 프레임 단위까지 설정할 수 있다.

03-3
타이핑 자막 만들기

준비 파일 3장/3-3.veg, 3-3영상.mp4, 효과음_키보드.mp3

완성 파일 3장/완성/3-3완성.mp4, 3-3완성.veg   작업 시간 10분

타이핑 자막이란 키보드 소리와 함께 한 글자씩 나타나는 자막 효과를 말합니다. 한 글자씩 나타나므로 시청자의 이목을 집중시키기 좋습니다. 하지만 영상에서 너무 자주 사용되면 시청자의 피로도가 높아집니다. 또한 타이핑 자막을 만드는 과정은 단순 반복 작업이어서 중요 포인트에만 사용할 것을 추천합니다.

하면 된다! } 텍스트 만들고 입력하기

1. [3장] 폴더에 있는 프로젝트 파일 [3-3.veg]를 열어 주세요.

2. 준비 영상부터 볼까요? 카페에서 찍은 밀크티와 치즈 케이크 영상입니다. 타이핑 자막이 들어갈 것을 고려해 구도를 바꾸지 않고 길게 촬영했어요. 이 영상에 'ㅂ', '부', 'ㅅ', '사', '산', 'ㄹ', '라', 'ㄷ', '드' 이렇게 타이핑하듯이 자막을 입혀 보겠습니다.

3. ❶ [미디어 생성기] 탭에서 이번에는 ❷ [타이틀 & 자막]을 선택해 주세요. 그리고 ❸ [기본값]을 1번 트랙의 타임라인에 가져다 놓습니다.

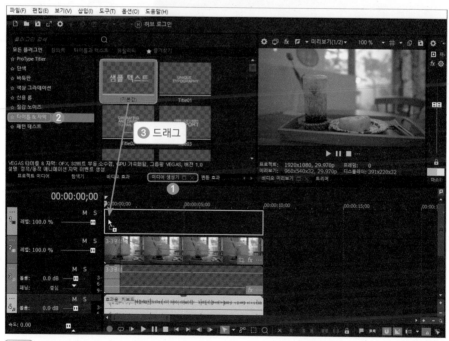

영문판 Media Generators / Title & Text / Default

4. '샘플 텍스트'가 적혀 있는 새로운 텍스트 상자가 열립니다. '샘플 텍스트'를 지우고 ❶에서 ❸ 순으로 설정하고 자막 스타일을 설정한 후 글자가 타이핑되는 애니메이션을 넣기 위해 [자막] 오른쪽에 있는 ❹ 를 클릭합니다. 그러면 화면 아래에 키 프레임을 넣을 수 있는 ❺ 타임라인이 나타납니다! ❻ [동기화 커서 🔒]를 눌러 활성화합니다.

조금 복잡한가요? 천천히 따라해 보세요!

자막 스타일 설정
❶ 글꼴: 스웨거 TTF
❷ 글자 크기: 52
❸ 진하게, 기울기 없음, 왼쪽 정렬

스웨거 글꼴은 https://swagger.kr/font.html에서 다운로드할 수 있어요!

김나옹의 꿀팁 🐝 작업하는 대로 바로바로 확인하는 동기화 커서

🔒 동기화 커서	타임라인의 에디트 라인과 동기화합니다. 활성화하면 키 프레임 효과를 편집할 때 적용된 효과를 미리보기 화면에서 바로 볼 수 있습니다.

5. 카페 이름인 '부산 라드'라고 입력할 건데요. 먼저 ❶ 에디트 라인의 위치 [00:00:00;00]을 확인한 후 ❷ 'ㅂ'을 입력합니다.

6. ❶ 시간 눈금자를 클릭한 후 ❷ 키보드 방향키 →를 한 번 눌러 주세요. 그러면 에디트 라인이 1프레임 이동합니다. 그리고 ❸ 'ㅂ'을 지우고 '부'를 입력해 주세요.

마우스 커서를 타임라인 위에 올리고 마우스 휠을 위아래로 돌리면 타임라인을 확대/축소 할 수 있습니다.

7. 다시 ❶ 시간 눈금자를 클릭한 후 ❷ 키보드에서 방향키 →를 눌러 주세요.
[00:00:00;02]로 프레임이 이동되었다면 이번엔 ❸ '부ㅅ'을 입력합니다.

8. 같은 방법으로 반복해 '부산 라드'를 입력합니다! 이때 띄어쓰기도 포함해 주세요.

하면 된다! } 키 프레임 간격 조정하기

띄어쓰기를 포함해 총 생성된 키 프레임 수는 10개, 길이도 10프레임입니다. 10
프레임은 길이가 엄청 짧기 때문에 키 프레임의 간격을 총 1초 분량으로 넓혀야
합니다.

1. 우선 마우스 커서를 타임라인 위에 올리고 마우스 휠을 아래로 돌려 타임라인
을 축소해 주세요.

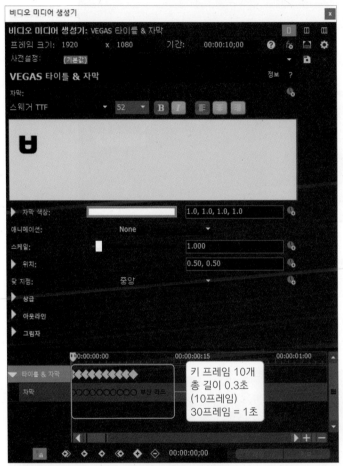

2장에서 프로젝트 규격을 30프레임당 1초로 설정했기 때문에 10프레임은 0.3초의
짧은 시간으로 계산됩니다.

2. 첫 번째 키 프레임을 선택해 주세요. 그리고 ❶ Shift 를 누른 채 마지막 키 프레임을 선택해 모든 키 프레임을 선택합니다. 이어서 ❷ Shift 를 떼고 Alt 를 누른 채 [00:00:01;00]까지 드래그해 주세요.

3. [00:00:01;00]까지 간격이 일정하게 벌어졌다면 성공입니다! 창을 닫아 주세요.

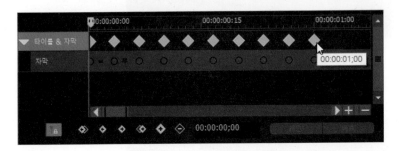

하면 된다! } 자막 위치 이동하기

1. 자막의 위치 이동은 정말 간단합니다. ❶ 미리보기 화면에서 자막을 선택한 후 원하는 위치로 드래그해서 옮기면 됩니다. 또는 ❷ [위치]의 좌표를 수정하면 좀 더 정확한 위치로 옮길 수 있습니다.

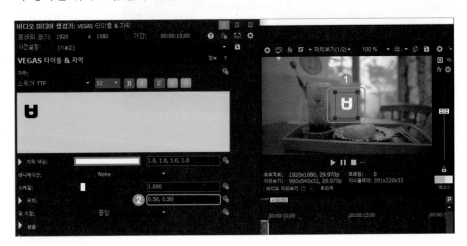

2. [위치]의 0.50(가로), 0.50(세로)는 화면의 정가운데 좌표입니다. 여기서는 ❶ [0.50, 0.65] 좌표로 자막을 중간에서 살짝 위쪽에 놓겠습니다. 잘 적용됐는지 영상을 재생해 ❷ 미리보기 화면에서 확인해 보세요.

하면 된다! } 나머지 자막 만들기

1. 한 글자씩 나오는 자막 트랙을 만들기 위해 ❶ 1번 트랙 리스트의 빈 곳에서 마우스 오른쪽 버튼을 누릅니다. 그리고 ❷ [비디오 트랙 삽입]을 선택해 트랙을 추가합니다.

2. ① [미디어 생성기] 탭을 선택한 후 ② [타이틀 & 자막]을 선택합니다. 그리고 사전 설정에서 ③ [기본값]을 1번 트랙의 타임라인으로 가져다 놓아 주세요.

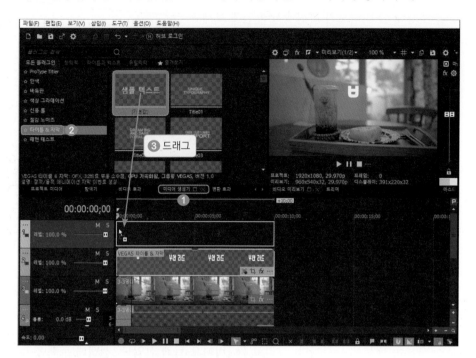

3. 한 글자씩 나오는 방법은 앞에서 배운 내용보다 훨씬 쉽습니다. 이번에는 한 번에 자막 내용을 입력하겠습니다. ①~⑤ 순서대로 작업한 뒤 ⑥ [애니메이션]은 [Title04], ⑦ [기간]은 [00:00:05;00]로 변경해 주세요. 설정을 완료했으면 창을 닫아 주세요.

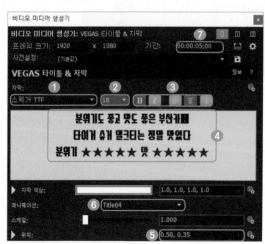

[Title04] 애니메이션은 한 글자씩 타이핑되는 애니메이션이에요. [기간]으로 애니메이션의 속도를 조절할 수 있습니다.

자막 스타일 설정

① 글꼴: 스웨거 TTF
② 글자 크기: 18
③ 진하게, 기울기 없음, 가운데 정렬
④ 자막 문구:
　분위기도 좋고
　맛도 좋은 부산 카페
　타이거 슈거 밀크티는
　정말 맛있다
　분위기 ★★★★★
　맛 ★★★★★
⑤ 위치: 0.5, 0.35
⑥ 애니메이션: Title04
⑦ 기간: 00:00:05;00

4. 앞서 설정한 자막 기간(5초)보다 자막 클립의 길이(10초)가 길면 5초마다 애니메이션이 처음부터 반복됩니다. 애니메이션이 반복되지 않도록 자막 클립 위에 ❶ 마우스 오른쪽 버튼을 눌러 ❷ [스위치] → ❸ [마지막 프레임 멈추기]를 선택합니다.

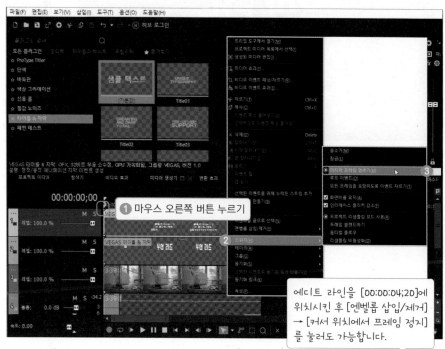

에디트 라인을 [00:00:04;20]에 위치시킨 후 [엔벨롭 삽입/제거] → [커서 위치에서 프레임 정지]를 눌러도 가능합니다.

5. 마지막으로 ❶ 자막 클립을 1초 부분부터 시작하도록 [00:00:01;00]으로 이동해 주세요. 그리고 ❷ 영상의 끝 시간에 맞춰 자막 클립을 컷 편집해 주세요.

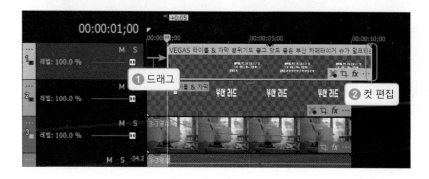

6. 타이핑 자막이 최종 완성되었습니다! 미리보기 화면에서 확인해 보세요.

 김나옹의 꿀팁 🐝 **타이틀 & 자막과 ProType Titler의 차이점**

베가스에서 사용할 수 있는 자막은 타이틀 & 자막과 ProType Titler가 있습니다. 이 둘을 쉽게 말하자면 타이틀 & 자막은 기본 자막, ProType Titler는 고급 자막입니다. 타이틀 & 자막에서는 글자를 하나씩 선택해서 글꼴, 글자 크기, 글자색을 편집할 수 없습니다. 반면 ProType Titler는 글자 하나하나를 꾸밀 수 있으며, 애니메이션의 모션 편집도 가능하므로 다양한 효과를 만들 수 있습니다.

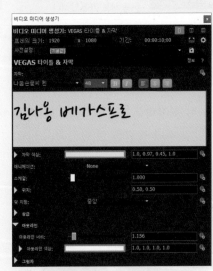

타이틀 & 자막은 모든 글자에 한꺼번에 같은 효과(색상, 글꼴, 크기, 위치, 그림자 등)를 적용합니다.

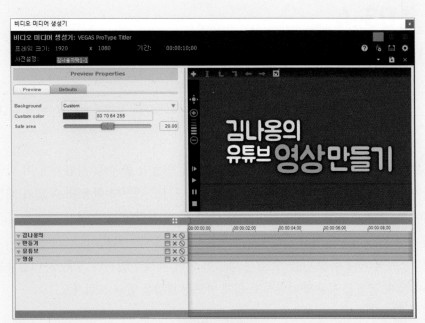

ProType Titler는 글자마다 효과를 따로 적용시킬 수 있습니다.

1분
퀴즈
애니메이션 타임라인에서 키 프레임의 위치를 한 프레임씩 움직이는 방법은?

❶ 마우스 휠을 위아래로 움직인다.
❷ 키보드에서 좌우 방향키 ⊡, ⊡를 누른다.

정답: ❷. 마우스 휠을 위아래로 움직이면 애니메이션 타임라인이 확대·축소됩니다.

📹 03-4
이름과 내용이 함께 나오는 자막 만들기

준비 파일 3장/3-4.veg, 3-4영상.mp4, 김나옹자막상자.ttf
완성 파일 3장/완성/3-4완성.mp4, 3-4완성.veg   작업 시간 10분

유튜브에서 많이 사용하는 심플한 자막 상자를 만들어 볼게요! 사람들이 이 자막 상자를 많이 사용하는 이유가 있겠죠? 간단하면서도 예쁘게 활용할 수 있기 때문이에요. 특히 영상 속 등장인물이 여러 명일 때 각 사람의 자막 상자 색상을 다르게 하면 누가 하는 말인지 시청자들이 헷갈리지 않을 테니까요.

베가스에서 자막 바를 만들 수 있는 방법이 여러 가지가 있지만 그중에서 '김나옹자막상자' 글꼴을 사용해 간단하고 쉽게 만드는 방법을 알려 드릴게요.

하면 된다! } 김나옹자막상자 글꼴 설치하기

1. [3장] 폴더에 있는 ❶ [김나옹자막상자.ttf]를 더블클릭합니다. ❷ [설치]를 클릭하면 폰트가 설치됩니다.

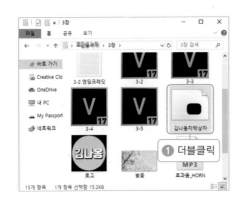
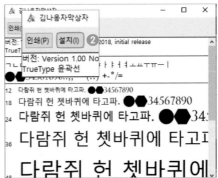

하면 된다! } 자막 상자 만들기

1. [3장] 폴더에 있는 프로젝트 파일 [3-4.veg]를 열어 주세요. 우선 영상을 구경해 볼까요? 아이가 슬라임을 가지고 놀고 있네요. 그런데 어린아이의 말이라 자막이 없으면 조금 알아듣기 힘듭니다. 자막 상자로 아이가 하는 말을 담아 볼까요?

2. ❶ [미디어 생성기] 탭에서 ❷ [ProType Titler]를 선택해 주세요. 그리고 ❸ [Empty]를 1번 트랙의 타임라인으로 가져다 놓아 주세요.

3. ProType Titler 창이 나타납니다. ❶ [Background]를 [Custom]으로 설정해 주세요. 그리고 ❷ ➕를 클릭해 텍스트 블록을 생성합니다.

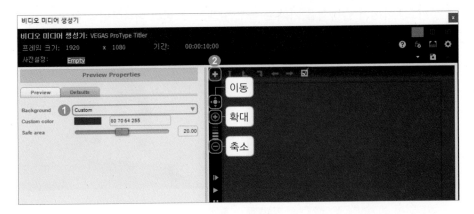

4. 자막 상자에 알파벳 소문자 'a'를 입력하세요.

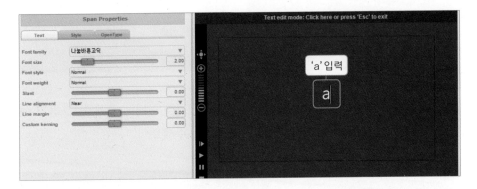

5. 'a'를 드래그해 선택하고 ❶ [Font family]를 [김나옹자막상자]로 바꿔 보세요. ❷ 중간 크기의 자막 상자가 생성됩니다! ❸ [Font size]는 [1.50]으로 설정합니다.

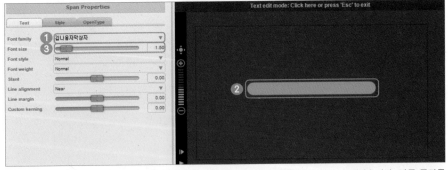

김나옹자막상자 글꼴로 'a'라는 글자를 입력하면 자막 상자가 나타나도록 미리 만들어 두었습니다. 다른 글자를 입력하면 다른 크기의 자막 상자가 나타납니다. 자세한 설명은 141쪽을 참고하세요.

6. 자막 상자 디자인을 바꿔 볼까요? 먼저 ❶ [Style] 탭을 선택해 주세요. 테두리를 만들기 위해 ❷ [Stroke width(테두리 두께)]를 [10.00]으로 바꾸세요. 그리고 ❸ [Stroke order(테두리 위치)]를 [Over]로 변경합니다. 회색 테두리가 보이나요?

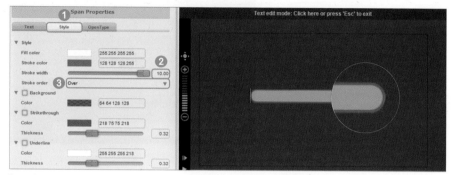

[Over]를 고르면 테두리가 양쪽으로, [Under]를 고르면 바깥쪽으로 형성됩니다.

7. 자막 상자의 테두리 색도 바꿔 볼까요? ❶ [Stroke color(테두리 색)]를 선택해 주황빛이 도는 분홍색(Red: 255, Green: 128, Blue: 128)으로 바꿔 주세요. 그리고 Esc 또는 ❷를 클릭합니다.

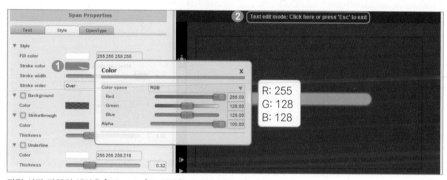

자막 상자 자체의 색상은 [Fill color]로 설정할 수 있습니다.

8. 이제 자막 상자의 위치를 이동해 볼게요. 자막 상자를 정확한 위치로 이동하려면 [오프셋(위치)]에서 [X]값, [Y]값을 각각 ❶ [1.20], ❷ [-8.50]로 변경해 주세요. 그리고 [스케일(크기)]에서 [X]값을 ❸ [1.20]로 설정해 자막 상자의 크기를 조금 키우고 마무리합니다.

위치 이동은 키보드 방향키를 누르거나 마우스로 드래그해도 됩니다.

9. 이대로 마무리해도 되지만, 자막 상자 앞부분에 이름도 넣어 완성도를 높여 보겠습니다. ➕를 클릭해 텍스트 블록을 생성합니다.

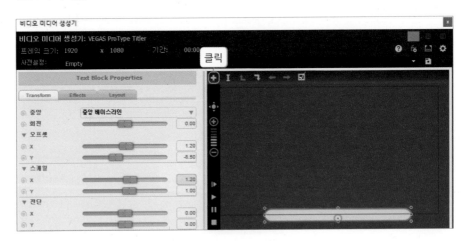

10. 이번엔 ❶ 알파벳 소문자 'd'를 입력하고 드래그로 선택한 후 ❷ [Font family(글꼴)]: [김나옹자막상자], [Font size(글자 크기)]: [1.5]로 설정합니다.

11. ❶ 색상 지정을 위해 [Style] 탭을 선택합니다. 이번에는 자막 상자의 테두리가 아닌 전체 색상을 바꿔 보겠습니다. ❷ [Fill color(글자 색)]를 선택한 후 [Red: 255, Green: 128, Blue: 128]로 설정해 이전에 만든 자막 상자의 테두리 색과 일치시켜 줍니다. ❸ 창을 닫은 후 Esc 또는 ❹를 클릭해 주세요.

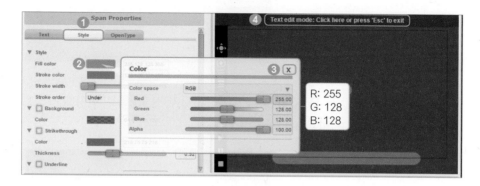

12. 이제 두 자막 상자를 합쳐 봅시다. [오프셋]의 [X]값, [Y]값을 각각 ❶ [-8.55], [-8.55]로 설정해 주세요. 그리고 [스케일]에서 [Y]값을 ❷ [1.10]으로 변경합니다. 이렇게 하면 자막 상자가 완성됩니다!

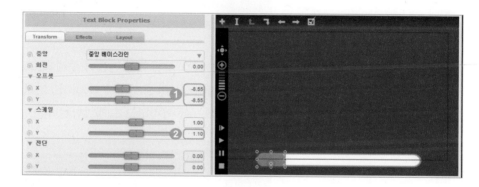

하면 된다! } 텍스트 만들기

1. 먼저 이름 자막을 넣어 보겠습니다. ➕를 클릭해 텍스트 블록을 만들어 주세요. 그리고 ❶ [Font family(글꼴)]: [배달의민족 도현], [Font size(글자 크기)]: [1]로 변경해 주세요. 영상의 주인공 이름 ❷ '준아'를 입력한 후 Esc 또는 ❸을 클릭합니다.

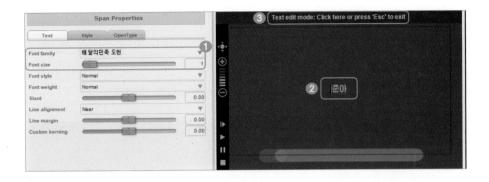

2. [오프셋]에서 [X]값과, [Y]값을 각각 ❶ [-8.55], [-8.30]으로 변경해 텍스트 블록의 위치를 이동하면 이름표 완성입니다!

3. 자막 내용을 넣어 보겠습니다. ⊞를 클릭해 텍스트 블록을 만들어 주세요. 그리고 ❶ [Font family(글꼴)]: [배달의민족 도현], [Font size(글자 크기)]: [0.8]로 변경해 주세요. 자막 내용으로 ❷ '헤이준아에요~'를 입력하고 드래그합니다.

4. ❶ [Style] 탭에서 ❷ [Fill color(글자 색)]를 [Red: 255, Green: 128, Blue: 128]로 설정해 글자 색상을 바꿔 주세요. Esc 또는 ❸을 클릭해 나갑니다.

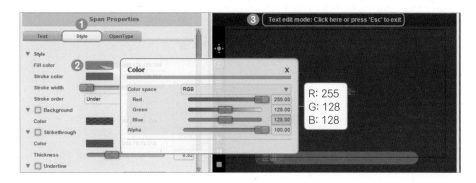

5. 마지막으로 [오프셋]에서 [X]값, [Y]값을 각각 ❶ [1.85], [-8.25]로 변경해 텍스트 블록의 위치를 이동해 주세요. 그리고 ProType Titler 창을 닫으면 완성입니다!

6. 컷 편집을 통해 자막 클립의 길이를 조절해 주세요. 나머지 자막은 자막 클립을 복사해 사용하면 됩니다. 자막 클립을 Ctrl 을 누른 채 드래그하면 복사됩니다.

7. 이때 팝업 창이 하나 뜨는데요. ❶ [새 소스 미디어 사본 만들기]에 체크하고 ❷
[확인]을 누릅니다.

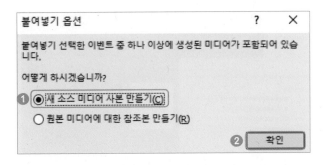

· [새 소스 미디어 사본 만들기]: 복사본과 원본이 따로따로 생성되어 원본을 수정하더라도 복사본
  은 수정되지 않습니다.
· [원본 미디어에 대한 참조본 만들기]: 원본과 복사본이 동기화되어 원본 또는 복사본을 수정하
  면 함께 수정됩니다.

8. 나머지 자막도 모두 완성해 보세요!

'김나옹자막상자' 글꼴을 사용하는 이유는 기존 방식보다 훨씬 편리하기 때문입니다. 일반적인 방식대로라면 [단색]을 이용해 자막 상자를 직접 만들어야 합니다. 트랙은 최소 3개 이상 필요하므로 매우 불편하고 프리셋으로도 저장되지 않습니다. 타임라인도 복잡해지고요.

그래서 ProType Titler의 상자 글꼴을 이용해 자막 상자를 만들어 보았습니다. 프리셋에 저장할 수 있고 트랙도 1개만 사용하므로 기존 방식보다 편집이 쉽고 빠르다는 장점이 있습니다!

다음 표를 참조해서 '김나옹자막상자'를 자유롭게 활용해 보세요!

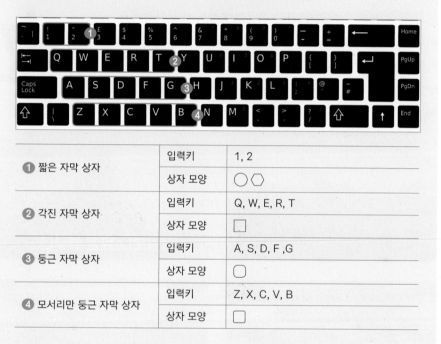

	입력키	1, 2
❶ 짧은 자막 상자	상자 모양	◯ ⬡
❷ 각진 자막 상자	입력키	Q, W, E, R, T
	상자 모양	☐
❸ 둥근 자막 상자	입력키	A, S, D, F ,G
	상자 모양	◯
❹ 모서리만 둥근 자막 상자	입력키	Z, X, C, V, B
	상자 모양	☐

1분 퀴즈 다음 글자 스타일 메뉴 설명 중에서 **틀린** 것은?

▼ Style		
❶ Fill color	⬜	255 255 255 255
❷ Stroke color	⬛	128 128 128 255
❸ Stroke width	▬▬●▬▬	0.00
❹ Stroke order	Under	▼

❶ 글자의 색상을 정합니다.
❷ 글자 외곽선의 색상을 정합니다.
❸ 글자 외곽선의 두께를 정합니다.
❹ 글자 외곽선의 투명도를 정합니다.

정답: ❹ '글자 외곽선이 쌓이는 순서를 결정합니다.'

📹 03-5

유튜브 예능 자막 따라잡기

준비 파일 3장/3-5.veg, 3-5영상.mp4

완성 파일 3장/완성/3-5완성.mp4, 3-5완성.veg 작업 시간 15분

한번 상상해 보세요. 방송국 예능 프로그램에 자막이 없다면 어떨까요? 재미는 반
감되고 집중도 잘 되지 않을 거예요. 이처럼 예능 방송에서 화려한 자막은 재미를
위한 필수 요소가 되었습니다. 유튜브에서도 마찬가지예요.
어린이, 동물, 게임, 개그 등 다양한 장르의 영상에서 예능 스
타일의 자막이 사용되고 있습니다.
4가지 스타일의 예능 자막을 만들어 보면서, ProType Titler
의 자막 꾸미기 기능을 배워 보겠습니다!

하면 된다! } 심플한 감성 자막 만들기

1. [3장] 폴더에 있는 프로젝트 파일 [3-5.veg]를 열어 주세요. 영상을 재생해 보
니 4가지 내용의 영상이 하나로 합쳐져 있네요. 각 상황에 어울리는 예능 자막을
차례로 만들어 보겠습니다!

2. 먼저 첫 번째, 비 오는 날의 카페에 어울리는 감성적인 자막을 만들어 보겠습니다. ① [미디어 생성기] 탭을 선택한 후 ② [ProType Titler]를 선택해 주세요. 그리고 ③ [Empty]를 1번 트랙의 타임라인에 가져다 놓아 주세요.

3. ProType Titler 창이 나타납니다. ① [Background]를 [Custom]으로 변경해 주세요. 그리고 ② ➕를 클릭해 텍스트 블록을 생성합니다.

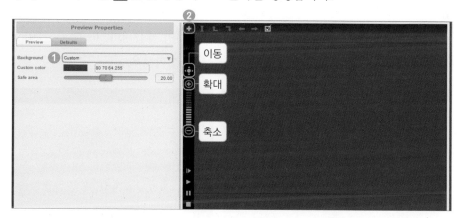

4. 다음과 같이 글자 스타일을 ❶ ~ ❸ 순으로 설정하고 ❹ 자막 내용으로 '비 오는 날 분위기 좋은'을 입력하세요. 마지막으로 Esc 를 누르거나 ❺를 클릭합니다.

5. 자막 위치를 이동해 보겠습니다. ❶ [Transform] 탭에서 [오프셋]의 [X]값, [Y] 값을 각각 ❷ [-7.00], [-5.00]으로 입력해 주세요. ❸ 그러면 자막의 위치가 왼쪽 아랫부분으로 옮겨집니다.

자막의 위치는 키보드 방향키 또는 마우스 드래그로도 이동할 수 있습니다.

6. 자막의 위치는 미리보기 화면으로 확인하는 것이 좋습니다. ProType Titler 창과 미리보기 화면을 함께 보면서 자막의 위치를 정하세요.

ProType Titler 창

미리보기 화면

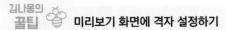

미리보기 화면에 격자를 표시하면 자막의 위치를 좀 더 정확하게 지정할 수 있습니다. 미리보기 화면 상단에서 ① ⊞을 클릭하면 격자가 나타납니다. 격자가 나타나지 않으면 ⊞ 오른쪽에 있는 ② ▼를 눌러 ③ [그리드]를 선택해 주세요.

7. 예능 자막답게 효과도 넣어 보겠습니다. ① [Effects] 탭을 선택합니다. ② [Drop Shadow]를 체크해 그림자를 생성합니다. 그리고 왼쪽의 ▶를 선택해 다음과 같이 설정해 주세요.

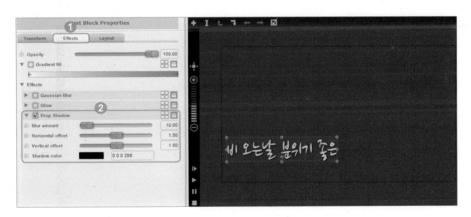

그림자 효과 설정

Blur amount(번지는 정도): 10.00

Horizontal offset(가로 길이): 1.50

Vertical offset(세로 길이): 1.50

Shadow color(그림자 색상): 검은색(R: 0, G: 0, B: 0)

8. 살짝 변형해서 두 번째 글짜를 만들어 보겠습니다. 먼저 ➕를 클릭해 텍스트 블록을 만들어 주세요. 그리고 ❶ [Font family(글꼴)]: [나눔손글씨 붓], [Font size(글자 크기)]: [3.00], [Font weight(글자 두께)]: [Bold]로 변경해 주세요. 자막 내용으로 ❷ '경주카페'를 입력하고 글자를 드래그합니다.

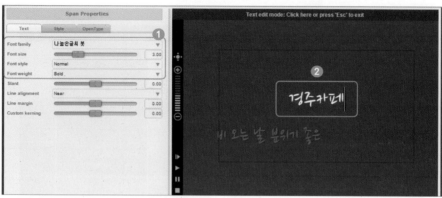

글자를 드래그하지 않으면 스타일이 적용되지 않습니다.

9. ❶ [Style] 탭에서 ❷ [Fill color(글자 색)]를 [Red: 129, Green: 242, Blue: 251]로 변경하여 자막 색상을 바꿔 주세요. 모두 변경했다면 [Esc]를 누르거나 ❸ 을 클릭합니다.

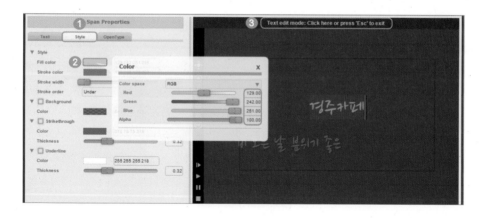

10. [Transform] 탭의 [오프셋]에서 X값, Y값을 각각 [−1.65], [−7.45]로 변경해 자막의 위치를 이동해 주세요.

11. ❶ [Effects] 탭을 선택하고 ❷ [Drop Shadow]를 체크합니다. 왼쪽의 ▶를 선택하고 다음과 같이 설정해 주세요.

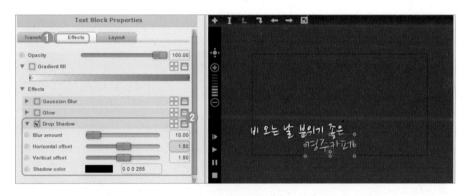

그림자 효과 설정
Blur amount(번지는 정도): 10.00
Horizontal offset(가로 길이): 1.50
Vertical offset(세로 길이): 1.50
Shadow color(그림자 색상): 검은색(R: 0, G: 0, B: 0)

12. 모두 마쳤으면 창을 닫습니다. 마지막으로 다음 그림과 같이 드래그해서 자막 클립을 5초 길이로 컷 편집해 주세요. 첫 번째 예능 자막을 완성했습니다.

하면 된다! } 눈에 잘 보이는 진한 자막 만들기

1. 두 번째 자막부터는 앞에서 배운 내용을 반복하므로 조금 빠르게 진행하겠습니다. ❶ [미디어 생성기] 탭에서 ❷ [ProType Titler]를 선택해 주세요. ❸ [Empty]를 1번 트랙의 타임라인으로 가져다 놓아 주세요.

2. ProType Titler 창이 나타납니다. ➕를 클릭해 텍스트 블록을 생성한 후 ❶ [Font family(글꼴)]: [배달의민족 도현], [Font size(글자 크기)]: [2.5], [Font weight(글자 두께)]: [Bold]로 변경해 주세요. 자막 내용으로 ❷ '생각보다 엄청 높구나...'를 입력하고 글자를 드래그합니다.

3. ❶ [Style] 탭을 선택하고 ❷ [Stroke width(테두리 두께)]: [8], [Stroke order(테
두리 위치)]: [Under(바깥쪽)], [Stroke color(테두리 색)]: 검은색(Red: 0, Green: 0, Blue:
0)으로 바꿔 주세요. 다 설정했다면 (Esc)를 누르거나 ❸을 클릭합니다.

4. ❶ [Transform] 탭의 ❷ [오프셋]에서 [X]값, [Y]값을 각각 [0.00], [-7.50]으
로 변경해 자막의 위치를 이동해 주세요. 그리고 ❸ [스케일]에서 [X]값, [Y]값을
[1.00], [1.15]로 변경해 텍스트의 세로 길이를 늘여 줍니다.

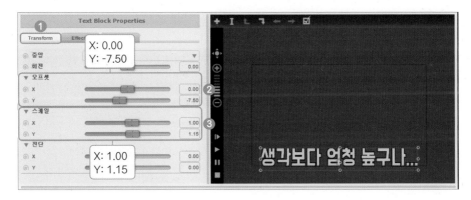

5. ❶ [Effects] 탭을 선택한 후 ❷ [Drop Shadow]를 체크해 그림자를 생성합니다. 그리고 ▶를 선택하고 다음과 같이 설정해 주세요.

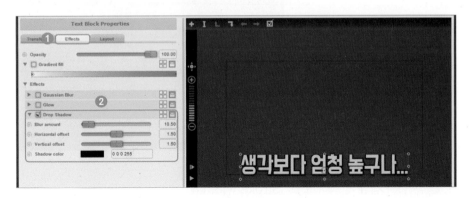

그림자 효과 설정

Blur amount(번지는 정도): 10.5	Horizontal offset(가로 길이): 1.5
Vertical offset(세로 길이): 1.5	Shadow color(그림자 색상): 검은색(R: 0, G: 0, B: 0)

6. 마지막으로 ❶ [Layout] 탭에서 ❷ [Tracking(자간)]을 [-0.1]으로 변경합니다.

7. 앞서 만든 자막 클립과 같이 5초 길이로 컷 편집해 주세요.

하면 된다! } 빛나는 효과를 이용한 부드러운 자막 만들기

1. ❶ [미디어 생성기] 탭에서 ❷ [ProType Titler]를 선택해 주세요. ❸ [Empty]를 1번 트랙의 타임라인으로 가져다 놓아 주세요.

2. ProType Titler 창이 나타납니다. ❶ [Background]를 [Custom]으로 변경해 주세요. 그리고 ❷ ➕를 클릭해 텍스트 블록을 생성합니다.

3. ❶ [Font family(글꼴)]: [godoMaum(고도마음체)], [Font size(글자 크기)]: [4.00]
으로 변경해 주세요. 자막 내용으로 ❷ '으흐응~'을 입력한 후 드래그합니다.

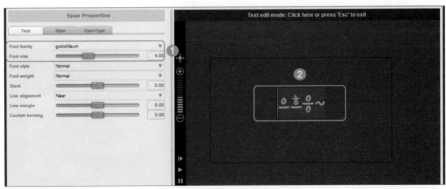

고도마음체 글꼴은 눈누(https://noonnu.cc)에서 무료로 다운로드할 수 있어요!

4. ❶ [Style] 탭을 클릭하고 ❷ [Stroke width(테두리 두께)]: [1.8], [Stroke
order(테두리 위치)]: [Under(바깥쪽)], [Stroke color(테두리 색)]: 분홍색(Red: 217,
Green: 93, Blue: 129)으로 바꿔 주세요. 다 설정했다면 Esc 또는 ❸을 클릭합니다.

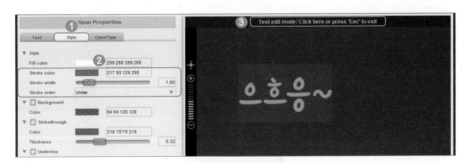

5. ❶ [Transform] 탭의 ❷ [오프셋]에서 [X]값, [Y]값을 각각 [-7.40], [-7.65]
로 변경해 자막 위치를 이동해 주세요. 그리고 ❸ [Effects] 탭을 선택합니다.

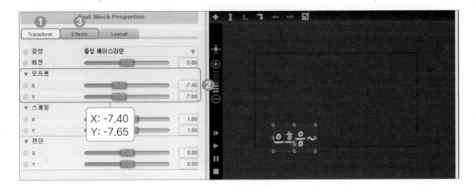

6. 말랑말랑한 분위기를 더하기 위해 빛나는 효과와 그림자 효과를 모두 사용해 보겠습니다. 먼저 ❶ [Glow]를 체크하고 ▶를 선택해 다음과 같이 설정해 주세요. ❷ [Drop Shadow]를 체크하고 ▶를 선택해 다음과 같이 설정해 주세요. 그리고 ❸ ➕를 클릭해 텍스트 블록을 하나 더 생성합니다.

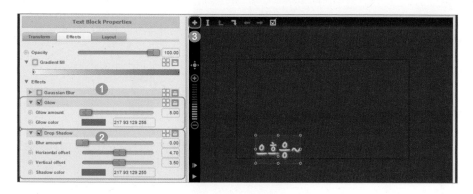

빛나는 효과 설정
Glow amount(빛나는 정도): 5
Glow color(빛 색상): 분홍색(R: 217, G: 93, B: 129)

그림자 효과 설정
Blur amount(번지는 정도): 0.00   Horizontal offset(가로 길이): 4.70
Vertical offset(세로 길이): 3.50   Shadow color(그림자 색상): 분홍색(R: 217, G: 93, B: 129)

7. ❶ [Font family(글꼴)]: [godoMaum(고도마음체)], [Font size(글자 크기)]: [4.00], [Font style(글자 스타일)]: [Italic]으로 변경해 주세요. 자막 내용으로 ❷ '너무 맛있어~'를 입력합니다.

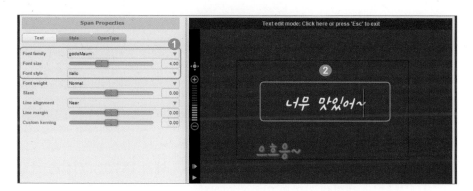

8. '너무'와 '맛있어' 사이가 너무 떨어진 느낌이 드네요. ❶ 띄어쓰기를 드래그한 다음 ❷ [Font size(글자 크기)]를 [2.00]으로 수정합니다.

글자 크기와 띄어쓰기의 간격이 잘 맞지 않다면 띄어쓰기의 글자 크기를 줄여서 자간을 수정하는 게 좋아요.

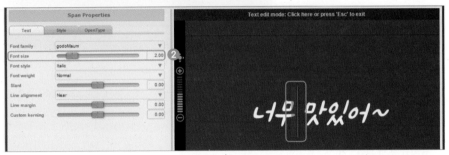

9. ❶ 글자 전체를 드래그한 후 ❷ [Style] 탭을 선택합니다. ❸ [Fill color(글자 색)]: 분홍색(Red: 217, Green: 92, Blue: 129), [Stroke width(테두리 두께)]: [5.00], [Stroke color(테두리 색)]: 흰색(Red: 255, Green: 255, Blue: 255), [Stroke order(테두리 위치)]: [Under(바깥쪽)]를 선택하고 ❹를 클릭합니다.

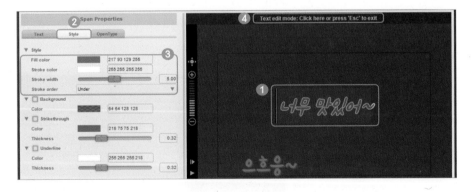

10. ❶ [Transform] 탭을 선택합니다. ❷ [오프셋]에서 [X]값, [Y]값을 각각 [3.55], [-7.65]로 변경해 자막의 위치를 이동해 주세요.

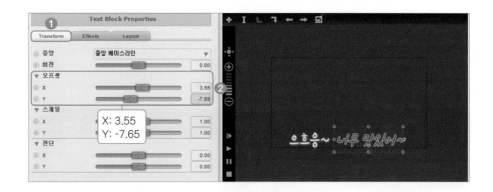

11. ❶ [Effects] 탭을 선택합니다. ❷ [Glow]와 ❸ [Drop Shadow]를 다음과 같이 설정해 주세요.

빛나는 효과 설정

Glow Amount(빛나는 정도): 5   Glow color(빛 색상): 흰색(R: 255, G: 255, B: 255)

그림자 효과 설정

Blur amount(번지는 정도): 0.00   Horizontal offset(가로 길이): 4.50
Vertical offset(세로 길이): 1.70   Shadow color(그림자 색상): 분홍색(R: 217, G: 93, B: 129)

12. 창을 닫고 앞서 만든 자막 클립과 같이 5초 길이로 컷 편집해 주세요.

하면 된다! } 그라데이션 자막 만들기

1. ① [미디어 생성기] 탭에서 ② [ProType Titler]를 선택해 주세요. ③ [Empty]
를 1번 트랙의 타임라인으로 가져다 놓아 주세요.

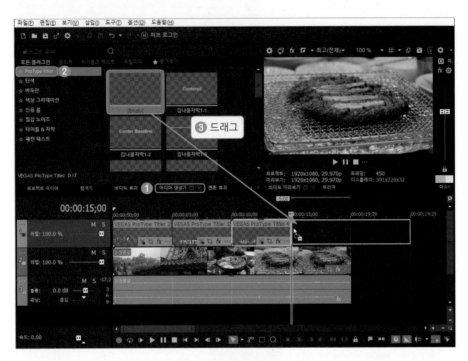

2. ProType Titler 창이 나타납니다. ⬛를 클릭해 텍스트 블록을 생성합니다.

[Background]를 [Custom]으로 설정해야 합니다!

3. ❶ [Font family(글꼴)]: [나눔바른펜], [Font size(글자 크기)]: [3.00], [Font weight(글자 두께)]: [Bold]로 변경해 주세요. 자막 내용으로 ❷ '언양불고기'를 입력합니다.

4. ❶ 글자를 드래그한 후 ❷ [Style] 탭을 클릭합니다. ❸ [Stroke color(테두리 색)]: 검은색(Red: 0, Green: 0, Blue: 0), [Stroke width(테두리 두께)]: [5.00], [Stroke order(테두리 위치)]: [Under(바깥쪽)]로 바꿔 주세요. 다 설정했다면 ❹를 클릭합니다.

5. ❶ [Transform] 탭을 선택합니다. ❷ [오프셋]에서 [X]값, [Y]값을 각각 [6.15], [-7.80]으로 변경해 자막의 위치를 이동해 주세요.

6. 글자 안에 그라데이션을 넣어 볼까요? ❶ [Effects] 탭을 클릭합니다. ❷ [Gradient fill]을 체크한 다음 ❸ 왼쪽 ◆를 클릭해 ❹ 시작 색상을 연분홍색(Red: 219, Green: 125, Blue: 137)으로 바꿔 주세요. ❺ 오른쪽 ◆도 클릭해 끝 색상을 ❻ 다홍색(Red: 255, Green: 26, Blue: 62)으로 바꿔 주세요.

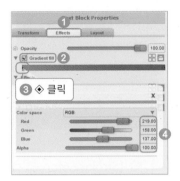
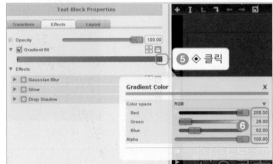

7. 이렇게 [Gradient fill]을 선택하면 ❶ 그라데이션의 각도와 크기를 조절할 수 있는 선이 하나 생성됩니다. 마우스로 클릭한 후 드래그하면 쉽게 조절할 수 있으므로 ❷처럼 조절해 보세요.

8. ❶ [Glow]를 체크하고 ▶를 선택해 다음과 같이 설정해 주세요. ❷ [Drop Shadow]를 체크하고 ▶를 선택해 다음과 같이 설정해 주세요. 그리고 ❸ ✚를 클릭해 텍스트 블록을 하나 더 생성합니다.

빛나는 효과 설정
Glow Amount(빛나는 정도): 5
Glow color(빛 색상): 검은색(R: 0, G: 0, B: 0)

그림자 효과 설정
Blur amount(번지는 정도): 5.00
Horizontal offset(가로 길이): 1.00
Vertical offset(세로 길이): 3.50
Shadow color(그림자 색상): 검은색(R: 0, G: 0, B: 0)

9. ❶ [Font family(글꼴)]: [나눔바른펜], [Font size(글자 크기)]: [3.00], [Font weight(글자 두께)]: [Bold]로 변경해 주세요. 자막 내용으로 ❷ '석쇠 위로 등판'을 입력합니다.

10. ❶ 글자를 드래그한 후 ❷ [Style] 탭을 클릭합니다. ❸ [Stroke color(테두리 색)]: 검은색(Red: 0, Green: 0, Blue: 0), [Stroke width(테두리 두께)]: [5.00], [Stroke order(테두리 위치)]: [Under(바깥쪽)]로 바꿔 주세요. 다 설정했다면 Esc를 누르거나 ❹를 클릭합니다.

11. ❶ [Transform] 탭을 선택한 후 ❷ [오프셋]에서 [X]값, [Y]값을 각각 [6.15], [-7.80]으로 변경해 자막 위치를 이동해 주세요.

12. ❶ [Effects] 탭을 선택합니다. ❷ [Glow]를 체크하고 ▶를 선택해 다음과 같이 설정해 주세요. ❸ [Drop Shadow]를 체크하고 ▶를 선택해 다음과 같이 설정해 주세요.

빛나는 효과 설정
Glow Amount(빛나는 정도): 5
Glow color(빛 색상): 검은색(R 0, G: 0, B: 0)

그림자 효과 설정
Blur amount(번지는 정도): 5.00
Horizontal offset(가로 길이): 1.00
Vertical offset(세로 길이): 1.00
Shadow color(그림자 색상): 검은색(R: 0, G: 0, B: 0)

13. 창을 닫고 앞서 만든 자막 클립과 같이 5초 길이로 컷 편집해 주세요.

지금까지 4가지 스타일의 예능 자막 만들기를 통해 ProType Titler의 자막 꾸미기 기능을 배웠습니다. ProType Titler 기능이 이제 손에 조금 익었나요? 앞으로는 자막을 여러분이 원하는 스타일로 마음껏 변형해 사용해 보세요.

1분 퀴즈	[오프셋]에서 [X]값은 [6.00], [Y]값은 [-8.00]으로 설정했을 때 자막이 이동한 위치는?

❶ 오른쪽 위   **❷** 오른쪽 아래   **❸** 왼쪽 아래   **❹** 왼쪽 위

정답: **❷**, X값이 양수이면 오른쪽, Y값이 음수이면 아래쪽을 나타냅니다.

03-6
유튜브용 섬네일 만들기

준비 파일 3장/벚꽃.jpg, 로고.png

완성 파일 3장/완성/3-6완성.veg 작업 시간 10분

시청자들은 섬네일과 제목을 보고 클릭할지 넘어갈지를 판단합니다. 그러므로 열심히 만든 자신의 콘텐츠를 많은 사람 눈에 띄게 하려면 흥미를 유발할 수 있는 섬네일 제작이 필수입니다. 지금까지 배운 내용을 조금만 응용해도 섬네일을 쉽게 만들 수 있습니다. 여기서는 베가스 프로만으로 섬네일 만드는 방법을 배워 볼게요.

하면 된다! } 섬네일 배경 만들기

1. ❶ [탐색기] 탭에서 섬네일 배경으로 사용할 이미지를 불러오겠습니다. ❷ [3장] 폴더에 있는 ❸ [벚꽃.jpg] 파일을 타임라인으로 드래그해 배치합니다.

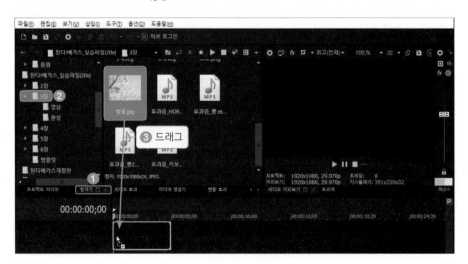

2. 편집 중인 동영상 화면을 캡처해서 사용하는 방법도 있어요. 너무 쉽기 때문에 이 방법도 바로 알려 드릴게요. 먼저 화면을 캡처할 부분에 **①** 에디트 라인을 이동시킵니다. 미리보기 화면에서 화질을 가장 좋은 **②** [최고(전체)]로 설정한 후 **③** [스냅샷 저장 ▣]을 눌러 저장하면 됩니다.

3. 다시 섬네일 제작 영상으로 돌아오겠습니다. 가장자리에 테두리를 만들기 위해 **①** [비디오 효과] 탭의 **②** [테두리]를 선택합니다. **③** [기본값]을 벚꽃 이미지에 드래그해 적용합니다.

[테두리]는 영상에 테두리를 만드는 기능입니다.

영문판 | Video FX → Border → Default

4. 테두리 스타일을 설정하는 창이
나타나면 ❶ [유형]을 [단색]으로, ❷
[크기]를 [0.020]으로 설정한 후 원하
는 색상으로 ❸ 테두리의 색을 정해
주세요. 설정을 마쳤다면 ❹ 창을 닫
아 주세요.

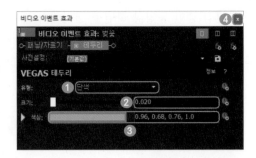

영문판 Solid

5. 다음으로 자막이 잘 보이도록 색상 번짐을 넣어 보겠습니다. 별도의 트랙에서
작업해야 하므로 트랙 리스트의 빈 곳을 ❶ 마우스 오른쪽 버튼으로 누른 후 ❷
[비디오 트랙 삽입]을 선택해 트랙을 만들어 주세요.

6. ❶ [미디어 생성기] 탭의 ❷ [단색]을 선택합니다. 그리고 ❸ [흰색]을 새로 만
든 트랙의 타임라인으로 드래그해 주세요.

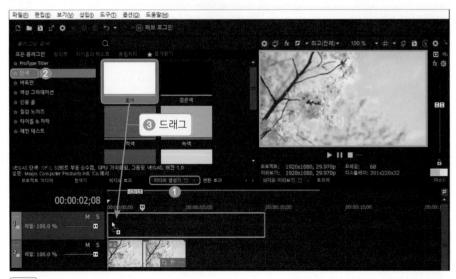

영문판 Media Generators / Solid Color / White

7. ❶을 클릭해 자막이 들어갈 부분의 ❷ 배경색을 설정합니다. 그리고 ❸ 창을 닫아 주세요.

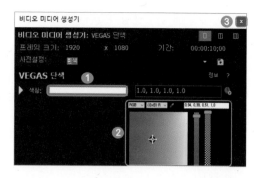

8. ❶ [단색]의 길이를 컷 편집해 짧게 만들어 주세요. 미리보기 화면을 보니 색상이 화면을 한가득 채웠네요! 자막이 들어갈 부분에만 색상이 들어가도록 마스크 기능을 사용하겠습니다. ❷ 🔲를 클릭합니다.

9. ❶ [마스크]를 체크합니다. 그리고 ❷ [원형 툴 ⭕]을 선택한 뒤 ❸ 자막이 들어갈 부분을 드래그해 원을 만들어 주세요. 마지막으로 테두리를 부드럽게 만들기 위해 ❹ [페더 유형]을 [양쪽], [페더(%)]를 [50.0]으로 설정한 후 창을 닫아 주세요.

영문판
Feather: Both

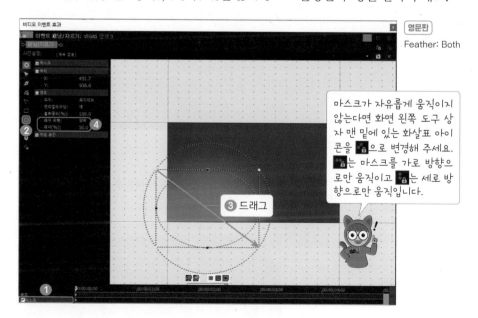

마스크가 자유롭게 움직이지 않는다면 화면 왼쪽 도구 상자 맨 밑에 있는 화살표 아이콘을 🔒으로 변경해 주세요. 🔒는 마스크를 가로 방향으로만 움직이고 ➕는 세로 방향으로만 움직입니다.

10. 섬네일 배경이 완성되었습니다!

하면 된다! } 자막 만들기

1. 준비한 배경에 자막을 얹어 보겠습니다. 먼저 비디오 트랙을 하나 더 생성해야
합니다. ❶ [미디어 생성기] 탭의 ❷ [ProType Titler]를 선택한 후 ❸ [Empty]를
타임라인으로 드래그해 주세요.

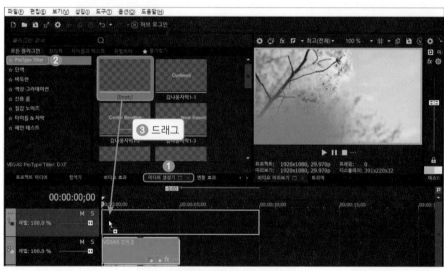

비디오 트랙 생성 단축키: Ctrl + Shift + Q

2. ❶ [Background]가 [Custom]으로 설정되었는지 확인한 후 ❷ ➕를 클릭해
텍스트 블록을 생성합니다.

3. ❶ '나만 알고 싶은'을 입력한 후 글자 전체를 드래그해 선택합니다. ❷ [Font family(글꼴)]: [윤고래체], ❸ [Font size(글자 크기)]: [4.00]으로 설정하세요.

글꼴은 자유롭게 선택해도 됩니다! '윤고래체'는 눈누에서 다운로드할 수 있습니다.

4. 색상을 선택하기 위해 ❶ [Style] 탭을 클릭합니다. ❷ [Fill color(글자 색)]: 연노란색(Red: 255, Green: 238, Blue: 204), ❸ [Stroke color(테두리 색)]: 검은색(Red: 0, Green: 0, Blue: 0), ❹ [Stroke width(테두리 두께)]: [10.00]으로 설정합니다. 마지막으로 Esc)를 누르거나 ❺를 클릭해 마무리합니다.

5. ❶ 자막의 위치를 그림과 같이 옮겨 주세요. 아래에 자막을 추가하기 위해 ❷ ➕를 클릭해 텍스트 블록을 생성합니다.

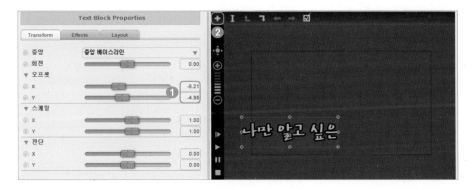

6. ❶ '울산의 벚꽃 명소'를 입력한 후 글자 전체를 드래그합니다. ❷ [Font family(글꼴)]: [윤고래체], ❸ [Font size(글자 크기)]: [4]로 설정합니다.

7. 색상을 선택하기 위해 ❶ [Style] 탭을 선택합니다. ❷ [Fill color(글자 색)]: 연분홍색(Red: 255, Green: 221, Blue: 204), ❸ [Stroke color(테두리 색)]: 검은색(Red: 0, Green: 0, Blue: 0), ❹ [Stroke width(테두리 두께)]: [10.00]으로 설정합니다. 마지막으로 Esc 를 누르거나 ❺를 클릭해 마무리합니다.

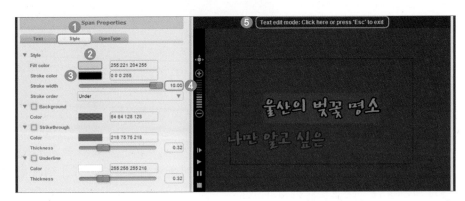

8. 자막을 강조하기 위해 그림자도 넣어 볼까요? ❶ [Effects] 탭을 클릭하고 ❷ [Drop Shadow]를 체크해 주세요. ❸ [Blur amount(번지는 정도)]: [2.00], [Horizontal offset(가로 크기)]: [5.00], [Vertical offset(세로 크기)]: [2.50]으로 설정합니다.

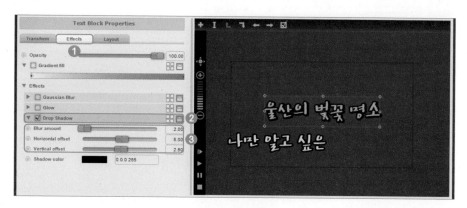

9. 마지막으로 자막의 위치를 다음과 같이 이동해 주세요. 그리고 창을 닫습니다.

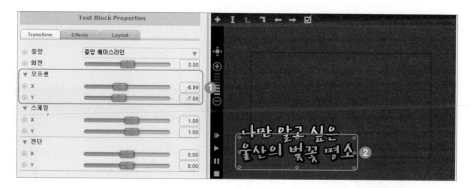

하면 된다! } 로고 넣기

1. 마지막으로 유튜브 로고를 넣어서 채널을 더 알려 보겠습니다. 비디오 트랙을 하나 더 생성하고 ❶ [탐색기] 탭에서 ❷ [3장] 폴더에 있는 ❸ [로고.png]를 타임라인으로 드래그합니다.

2. 로고의 크기와 위치를 조절하기 위해 ❶ [비디오 효과] 탭의 ❷ [픽처 인 픽처]를 선택한 후 ❸ [기본값]을 로고 이미지에 드래그해 적용합니다.

영문판 | Video FX → Picture In Picture → Default

3. ❶ [X 스케일] 또는 [Y 스케일]을 [0.300]으로 변경해 크기를 줄입니다. 비율이 고정되어 있어서 값을 하나만 조절해도 X값, Y값이 동시에 변경됩니다. ❷ 미리보기 화면에서 로고를 다음과 같이 오른쪽 위 구석으로 드래그해 이동해 주세요. 그리고 창을 닫습니다.

4. 작업을 모두 마쳤으니, 컷 편집으로 클립의 길이를 깔끔하게 정리해 주세요. 그리고 저장하기 위해 ❶ 미리보기 화면에서 섬네일 화질을 가장 좋은 [최고(전체)]로 설정한 후 ❷ 미리보기 화면 위의 [스냅숏 저장 🖼]을 누릅니다.

베가스 파일을 저장하는 게 아니라 이미지 파일을 저장해야 하므로
미리보기 화면에서 저장합니다.

5. 저장할 위치를 지정한 후 파일 이름을 입력해 저장하면 완성입니다!

다음 중 미리보기 화면을 그림 파일로 저장하는 아이콘은?

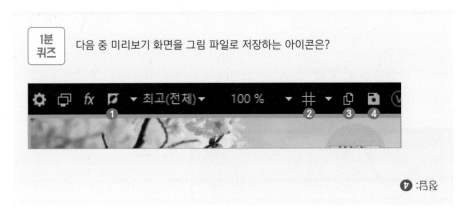

정답: ❹

 **03-7**

자막을 저장하고 마음껏 갖다 쓰기

준비 파일 템플릿/김나옹자막상자템플릿.veg ~ 김나옹자막상자템플릿v3.veg

예능 프로그램에서는 다양한 자막 효과를 볼 수 있습니다. 매번 새로 만드는 걸까요? 그렇지 않겠죠. 자주 쓰는 자막은 저장해 놓고 불러오면 됩니다. 앞에서 실습한 자막도 모두 저장해 놓으면 언제든 불러와 쓸 수 있습니다. 이번에는 내가 만든 자막을 '프리셋'으로 등록하는 방법을 배워 볼게요.

하면 된다! } 자막을 프리셋으로 저장하기

1. 자막은 제가 미리 만들어 놓았습니다. 템플릿이란 이름이 붙은 이 파일들은 자막만 모아 놓은 프로젝트 파일입니다. [템플릿] 폴더에서 원하는 파일을 하나 골라 더블클릭합니다.

2. 프리셋(사전 설정)으로 저장하고 싶은 자막 클립을 하나 골라서 ▦을 클릭합니다.

3. [미디어 생성기] 창이 나타납니다. ❶ 저장할 이름을 입력한 후 ❷ [사전 설정 저장 🔳]을 클릭하면 프리셋으로 등록됩니다.

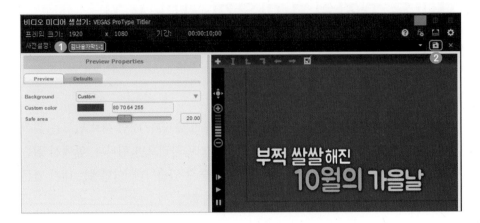

4. 저장한 프리셋은 ❶ ▼를 눌러 바로 불러올 수 있습니다. 만약 프리셋을 삭제하고 싶다면 ❷ 🗙을 클릭하면 됩니다.

5. 이렇게 저장한 프리셋은 어떻게 사용할까요? ❶ [미디어 생성기] 탭에서 ❷ [ProType Titler]의 [프리셋] 창에 들어가면 저장된 프리셋이 있습니다. 눈으로 확인하면서 타임라인에 바로 배치할 수 있습니다.

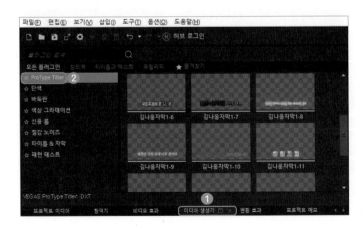

김나옹의 꿀팁 🐝 ProType Titler를 저장했는데 자막이 없어요

베가스 프로 20 버전으로 업그레이드되면서 ProType Titler 프리셋 저장 기능에 버그가 발견되었습니다. 그러나 기능 자체에는 문제가 없기 때문에, 이를 해결하는 방법을 알려드릴게요.

1. [ProType Titler]에서 [Empty]를 타임라인에 넣어 주세요.

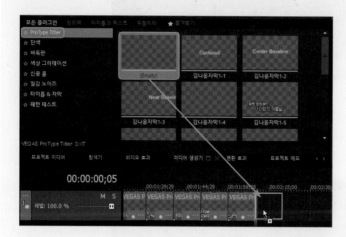

2. 저장 이름을 ❶ [Empty]로 한 다음 ❷ [사전설정 저장]을 클릭하고 창을 닫아 주세요.

3. 베가스를 재시작합니다. ProType Titler의 프리셋 공간을 보면 방금 저장했던 [Empty]만 홀로 남겨져 있는 버그를 볼 수 있습니다. 당황하지 말고 [김나옹자막템플릿] 자막을 ProType Titler에서 순서대로 [사전설정 저장]을 합니다. 그리고 베가스를 다시 재시작해 주세요.

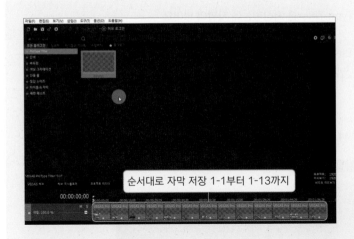

순서대로 자막 저장 1-1부터 1-13까지

4. ProType Titler를 다시 확인하면 저장했던 자막들이 모두 나오지 않는 것을 볼 수가 있습니다. 여기서 [김나옹자막1-1]부터 [1-4]까지는 버그가 발생되었는데요. 무시하고 저장이 되지 않은 1-10부터 1-13을 다시 저장해 주세요.

프리셋 저장 버그는 무시합니다!

5. ① [김나옹자막1-10] 자막 이름을 ② [김나옹자막1-14]로 변경해서 ③ 저장합니다. 나머지 자막들도 같은 방법으로 저장합니다. (예: [김나옹자막1-11] → [김나옹자막 1-15])

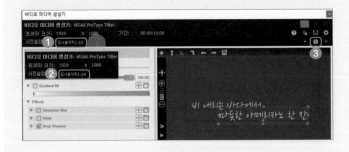

6. 이렇게 순서대로 정리가 되었다면 성공입니다! 이제 마음껏 자막들을 저장하고 사용해 주세요.

하면 된다! } 원하는 자막 효과만 저장하기

1. 자막 중에서 일부 요소만 따로 떼어 저장할 수도 있어요. '부쩍 쌀쌀' 글자만 저 장해 보겠습니다. ▣ 을 클릭합니다.

2. 자막 이름을 ❶ '예능자막스타일1'로 입력한 후 `Enter` 를 누르세요. 그리고 ❷ [Collections] 창을 닫으면 바로 저장됩니다.

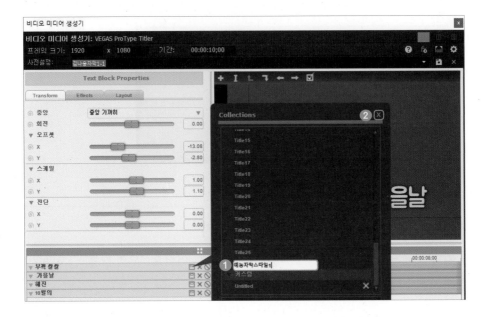

3. 저장한 자막을 사용하기 위해 ❶ ▦을 선택합니다. 그리고 [커스텀] 목록에 있는 ❷ '예능자막스타일1'을 더블클릭해 주세요. 저장한 자막이 생성됩니다.

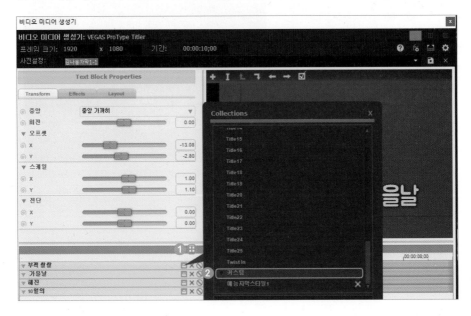

4. '부쩍 쌀쌀'이 성공적으로 생성되었습니다!

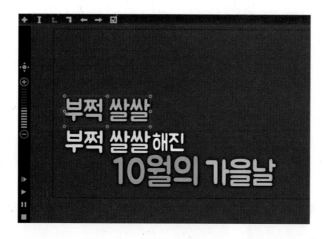

5. 다른 스타일의 자막과 함께 자주 등장하는 표현은 이런 식으로 저장해서 쓰면 편리합니다. 필요한 자막 스타일을 저장해 놓아 예능 스타일의 자막을 편리하게 사용해 보세요!

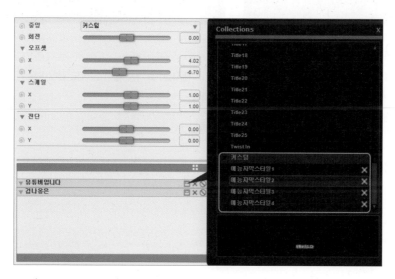

1분 퀴즈	자주 쓰는 자막을 저장해 놓고 언제든지 불러와 쓸 수 있는 이 기능은?

① 템플릿 ② 오프셋 ③ 프리덤 ④ 프리셋

정답: ④

경이로운 지구를 감상하는 영상 만들기

실습 영상 vedevo.net 〉 Drone Footage, Nature

비디보는 드론 촬영 영상도 아주 많이 제공합니다. 원재료가 좋으면 맛이 기본은 하잖아요? 비디보의 고품질 영상을 사용해서 경이롭고 아름다운 지구의 모습을 만들어 보세요. 자연 중심으로 영상을 구성하면 웅장한 느낌을 줄 수 있겠죠? 파도치는 모습, 차량과 사람이 분주히 움직이는 영상을 모으면 힘차고 역동적인 느낌을 줄 수 있습니다.

연출 팁!

☑ 음악의 리듬에 맞춰 화면을 전환합니다. 이럴 때는 장면 전환(트랜지션) 효과를 넣지 않아도 괜찮아요.

☑ 지역, 나라 또는 도시 이름을 영상 하단에 자막으로 넣어 보세요.

☑ 지구의 사계절, 하늘과 땅, 산과 바다 등 주제를 정해도 좋아요.

추천 음악!

❶ 유튜브 오디오 보관함: 〈Heavenly〉

❷ 유튜브 오디오 보관함: 〈Starry Eyed Romance〉

❸ 유튜브 오디오 보관함: 〈Out of the Skies, Under the Earth〉

04

영상의 몰입도와 조회 수를 높이는 자막&편집 기법

이번 시간에는 지금까지 배운 내용을 조금 응용해 볼게요. 자막에 베가스 프로의 여러 기능을 접목해서 다양한 효과를 구현해 보겠습니다. 글자를 투명하게 바꾸거나 움직이게 할 수도 있어요. 이러한 효과를 잘 적용하면 그 자체로 멋진 인트로가 됩니다. 이 부분까지 직접 실습해 봅니다.

화려함이 정답은 아닙니다. 자막의 생명력은 단연 전달력에 있으니까요. 자신의 의도를 정확하게 전달할 수 있는 알맞은 효과를 어떻게 구현할 수 있을지 계속 찾고 수정하는 노력이 필요합니다.

04-1
글자가 투명한 자막 상자 만들기

준비 파일 4장/4-1.veg, 4-1영상.mp4

완성 파일 4장/완성/4-1완성.mp4, 4-1완성.veg   작업 시간 5분

인터뷰나 제품 리뷰 영상에 어울리는 자막 상자를 소개합니다. 인터뷰하는 사람과 리뷰하는 제품의 모습이 글자보다 더 잘 보이도록 하는 자막 상자, 바로 '글자가 투명한 자막 상자'입니다. 글자는 어떤 배경과도 잘 어울리는데 가독성이 떨어지지 않도록 바의 색상도 잘 골라야 합니다. 흰색을 주로 쓰지만 편집할 영상과 잘 어울리는지 미리 확인한 후 적용하세요!

하면 된다! } 자막 상자 만들기

1. [4장] 폴더에서 프로젝트 파일 [4-1.veg]를 열고 영상을 재생해 보세요. 두 가지 각도로 인터뷰하는 영상이 들어 있습니다. 한 번에 읽을 수 있는 분량만큼 자막 내용을 미리 준비해 두면 편집하기 편합니다. 다음과 같은 내용으로 글자가 투명한 자막 바를 넣어 보겠습니다!

자막 | 안녕하세요 유튜브에서 베가스 영상 편집 채널을 운영하고 있는 유튜브 크리에이터 김나옹입니다

자막 | 5년이 될지 10년이 될지는 모르지만 앞으로 채널을 계속 운영하지 않을까요?

2. 먼저 흰색 자막 상자를 만들어 보겠습니다. ❶ [미디어 생성기] 탭을 선택한 후 ❷ [단색]을 선택해 주세요. 그리고 ❸ [흰색]을 2번 트랙의 타임라인으로 가져다 놓아 주세요.

3. 팝업 창이 뜨면 ❶을 클릭해 자막 상자의 색상을 고를 수 있습니다. 여기서는 기본 색상인 흰색을 사용하겠습니다. ❷ 창을 닫아 주세요!

4. 미리보기 화면을 보니 흰색이 가득 찬 화면이 되었네요! 가로, 세로 길이를 줄여서 자막 상자 모양으로 만들어 봅시다. ❶ [비디오 효과] 탭에 들어가서 ❷ [부드러운 대비] 또는 [Soft Contrast](15 버전 이하)를 찾아 주세요. ❸ [Soft Moderate Contrast]를 방금 만든 2번 트랙의 단색 위로 드래그해 넣어 주세요.

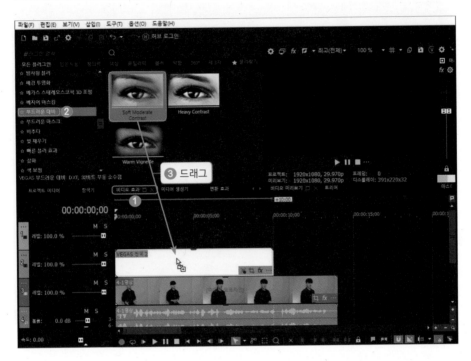

5. 또 다른 팝업 창이 뜹니다. 다음과 같이 설정한 후 창을 닫습니다. 옵션을 하나씩 설정할 때마다 미리보기 화면에서 자막 상자가 어떻게 변하는지 살펴보세요!

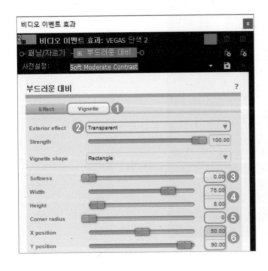

① 단색을 자막 상자 모양으로 만들기 위해 [Vignette] 탭을 클릭합니다. 비네트(Vignette)는 외곽 모서리를 어둡게 만듭니다. 과거를 회상하거나 꿈속 장면 등을 표현할 때 사용되지만, 여기서는 자막 상자를 만들기 위해 사용합니다.

② [Exterior effect]는 단색의 외곽 모양을 조정할 수 있는 [Transparent]로 변경해 주세요.

③ [Softness]로 자막 상자의 부드러운 정도를 조절할 수 있는데 [0.00]으로 입력해 외곽선이 딱 떨어지게 만듭니다.

④ [Width(너비)]와 [Height(높이)]는 각각 [75.00], [8.00]을 입력합니다.

⑤ [Corner radius(모서리의 둥근 정도)]는 [0.00]을 입력해 각진 모서리를 만들게요.

⑥ [X Position], [Y Position]은 각각 [50.00], [90.00]을 입력해 위치를 아래쪽 중앙으로 맞춰 주세요.

6. 자막 바가 처음부터 끝까지 나와야 하므로, 클립의 길이를 영상의 끝인 14초까지 늘려 주세요.

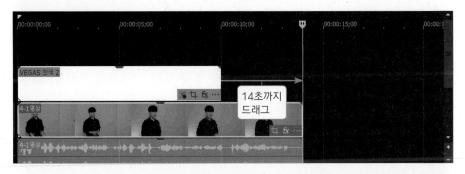

하면 된다! } 텍스트 만들기

1. 완성된 흰색 상자에 투명한 글자를 더해 보겠습니다. ① [미디어 생성기] 탭을 선택합니다. 그리고 ② [타이틀 & 자막]을 클릭한 후 ③ [기본값]을 1번 트랙의 타임라인에 넣어 주세요.

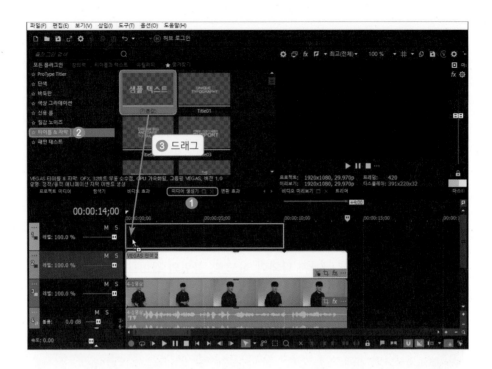

2. ❶ 자막 내용으로 '안녕하세요'를 입력한 후 글자를 드래그해 주세요. ❷ [글
꼴]: [나눔바른고딕], [글꼴 크기]: [10]으로 설정합니다. ❸ [자막 색상]은 자막
상자와 같은 색상(흰색)만 아니라면 어떤 색이든 좋습니다. 여러분이 원하는 색으
로 자유롭게 선택하세요. ❹ [위치]는 [0.50, 0.10]으로 입력해 주세요. ❺ 그리고
창을 닫습니다.

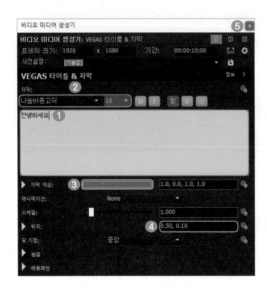

3. 다음 그림처럼 자막 상자를 완성했다면 이제 글자에 구멍을 뚫어 보겠습니다!

안녕하세요

김나옹의 꿀팁 🐝 **타이틀 & 자막의 위치 이동과 크기 변경**

미리보기 화면에서 자막 상자를 드래그해도 글자의 위치와 크기를 조절할 수 있습니다.

하면 된다! } 컴포지팅 모드로 합성하기

1. 1번 트랙의 ❶ ⋯를 클릭합니다. 팝업 창이 나타나면 ❷ [컴포지팅 모드] → ❸ [잘라내기]를 선택합니다. 이 기능은 색상이 들어간 부분을 제거하는 합성 기법 입니다.

영문판 Compositing Mode → Cut

2. 다음 그림처럼 자막 색상이 검은색으로 변했다면 계속 진행해 주세요!

3. 2번 트랙의 ❶ ⋯를 클릭하고, ❷ [컴포지팅을 하위로 설정]을 선택합니다. 여러 개의 트랙을 하나의 그룹으로 묶는 기능입니다. 여기서는 1번 트랙이 부모 트랙이 되고, 2번 트랙은 1번 트랙의 자식 트랙으로 묶입니다. 그 결과 1번 트랙의 잘라내기 기능이 2번 트랙에도 적용되어 글자가 뚫립니다!

영문판
Make
Compositing
Child

4. 트랙 리스트 창을 유심히 봐 주세요. 모양이 조금 달라진 것을 확인할 수 있습니다. 다음과 같이 2번 트랙이 1번 트랙 안에 들어갔다면 성공입니다!

5. 자막 글자도 투명하게 뚫렸지요?

6. 마지막으로 컷 편집해서 자막 클립의 길이를 조절해 주세요. 나머지 자막은 ❶ Ctrl 을 누른 채 드래그해 복사해서 사용하면 됩니다. ❷ 팝업 창이 뜨면 [새 소스 미디어 사본 만들기]를 선택하고 ❸ [확인]을 클릭합니다.

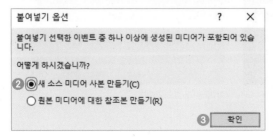

트랙을 합성해 글자가 투명한 자막 상자를 완성했습니다. 컴포지팅 모드(Compositing Mode)가 생소해 어렵게 느껴질 수 있지만 클릭 몇 번이면 끝나는 작업이므로 한두 번 더 연습해 보면 누구나 간단히 따라할 수 있습니다.

김나용의 꿀팁 🐝 컴포지팅 모드와 컴포지팅을 상위/하위로 설정

컴포지팅 모드
트랙과 하위 트랙의 영상, 사진, 자막 등을 여러 가지 합성 모드를 이용해 혼합하는 기능입니다. 주로 타이틀 자막, 배경 영상을 합성할 때 많이 사용합니다. 자주 사용하는 합성 모드를 소개할게요.

소스 알파: 기본 모드

곱하기(마스크): 상위 트랙의 흰색 부분은 투명하게 처리되어 하위 트랙과 혼합합니다. 그 외 부분은 검은색으로 제거됩니다. 타이틀 자막에 자주 사용합니다.

화면: 색상이 혼합되는 부분을 밝게 만들어 줍니다. 배경을 합성할 때 자주 사용합니다.

잘라내기: 상위 트랙의 색상 부분을 검은색으로 제거합니다.

오버레이: 어두운 곳은 더 어둡게, 밝은 곳은 더 밝게 만듭니다.

차이: 반전 효과입니다.

컴포지팅을 상위/하위로 설정

컴포지팅을 상위/하위로 설정(Compositing Parent/Child)은 트랙을 부모와 자식 관계로 묶는 기능입니다. 쉽게 말해 트랙이 2개 이상일 때 그룹으로 묶어 편집할 수 있습니다. 컴포지팅 모드와 트랙 모션을 사용할 때 자주 쓰입니다.

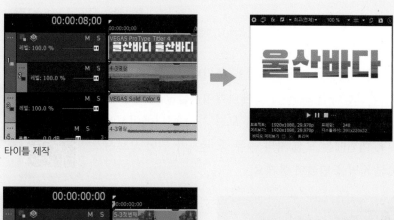

타이틀 제작

4분할 화면 동시 조절

1분 퀴즈 자막에 사용할 상자를 만드는 데 사용한 기능은?

❶ [미디어 생성기] → [단색]

❷ [미디어 생성기] → [타이틀 & 자막]

❸ [미디어 생성기] → [ProType Titler]

❹ [비디오 효과] → [단색]

❶ :답정

▶REC 04-2
움직이는 자막 만들기

준비 파일 4장/4-2.veg, 4-2영상.mp4

완성 파일 4장/완성/4-2완성.mp4, 4-2완성.veg   작업 시간 5분

자막이 심심하다고요? 자막이 춤을 추거나 움직였으면 좋
겠다고요? 그렇다면 모션 자막 애니메이션을 적용하면 됩
니다! 베가스 프로에는 50가지의 모션 자막 애니메이션이
있습니다. 이번에는 모션 자막 종류 중 글자가 튀어 오르는
팝업 모션 자막을 만들어 볼게요!

하면 된다! } 타이틀 & 자막을 이용한 애니메이션 텍스트 만들기

1. [4장] 폴더에서 프로젝트 파일 [4-2.veg]를 열어 주세요. 강아지에게 계속 말
을 거는 영상입니다. 강아지의 움직임에 맞춰 자막 위치를 이동하고 튀어 오르는
듯한 팝업 모션 자막을 넣어 볼게요.

자막 | 자는데 왜 깨워... 그만 불러...

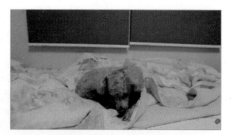
자막 | 다시 잘 거야

2. ❶ [미디어 생성기] 탭을 선택한 후 ❷ [타이틀 & 자막]을 선택해 주세요. 그리고 ❸ [기본값]을 1번 트랙의 타임라인에 가져다 놓을 텐데 여기서는 조금 다른 방식을 적용해 볼 겁니다.

강아지가 말할 타이밍인 [00:00:00;25] 부근에 에디트 라인을 미리 옮겨 둔 후 자막을 드래그합니다.

에디트 라인은 ←, →키로 한 프레임씩 정교하게 움직일 수 있어요!

3. 여기서 잠깐! 에디트 라인을 원하는 곳에 정확하게 옮기는 방법도 알려 드릴게요. 아래쪽 툴 바 오른쪽 끝부분에 에디트 라인의 위치를 알려 주는 시간 상자가 있습니다. 이 시간 상자에 원하는 시간을 입력하면 됩니다.

4. 팝업 창이 뜨면 자막 내용으로 ① '자는데 왜 깨워…'를 입력해 주세요. 그리고 글자 전체를 드래그해 선택한 후 다음과 같이 ② ~ ⑤를 설정하세요.

5. 글자에 테두리도 넣어 볼까요? ① 아웃라인의 ▶를 클릭한 후 [아웃라인 너비]를 [10.00], ② [아웃라인 색상]을 [0.0, 0.0, 0.0(검은색)]으로 변경해 주세요!

❶ 조절 바를 맨 아래로 내립니다. ❷ 그리고 점의 위치를 맨 왼쪽 아래로 옮깁니다.

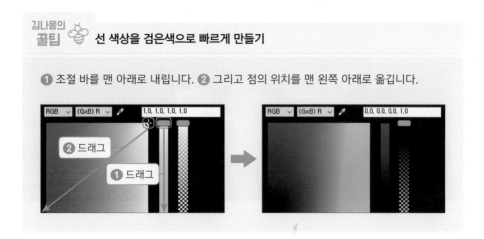

6. [애니메이션]의 ❶ [None]을 클릭하면 타이틀 & 자막에서 설정할 수 있는 50 가지의 애니메이션 목록이 나타납니다. 이 중에서 ❷ [Popup]을 클릭해 주세요! 그리고 창을 닫습니다.

7. 자막 클립을 [00:00:03;10]까지로 컷 편집해 마무리합니다.

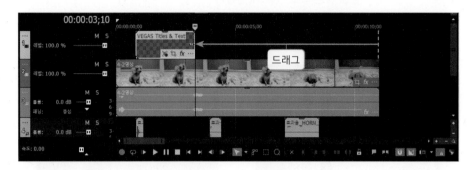

8. 완성된 자막을 확인해 보세요!

김나옹의 꿀팁 🐝 **타이틀 & 자막에서 자주 쓰는 애니메이션 3가지!**

1. Earthquake

지진 나듯이 흔들리는 애니메이션입니다. 주로 웃긴 장면에서 자주 사용하는 자막 애니메이션입니다.

2. Jump

글자가 하나씩 점프하며 나타나는 애니메이션입니다. 깜짝 놀라거나 당황할 때 사용하면 좋겠죠?

3. Slide(Down, Up, Left, Right)
인트로 자막에 잘 어울리는 슬라이드 애니메이션입니다. 모션이 화려하지 않아 인트로뿐 아니라 어떤 상황에서도 무난하게 사용할 수 있습니다.

이 3가지 외에도 다양한 애니메이션이 있으니 영상에 잘 어울리는 모션을 찾아 적용해 보세요!

하면 된다! } 자막 클립 복사하고 편집하기

1. 두 번째 자막은 첫 번째 자막을 복사하고 위치와 내용을 수정하면 간단히 만들 수 있습니다. 우선 ❶ 에디트 라인을 [00:00:03;28]에 맞추세요. 그리고 첫 번째 자막을 ❷ Ctrl 을 누른 채 드래그해 [00:00:03;28] 뒤로 복사하세요. 팝업 창이 뜨면 [새 소스 미디어 사본 만들기]를 선택하고 [확인]을 클릭합니다.

영문판 Create a new copy of the source media

2. 두 번째 자막 클립의 ❶ 🔳를 클릭하면 앞에서 작업했던 팝업 창이 다시 나타납니다. ❷ 자막 내용을 '그만 불러...'로 수정하고 ❸ [위치]는 [0.70], [0.64]로 입력한 후 창을 닫아 주세요. [타이틀 & 자막] 창만 띄어 놓았다면 미리보기 화면에서도 ❹ 자막의 위치를 이동할 수 있습니다.

3. 이어서 세 번째 자막을 만들기 위해, 두 번째 자막을 [00:00:07;02]에 복사해 주세요.

4. 세 번째 자막 클립의 ❶ 를 클릭하고 ❷ 내용은 '다시 잘 거야', ❸ [위치]는 [0.70, 0.28]을 입력한 후 창을 닫아 주세요.

5. 마지막으로 자막 클립을 영상의 길이에 맞춰 늘려 주세요.

김나옹의 꿀팁 🐝 기간(Duration)으로 애니메이션 길이 조절하기

애니메이션이 너무 길거나 짧을 때는 [기간]을 수정해 속도를 조절합니다. [기간]의 기본 길이는 10초입니다.

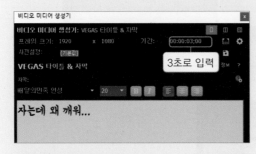

3초로 입력 / 애니메이션 진행 끝

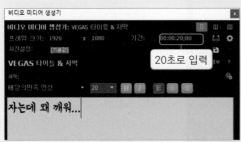

20초로 입력 / 애니메이션 진행 중

1분 퀴즈

애니메이션 효과 이름과 설명 중 짝이 틀린 것은?

❶ Earthquake - 지진이 나듯 글자가 흔들립니다.
❷ Popup - 글자가 데굴데굴 구르면서 나타납니다.
❸ Jump - 글자가 하나씩 점프하며 나타납니다.
❹ Slide Up - 글자가 떠오르면서 점점 선명해집니다.

정답: ❷, 글자가 데굴데굴 구르지 않고 튀어 오릅니다.

📹 04-3
글자 속에 영상 집어넣기

준비 파일 4장/4-3.veg, 4-3영상.mp4

완성 파일 4장/완성/4-3완성.mp4, 4-3완성.veg   작업 시간 10분

영화 인트로를 보면 글자 속에 영상이 들어가 있는 자막을 본 적이 있을 거예요.
"이런 고급 자막도 베가스로 쉽게 만들 수 있나요?"라고 물어본다면 "어렵지 않
아요!"라고 답해 드리고 싶네요. 합성(컴포지팅 모드) 기능만 사용하면 생각보다 간
단하게 만들 수 있답니다. 어렵다고 생각하지 말고 지금 당장 저와 함께 만들어
봐요!

하면 된다! } 텍스트 만들기

1. [4장] 폴더에서 프로젝트 파일 [4-3.veg]를 열어 주세요. '울산바다'라는 글자
속에 들어갈 영상답게 바다의 모습을 담았답니다. 넘실대는 바다의 모습이 글자
속에서 나타나다가 그라데이션 색상으로 변환되도록 만들어 보겠습니다!

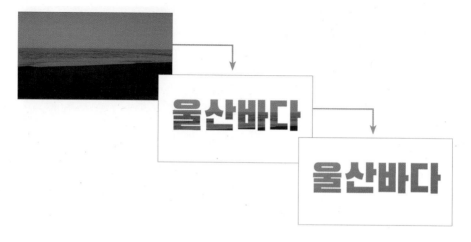

2. 먼저 앞에서 배운 방법으로 '울산바다' 글자를 만들겠습니다. ❶ [미디어 생성기] 탭을 선택한 후 ❷ [ProType Titler]를 선택해 주세요. 그리고 ❸ [Empty]를 1번 트랙의 타임라인에 가져다 놓아 주세요.

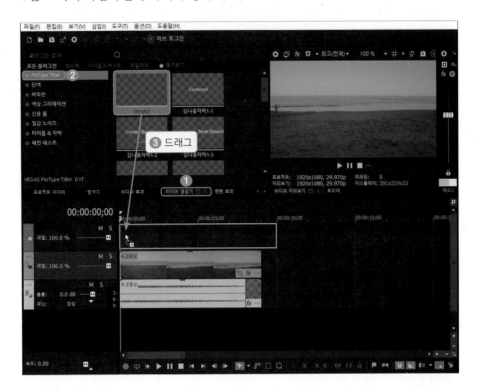

3. [ProType Titler] 창이 나타나면 ❶ [Background]를 [Custom]으로 변경해 주세요. 그리고 ❷ ➕를 클릭해 텍스트 블록을 생성합니다.

4. ❶ [Font family(글꼴)]: [Black Han Sans(검은고딕)], [Font size(글자 크기)]: [8.00]로 설정합니다. ❷ 자막 내용으로 '울산바다'를 입력하고 마지막으로 Esc 를 누르거나 ❸을 클릭합니다.

글꼴은 눈누에서 다운받을 수 있어요! '검은고딕'을 검색하세요.

5. ❶ [Transform] 탭을 클릭한 후 ❷ [중앙]으로 변경해 화면 중앙으로 정렬합니다. 모두 마쳤다면 창을 닫습니다.

하면 된다! } 컴포지팅 모드로 합성하기

컴포지팅 모드 기억나죠? 합성할 때 쓰는 기능입니다. 컴포지팅은 '합성!' 이렇게 기억해 주세요. 이제 글자와 영상을 합성해 보겠습니다.

1. 자막 클립이 들어간 1번 트랙에서 ❶ ▦ 을 클릭합니다. 그리고 ❷ [컴포지팅 모드]의 ❸ [곱하기(마스크)]를 선택합니다. 흰색 색상 부분이 투명하게 표현되고 그 외 부분은 검은색으로 제거되는 합성 효과 기능입니다.

영문판
Compositing Mode
→ Multiply(Mask)

자주 쓰는 합성 기능은 앞에서 소개했습니다. 190쪽을 참고하세요.

2. 어떤가요? 클릭 한 번에 바다 영상이 글자 속으로 들어갔습니다! 곱하기(마스크)는 흰색 부분을 투명하게 만드는 효과인데, 흰색으로 작성한 '울산바다' 글자가 투명해져서 아래에 있던 바다 영상이 보인 것입니다. 단, 나머지 배경은 검은색으로 바뀝니다.

3. 이를 레이어 개념으로 들여다 보면 다음과 같습니다.

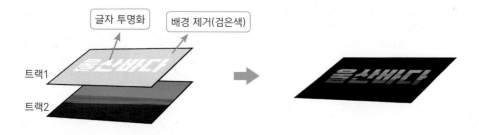

하면 된다! } 그라데이션 만들기

1. 이번엔 글자 속에 바다 색상의 그라데이션이 나타나도록 해보겠습니다. ❶ [미디어 생성기] 탭을 선택한 후 ❷ [색상 그라데이션]을 선택해 주세요. 그리고 ❸ [선형 흰색 – 검은색]을 2번 트랙의 타임라인 [00:00:08;00]에 가져다 놓아 주세요.

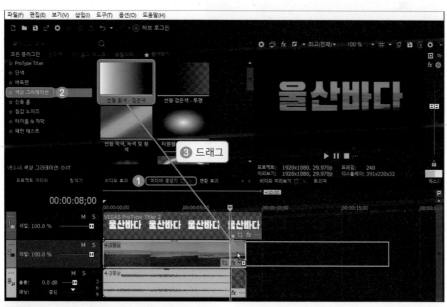

영문판 | Media Generators → Color Gradient

2. 팝업 창이 뜨면 이곳에서 그라데이션의 색상을 지정할 수 있습니다. 그라데이션 시작점인 컬러 포인트 ❶을 클릭한 후 ❷ 스포이트를 선택해 주세요. 그리고 미리보기 화면에서 ❸ '울산바다' 자막의 윗부분을 클릭합니다.

3. 다음으로 그라데이션 끝점인 컬러 포인트 **①**을 클릭한 후 **②** 스포이트를 선택해 주세요. 미리보기 화면에서 **③** '울산바다' 자막의 아랫부분을 클릭합니다.

4. 앞서 선택했던 컬러 포인트를 드래그해 오른쪽 그림과 같이 이동해 주세요. 그러면 좀 더 자연스러운 그라데이션을 만들 수 있습니다. 그리고 창을 닫아 주세요!

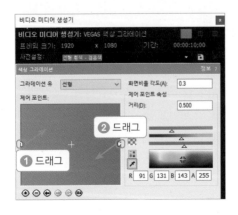
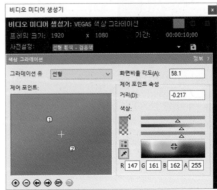

5. 마무리로 자막 클립의 길이에 맞게 컷 편집해 주세요.

6. 그라데이션을 적용한 자막이 완성되었습니다.

하면 된다! } 트랙 2개를 하나로 묶기

1. 2번 트랙의 ❶ ⋯을 클릭하고 ❷ [컴포지팅을 하위로 설정]을 선택합니다.

영문판 Make Compositing Child

2. 2번 트랙이 1번 트랙 안으로 들어가면 성공입니다! 이때 1번 트랙이 부모 트랙, 2번 트랙이 자식 트랙입니다.

하면 된다! } 배경 만들기

1. 배경 트랙을 만들기 위해 트랙 리스트의 비어 있는 공간을 ❶ 마우스 오른쪽 버튼으로 누릅니다. 그리고 ❷ [비디오 트랙 삽입]을 선택해 새로운 비디오 트랙을 만들어 주세요.

영문판 Insert Video Track

2. 자식 트랙을 품고 있는 2번 트랙의 위치를 1번 트랙 위로 옮겨 주세요. 자막 트랙은 무조건 영상 또는 배경보다 위에 있어야 합니다. 한 가지 더! 반드시 2번 트랙의 아랫부분을 클릭해 위로 드래그해야 자식 트랙까지 이동됩니다. 3번 트랙을 드래그하거나 2번 트랙의 윗부분을 드래그하면 안 됩니다!

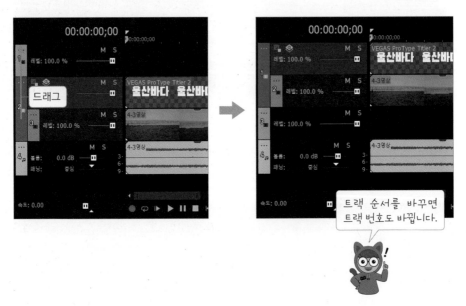

트랙 순서를 바꾸면 트랙 번호도 바뀝니다.

3. 배경을 검은색이 아닌 흰색으로 수정해 보겠습니다. ❶ [미디어 생성기] 탭을 선택한 후 ❷ [단색]을 선택해 주세요. 그리고 ❸ [흰색]을 3번 트랙의 타임라인에 가져다 놓아 주세요.

4. 팝업 창이 뜨면 ❶을 클릭해 색상을 고를 수 있습니다. 여기서는 기본 색상인 흰색을 사용하겠습니다. ❷ 창을 닫아 주세요!

 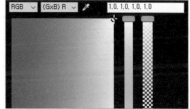

5. 배경이 흰색으로 바뀌었나요? 다음과 같이 변경되었다면 완성입니다!

1번, 2번 트랙을 하나의 트랙으로 묶지 않으면 1번 트랙의 곱하기(마스크)가 하위 트랙인
3번 트랙에도 '흰색 글자 투명화, 배경 제거(검은색) 효과'가 유지되어 3번 트랙의 흰색
배경과 합성되지 않습니다.

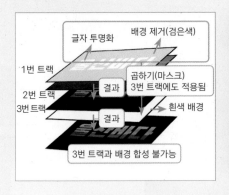

하지만 1번, 2번 트랙을 [컴포지팅을 하위로 설정] 기능으로 묶으면 1번 트랙의 곱하기(마
스크)가 자식 트랙인 2번 트랙에만 적용되므로 검은색으로 제거된 배경 부분은 3번 트랙
의 흰색 배경과 합성됩니다.

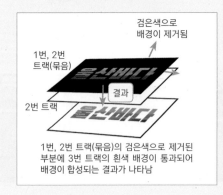

하면 된다! } 점점 커지는 자막 만들기

1. 이대로도 훌륭하지만, 자막이 정지해 있으니 조금 심심해 보이네요. 글자를 작
게 만든 후 점점 커지게 만들어 보겠습니다. 자막 클립의 [이벤트 패닝/자르기 🔲]
를 클릭합니다.

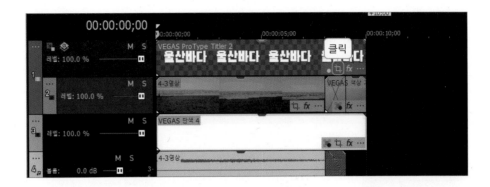

2. 팝업 창이 뜨면, 가장 먼저 왼쪽 아래에서 ❶ [동기화 커서 🔒]를 눌러 활성화합니다. ❷ 에디트 라인 위치가 가장 앞쪽에 있는지 확인해 주세요. 그리고 ❸ 도구 상자에서 버튼의 활성화 상태를 다음 그림과 똑같이 일치시켜 주세요.

동기화 커서: 트랙 타임라인의 에디트 라인과 동기화됩니다.

3. 모두 확인했다면, 글자가 작은 상태에서 시작하도록 [너비]를 [5,400.0]으로 입력해 주세요. 도구 상자 버튼이 다음 그림과 같이 활성화되어 있다면 [높이]는 비율에 맞게 자동으로 변경됩니다.

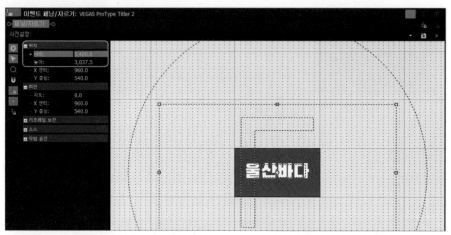

마우스 휠을 위아래로 굴리면 화면이 확대·축소됩니다.

4. 글자가 작은 상태를 설정했으니, 원래 크기만큼 커진 상태도 설정해야겠죠? ❶ 시간 상자를 더블클릭해서 [00:00:08;00]을 입력해 에디트 라인을 8초로 이동합니다. ❷ F 상자를 마우스 오른쪽 버튼으로 누르세요. 그다음 ❸ [복원]을 선택해 원래 크기로 되돌립니다.

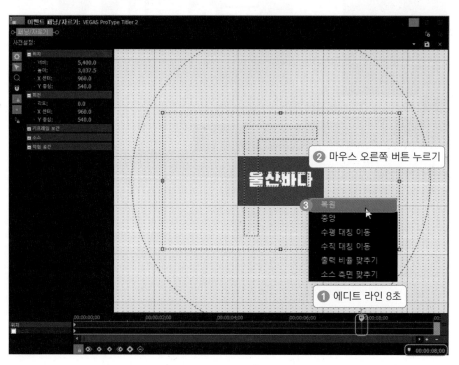

5. F 상자가 원래 크기로 돌아왔다면 창을 닫아 주세요.

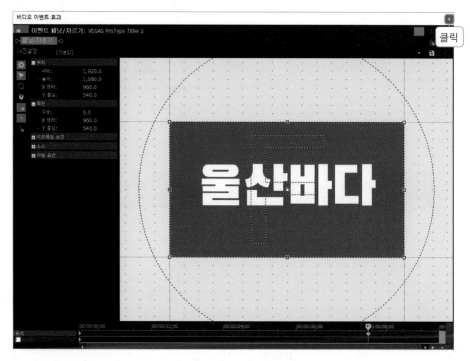

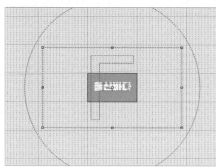
시작할 때의 크기

8초 이후의 크기

6. 재생했을 때 다음 그림과 같이 점점 글자가 커진다면 완성입니다.

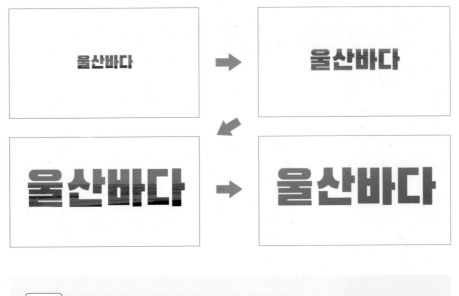

04-4
글자가 깨져 보이는 자막 만들기

준비 파일 4장/4-4로고.png, 효과음_Glitch.mp3
완성 파일 4장/완성/4-4완성.mp4, 4-4완성.veg   작업 시간 15분

전 세계적으로 뉴트로(New-tro)가 트렌드로 자리 잡고 있는데
요. 뉴트로란 새롭다는 의미인 New와 복고를 뜻하는 Retro
의 합성어로 옛것을 새롭게 창조하는 문화를 일컫습니다.
최근 유튜브에서도 뉴트로 스타일의 영상이 많이 보입니다.
이번 시간에서는 뉴트로 스타일을 대표하는, 글자가 깨져
보이는 글리치 효과를 배워 보겠습니다.

하면 된다! } 프로젝트 설정하기

1. 이번 실습은 무턱대고 새 파일에서 바로 시작하면 안 됩니다.
❶ 프로젝트 속성에서 ❷ [고급] 탭을 눌러 RGB가 분리되는 효과를 적용하기 위
해 [스테레오스코픽] 3D 모드를 변경해야 합니다. [끄기]에서 ❸ [애너글리프(빨
간색/청록색)]로 선택한 뒤 ❹ [확인]을 눌러서 창을 닫습니다.

영문판 Properties → Advanced → Stereoscopic 3D → Anaglyph(red/cyan)

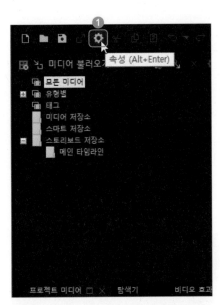

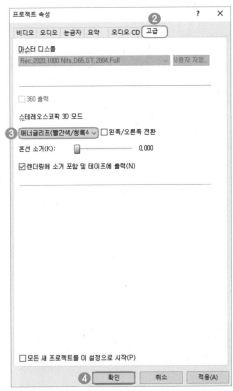

2. 잠시 용어 설명을 하겠습니다. 스테레오스코픽 3D란 3D 입체 영상을 만들 때 사용하는 기능입니다. 여기서는 RGB 분리 효과를 위해 사용합니다. 애너글리프란 입체 사진이란 뜻으로 여기서 애너글리프(빨간색/청록색)는 빨간색과 청록색(cyan)으로 분리된 입체 사진을 말합니다.
빨간색, 파란색 셀로판지로 만든 안경으로 빨간색, 파란색 셀이 분리된 3D 사진을 본 기억이 있나요? 이와 비슷한 기능이라 생각하면 됩니다.

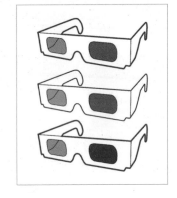

하면 된다! } 텍스트 만들기

1. ❶ [미디어 생성기] 탭을 선택한 후 ❷ [ProType Titler]를 선택해 주세요. 그리고 ❸ [Empty]를 타임라인에 가져다 놓아 주세요.

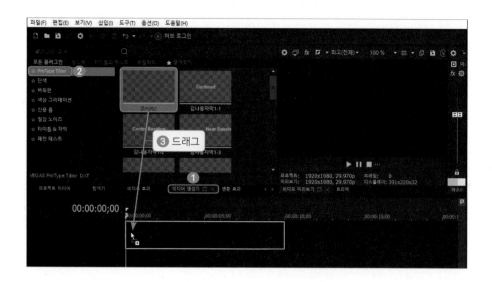

2. [ProType Titler] 창이 나타납니다. ❶ [Background]를 [Custom]으로 변경해 주세요. 그리고 ❷ ➕를 클릭해 텍스트 블록을 생성합니다.

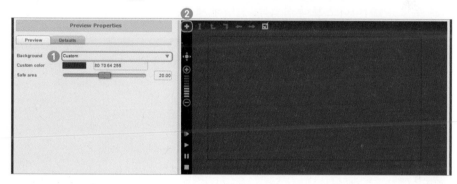

3. 자막 내용으로 ❶ '유튜브영상만들기'를 입력하고 글자 전체를 드래그해 선택한 후 ❷ [Font family(글꼴)]: [나눔손글씨 붓], [Font size(글자 크기)]: [3.00]으로 설정합니다. 마쳤다면 Esc를 누르거나 ❸을 클릭하세요.

4. ❶ [Transform] 탭을 클릭하고 ❷ [중앙]으로 변경해 주세요. 글자가 화면 중앙으로 정렬됩니다.

하면 된다! } 글리치 합성 소스 만들기

1. 글자를 준비했으니, 합성 소스를 만들어 보겠습니다. 합성 소스는 별도의 트랙에 만든 후 글자와 합칠 거예요. ❶ 비어 있는 트랙 리스트를 마우스 오른쪽 버튼으로 누르고 ❷ [비디오 트랙 삽입]을 선택해 새로운 트랙을 만듭니다.

2. ❶ [미디어 생성기] 탭에서 ❷ [패턴 테스트]를 선택합니다. 그리고 TV 방송 시간이 끝나면 나오는 컬러 조절 바 모습인 ❸ [SMPTE 바(NTSC)]를 1번 트랙의 타임라인에 넣어 주세요.

영문판 Media Generators → Test Pattern

> SMPTE 바(NTSC)란 영화 텔레비전 기술자 협회에서 만든 화면 테스트 컬러 조절 바입니다. 딱 보고 뭔지 아셨죠?

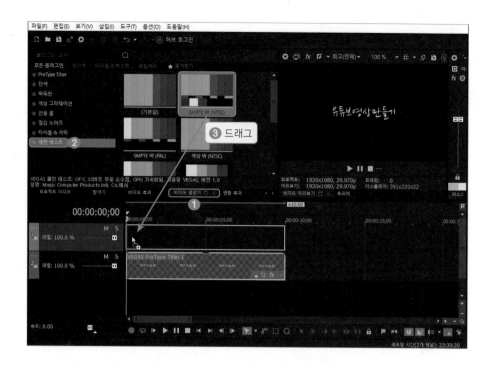

3. 팝업 창이 뜨면 특별히 설정할 게 없으니 창을 닫아 주세요.

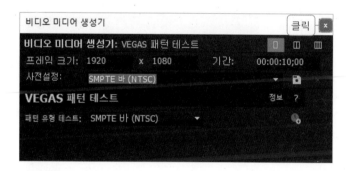

4. 컬러 조절 바 화면이 정지해 있으니 심심하네요. 컬러 조절 바를 미친 듯이 흔들어 보겠습니다! ❶ [비디오 효과] 탭을 선택한 후 ❷ [TV 시뮬레이션]을 선택해 주세요. 그리고 ❸ [없음으로 초기화]를 앞서 만든 컬러 조절 바인 [SMPTE 바 (NTSC)]에 넣어 주세요.

영문판 Video FX → TV Simulator → Reset to none

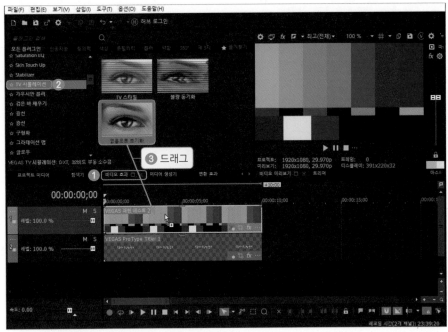

[TV 시뮬레이션]은 옛날 TV의 송수신 느낌을 표현합니다.

5. 팝업 창이 뜨면 ❶ [선 동기
화]: [0.2000], ❷ [수직 동기화]:
[0.5000]을 입력한 후 창을 닫습
니다.

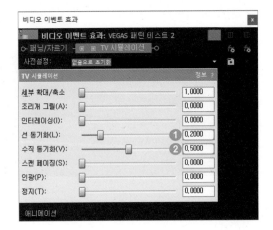

6. 영상을 재생해 보세요. TV가 고장 난 듯이 컬러 조절 바가 흔들립니다.

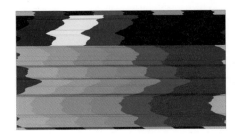

7. 컬러 조절 바가 춤추는 것만으로는 조금 부족한 것 같네요. 글리치 효과답게, 네모난 픽셀 모양으로 깨지게 만들어 보겠습니다.

❶ [비디오 효과] 탭을 선택한 후 ❷ [픽셀화]를 선택해 주세요. 그리고 ❸ [기본 값]을 [SMPTE 바(NTSC)]에 넣어 주세요. 픽셀화는 모자이크 효과를 냅니다.

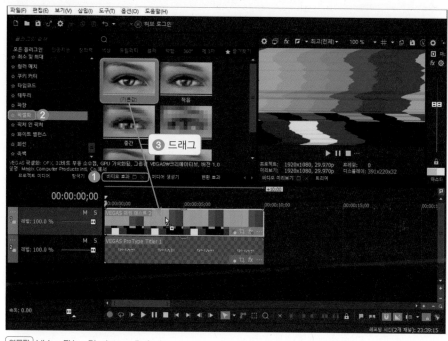

영문판 | Video FX → Pixelate → Default

8. 팝업 창이 뜨면 ❶ [수평 모자이크(가로 픽셀 크기)]: [0.850] ❷ [수직 모자이크(세로 픽셀 크기)]: [0.850]을 입력합니다.

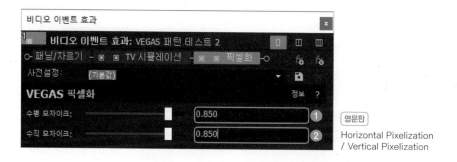

영문판
Horizontal Pixelization
/ Vertical Pixelization

9. 마지막으로 컬러 조절 바의 RGB 색상을 분리해 보겠습니다. ❶ [비디오 효과] 탭을 선택한 후 ❷ [베가스 스테레오스코픽 3D 조정]을 선택해 주세요. 그리고 ❸ [기본값]을 [SMPTE 바(NTSC)]에 넣어 주세요.

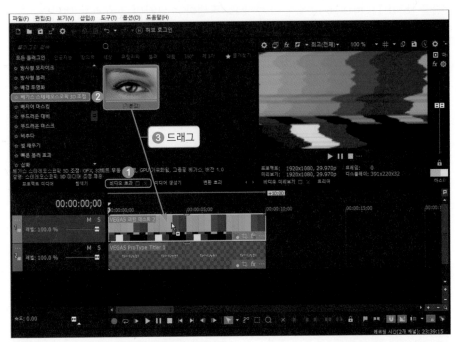

[베가스 스테레오스코픽 3D 조정]: RGB를 분리하는 효과

영문판 Video FX → Stereoscopic 3D Adjust → Default

10. 팝업 창이 뜨면 ❶ [수평 오프셋(가로 거리)]: [0.02]를 입력하고 ❷ 창을 닫아 주세요. RGB 분리의 거리 범위를 설정하는 수치는 0에서 멀어질수록 더 넓어집 니다.

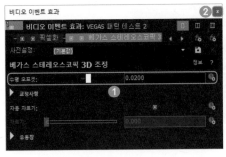

수평 오프셋: 0.02

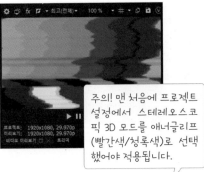

주의! 맨 처음에 프로젝트 설정에서 스테레오스코 픽 3D 모드를 애너글리프 (빨간색/청록색)로 선택 했어야 적용됩니다.

하면 된다! } 컴포지팅 모드로 합성하기

1. 열심히 만든 합성 소스를 자막과 합쳐 보겠습니다. 1번 트랙의 ❶ ▦ 를 클릭하고 ❷ [컴포지팅 모드]에서 ❸ [사용자 지정]을 선택합니다.

영문판 Compositing Mode → Custom…

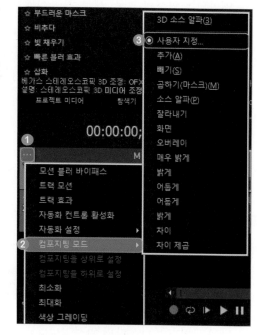

2. 여러 가지 합성 모드 중에 ❶ [Displacement Map]을 선택한 후 ❷ [확인]을 클릭하세요. 이는 픽셀의 위치를 바꿔 왜곡하는 합성 효과입니다.

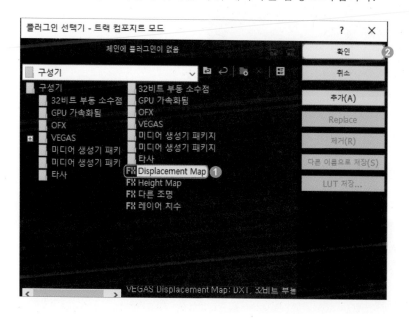

3. 팝업 창이 하나 더 뜹니다! ❶ [수평]: [0.05], [수직]: [0.05]를 입력합니다. 이는 왜곡되는 픽셀의 가로, 세로 길이(픽셀 크기)를 의미합니다. ❷ [가장자리 픽셀 처리]: [픽셀 주변 에워싸기]를 선택합니다. 픽셀이 왜곡되면서 나타나는 가장자리의 빈 곳을 다른 픽셀로 메우는 효과로 색상이 전체 공간에 뒤섞이는 느낌을 줍니다. 마지막으로 ❸ [알파 채널 배율 RGB 채널]에 체크합니다. ❸을 체크하지 않으면 알파 채널과 RGB 채널의 배율 차이 때문에 아래 트랙의 위치 좌표가 중앙에서 벗어납니다. ❸을 체크하면 중심 위치를 바로잡을 수 있습니다.
모든 설정을 마쳤으면 창을 닫아 주세요.

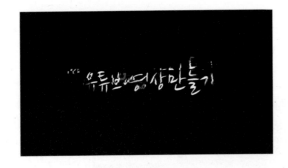

영문판
Wrap Pixels Around

4. 다음 그림처럼 나온다면 완성입니다!

하면 된다! } 컷 편집하기

1. 글리치 효과가 계속 들어가니 로고 글씨를 읽을 수가 없네요. 컷 편집으로 글리치 효과를 조절해 보겠습니다. 먼저 컬러 조절 바와 자막을 3초로 줄여 주세요.

2. 글리치 효과 트랙을 적당히 잘라 보겠습니다. 키보드 방향키 ↑를 여러 번 눌러서 타임라인이 잘 보이도록 확대하세요. 1번 트랙의 컬러 조절 바를 클릭하면 노란색 테두리가 생기며 선택됩니다. 그럼 다음 그림을 참고해 에디트 라인을 옮기고 S를 눌러서 잘라 줍니다.

에디트 라인은 키보드 방향키(←, →)를 이용해 이동하면 편리합니다.

3. ❶~❸ 구간을 클릭해 선택한 후 Delete를 눌러 삭제합니다. 떨어져 있는 구간을 동시에 선택할 때는 Ctrl을 누른 채 클릭하면 됩니다.

4. 이제 다시 재생해 보세요! 정상적인 글자가 나타났다가, 깨졌다가, 다시 나타났다 하는 멋진 글리치 자막이 완성되었습니다.

하면 된다! } 글리치 로고 만들기

1. 앞에서 만든 글리치 효과를 이번엔 로고 이미지에 적용해 보겠습니다. ❶ [탐색기] 탭에서 ❷ [4장]을 선택합니다. 그리고 ❸ [4-4로고.png]를 2번 트랙의 자막 클립 다음에 넣어 주세요.

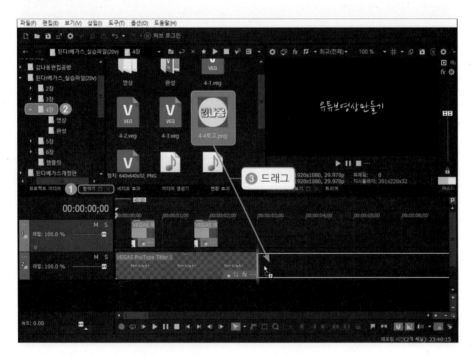

2. 로고 이미지가 들어가긴 했는데 너무 크네요! 크기를 조절해 보겠습니다. ❶ [비디오 효과] 탭을 선택합니다. 그리고 ❷ [픽처 인 픽처]를 클릭한 후 ❸ [기본 값]을 로고 클립에 넣어 주세요.

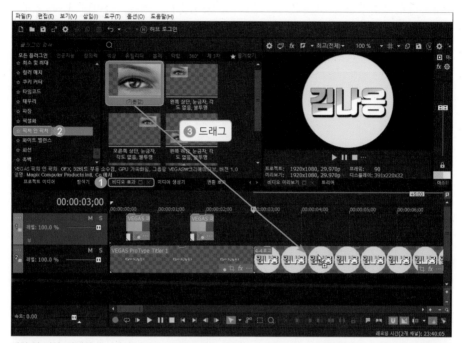

픽처 인 픽처: 간편하게 영상과 사진의 크기를 조절해 주는 효과. 주로 영상 속에 영상(또는 사진)을 합성할 때 사용합니다.

3. 팝업 창이 하나 뜰 텐데 기본 설정 그대로 진행해도 되니 바로 창을 닫아 주세요. 로고 크기가 작아진 게 보이나요?

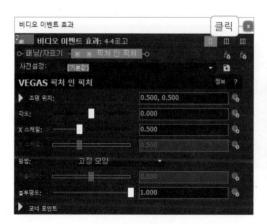

4. 앞서 1단계 프로젝트 설정에서 스테레오스코픽 3D를 애너글리프(빨간색/청록색)로 설정했는데, 이렇게 하면 프로젝트의 채도가 떨어집니다. 로고는 채도가 떨어지면 안 되겠죠? 낮아진 채도를 높여 보겠습니다.

❶ [비디오 효과] 탭을 선택합니다. 그리고 ❷ [HSL 조정]을 클릭한 후 ❸ [최대 채도]를 로고 클립에 넣어 주세요.

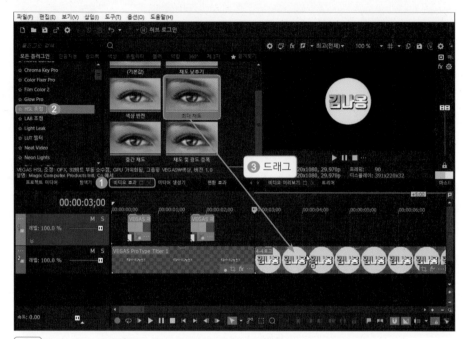

영문판 Video FX → HSL Adjust → Max Saturation

5. 채도가 높아진 게 보이나요? 설정값을 수정하지 않고 창을 닫아 주세요!

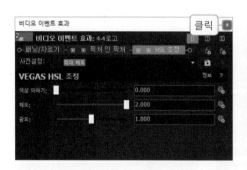

6. 로고 준비가 완료되었습니다! 앞서 만든 글리치 효과를 적용해 보겠습니다. 글리치 효과 클립을 [00:00:03;10], [00:00:04;20] 위치에 복사합니다.

7. 팝업 창이 뜨면 ① [새 소스 미디어 사본 만들기]를 선택하고 ② [확인]을 누릅니다.

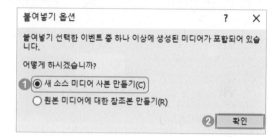

8. 그리고 로고 클립이 [00:00:06;00]에 끝날 수 있게 컷 편집해 주세요.

9. 재생했을 때 다음 그림처럼 나온다면 완성입니다!

하면 된다! } 글리치 효과음 넣기

1. 마지막으로 효과음을 넣어서 글리치 효과를 극대화해 보겠습니다. ❶ [탐색기] 탭에서 ❷ [4장] 폴더를 선택해 주세요. 그리고 ❸ [효과음_Glitch.mp3]를 2번 트랙 타임라인 밑에 넣어 주세요.

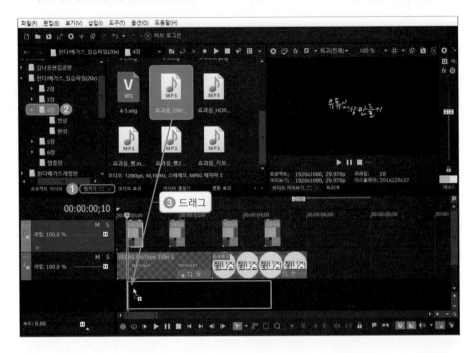

2. 효과음 클립을 선택한 후 글리치 효과 클립의 길이에 맞춰 잘라 주세요. 에디트 라인이 클립 끝부분에 자석처럼 찰싹 달라붙지 않는다면 아래쪽 도구 상자에서 [정렬 활성화 🧲]를 클릭해 주세요!

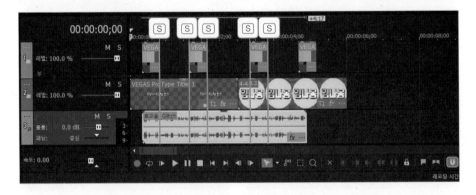

3. 글리치 효과가 들어가지 않은 구간인 ❶, ❷ 효과음 클립을 선택하고 [Delete]를
눌러 삭제합니다.

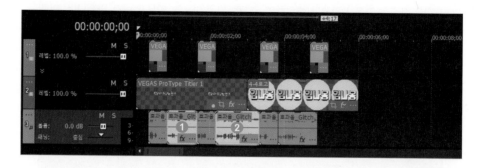

4. 마지막 효과음 클립은 4번째 글리치 효과 클립 시간인 [00:00:04;20]으로 드
래그해 이동한 후 끝 길이를 맞춰 주세요.

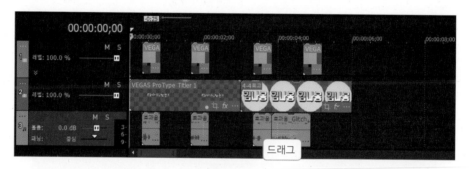

5. 다음 그림과 같이 되었다면 완성입니다!

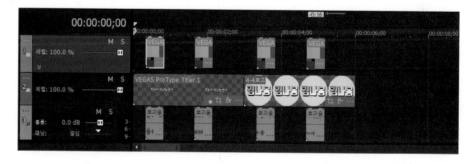

김나옹의 꿀팁 영상 클립에 딱 맞게 오디오 컷 편집하기

오디오 클립을 아무 시간대나 클릭하면, 0.5초 뒤에 마우스 커서가 ↔로 바뀝니다. 이때 드래그하면 에디트 라인을 움직일 수 있습니다.

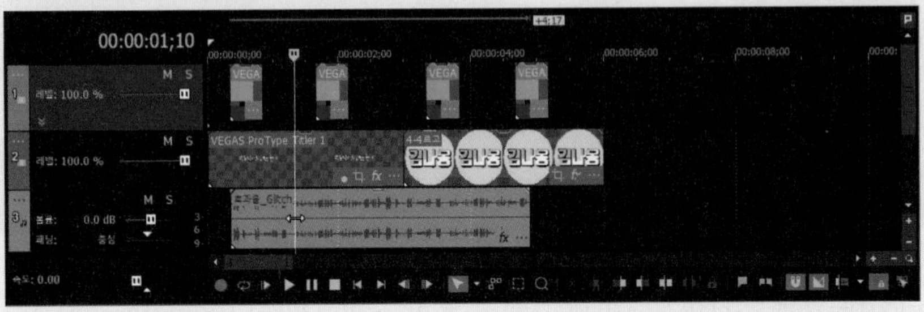

에디트 라인을 글리치 클립에 찰싹 붙입니다(가 활성화되어 있는지 확인!). 그리고 단축키 S를 눌러서 오디오를 잘라 주세요. 다른 방법으로는 키보드 방향키 ←, →를 사용해 에디트 라인을 옮길 수 있습니다.

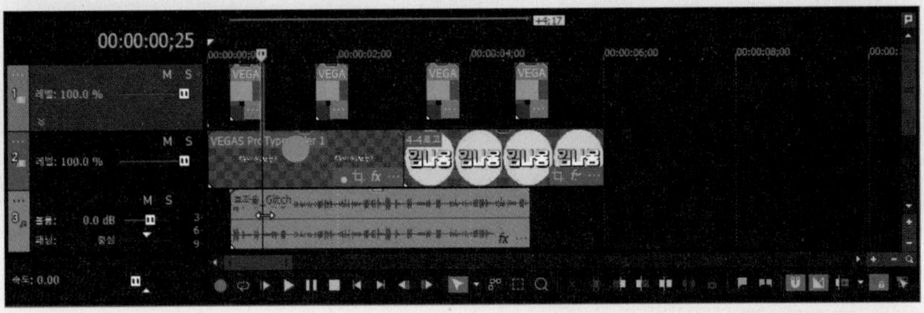

하면 된다! } 배경을 투명하게 렌더링하기

일반적인 렌더링과는 다르게 배경을 투명하게 출력할 수 있는 퀵타임 코덱을 이용해 렌더링하겠습니다. 퀵타임 코덱은 1장에서 미리 설치했습니다. 23쪽을 참고해 주세요. 로고 느낌의 자막 또는 이미지는 다른 영상과 합성할 수 있어야 하므로 이 방법을 추천해 드립니다.

1. ❶ ◪을 드래그해 렌더링 범위를 지정합니다. 그리고 ❷ [렌더링 ⤢]을 클릭해
주세요.

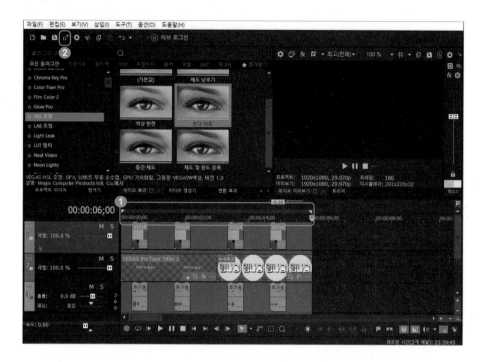

2. 왼쪽 창에서 ❶ [QuickTime 7]을 선택하고, 오른쪽 창에서 ❷ [3Mbps 비디
오]를 선택합니다. 그리고 ❸ [템플릿 사용자 지정]을 선택합니다.

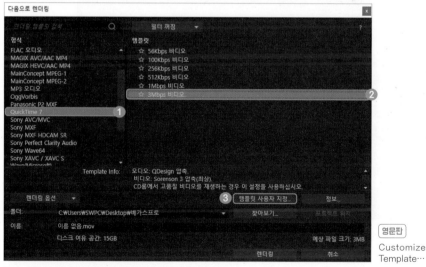

영문판

Customize
Template…

[QuickTime 7]이 보이지 않는다면 407쪽을 참고하세요.

3. 다음과 같이 설정해 주세요. ◈에서 이름을 설정하고 🖫을 누르면 렌더링 설정을 저장할 수 있습니다. ⊠를 누르면 설정이 삭제됩니다. 설정을 마쳤다면 [확인]을 클릭합니다.

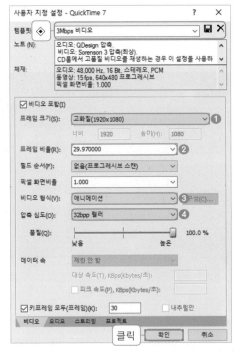

❶ 프레임 크기(Frame size):
고화질(1920x1080)

❷ 프레임 비율(Frame rate):
29.970000

❸ 비디오 형식(Video format):
애니메이션

❹ 압축 심도(Compressed depth):
32bpp 컬러

4. ❶ [찾아보기]에서 저장 위치를 설정한 후 ❷ 파일 이름을 확인 또는 수정합니다. 그리고 ❸ [렌더링]을 클릭합니다.

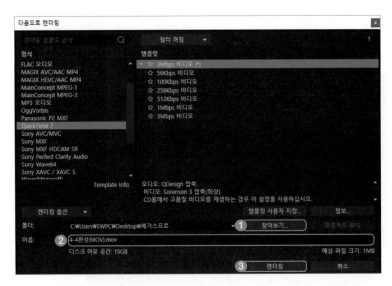

5. 다음과 같은 창이 나타나면 렌더링이 성공적으로 진행되고 있다는 뜻입니다. 조금만 기다려 주세요.

하면 된다! } 출력한 글리치 영상과 다른 영상 합성하기

퀵타임으로 렌더링했다 하더라도 타임라인에 글리치 완성 영상을 넣으면 배경이 바로 투명하게 적용되지 않습니다. 그러므로 귀찮더라도 클립 설정을 일일이 변경해 주는 작업이 필요합니다.

만약 MOV 파일이 타임라인에 삽입되지 않으면(베가스 프로 17 이하 버전) 407쪽을 참고해 주세요.

1. 먼저 ❶ 영상 클립을 마우스 오른쪽 버튼으로 누릅니다. 그리고 팝업 메뉴 가장 아래에 있는 ❷ [속성]을 클릭합니다.

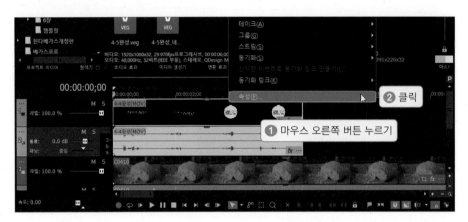

2. 새로 나타난 창에서 ❶ [미디어] 탭을 선택합니다. ❷ [알파 채널]: [합성]으로 변경합니다. 그리고 ❸ [확인]을 눌러 마무리합니다.

[알파 채널]: R(red), G(green), B(blue) 채널 외에 4번째 채널을 알파 채널이라고 합니다. 편집용 정보가 들어 있는 채널로 쉽게 말해 투명, 반투명 효과를 담당합니다.

영문판 Alpha channel → Premultiplied

> 베가스 프로에서 알파 채널을 적용할 때 합성 방식을 사용하면 화질이 좀 더 깔끔해집니다.

3. 검은색 배경은 투명해졌고 글리치 자막과 로고가 적용되었습니다. 최종 결과물을 직접 확인해 보세요.

 **04-5**

모던하고 심플한 인트로 만들기

준비 파일 4장/4-5.veg, 4-5영상.mp4

완성 파일 4장/완성/4-5완성.mp4, 4-5완성.veg 작업 시간 15분

지금 만들 인트로는 ASMR, 브이로그, 여행 등 거의 모든 장르와 어울립니다. 간단해 보이지만 다양한 효과가 적용된 인트로죠. 하지만 차근차근 따라 하다 보면 멋지게 완성할 수 있답니다. 믿고 잘 따라와 주세요!

하면 된다! } 가운데 선 만들기

1. [4장] 폴더에서 프로젝트 파일 [4-5.veg]를 열어 주세요. 빗소리 ASMR 영상이 들어 있습니다. 이 영상을 사용해 다음과 같은 순서로 인트로를 만들어 보겠습니다.

가운데 선 만들기

아래쪽 자막 만들기

위쪽 자막 만들기

2. 타임라인에 빈 트랙 3개가 보이나요? 이곳에 각각 가운데 선, 아래쪽 자막, 위쪽 자막을 만들어 보겠습니다.

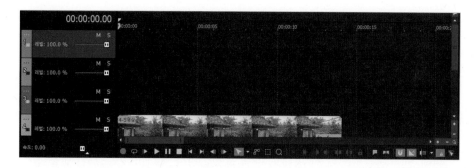

3. 먼저 가운데 흰 선을 만들어 보겠습니다. 이때 선을 그리는 게 아니라 흰색 면을 선 형태로 만들어서 넣겠습니다. ❶ [미디어 생성기] 탭을 선택한 후 ❷ [단색]을 선택해 주세요. 그리고 ❸ [흰색]을 3번 트랙의 타임라인으로 가져갑니다.

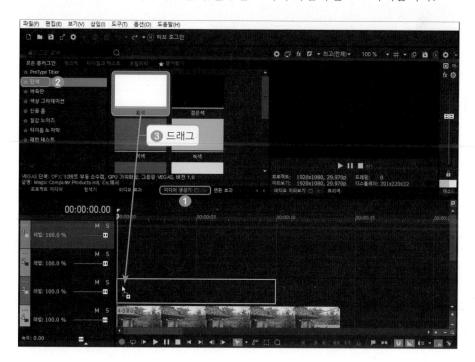

4. 팝업 창이 뜨면 ❶을 클릭해서 색상을 고를 수 있습니다. 여기서는 기본 색상 인 흰색을 사용하겠습니다. ❷를 클릭합니다.

 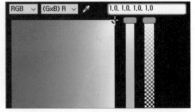

5. 흰색 면을 만들었으니 선 형태로 바꿔 보겠습니다. ❶ [비디오 효과] 탭을 선택 한 후 ❷ [부드러운 대비] 또는 [Soft Contrast](15 버전 이하)를 선택해 주세요. 그리 고 ❸ [Soft Moderate Contrast]를 3번 트랙의 [단색] 클립에 가져다 놓습니다.

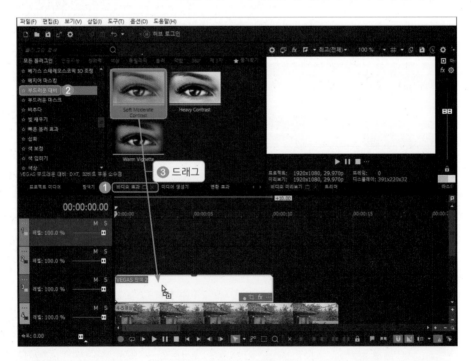

6. 팝업 창이 떴지요? ❶ [Vignette] 탭에 들어가 하나하나 설정하면서 미리보기 화면이 어떻게 변하는지 살펴보세요. 여기서는 비네트를 선을 만드는 데 사용했 습니다.

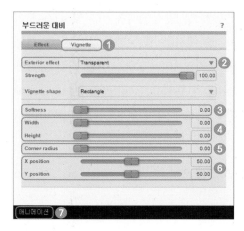

② **Exterior effect**: [단색]의 외곽 모양을 조정할 수 있습니다. [Transparent]로 설정합니다.

③ **Softness**: 선의 부드러운 정도를 나타냅니다. [0.00]으로 입력해 외곽선이 딱 떨어지게 합니다.

④ **Width, Height**: 선의 너비와 높이를 [0.00]으로 설정합니다.

⑤ **Corner radius**: 모서리의 둥근 정도를 나타냅니다. [0.00]을 입력해 각진 모서리를 만듭니다.

⑥ **X, Y Position**: 각각 [50]을 입력해 중앙으로 맞춥니다.

⑦ **애니메이션**: 선택한 선에 움직임을 주기 위해 애니메이션 기능을 추가합니다.

7. [애니메이션]을 누르면 효과 창 밑에 작은 타임라인이 나타납니다. 이곳에서 키 프레임을 생성해 애니메이션을 만들 수 있습니다. 다음과 같은 시간 순서대로 애니메이션을 만들어 보겠습니다.

[00:00:00;00]
흰 선이 나타나지 않음

[00:00:00;10]
흰 선이 나타남

[00:00:09;18]
흰 선이 계속 유지됨

[00:00:09;28]
흰 선이 사라짐

8. 그럼 계획한 대로 키 프레임을 만들어 볼까요? 먼저 ① [동기화 커서]가 활성화되어 있는지 확인합니다. 첫 번째 키 프레임에서는 선 두께가 없어서 흰 선이 나타나지 않습니다. ② 두 번째 키 프레임 위치인 [00:00:00;10]을 시간 상자에 입력하고 (Enter)를 눌러 ③ 에디트 라인을 옮겨 주세요. 그리고 ④ ◆를 클릭해 두 번째 키 프레임을 생성합니다. 이 시점에 흰 선이 나타나야겠죠? ⑤ [Width(너비)]: [35.00], [Height(높이)]: [0.60]로 수정합니다.

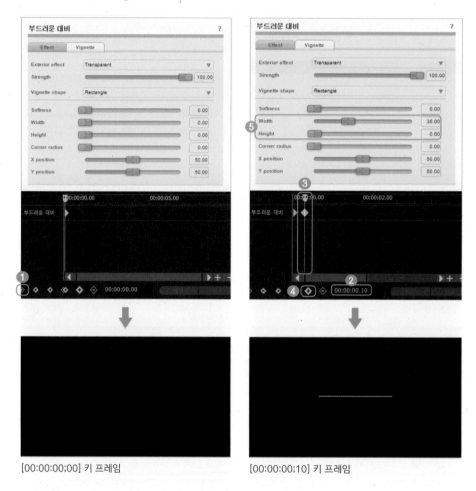

[00:00:00;00] 키 프레임   [00:00:00;10] 키 프레임

9. 여기서 키 프레임을 다루는 6가지 아이콘을 간략히 소개합니다. 키 프레임이 많을 때는 타임라인을 확대한 후 아이콘을 눌러서 원하는 위치로 이동하면 편리합니다.

◆: 왼쪽 끝으로 이동   ◆: 한 칸 왼쪽으로 이동   ◆: 한 칸 오른쪽으로 이동
◆: 오른쪽 끝으로 이동   ◆: 키 프레임 추가   ◆: 키 프레임 삭제

10. 나머지 두 프레임도 만들어 봅시다. ❶ 에디트 라인을 [00:00:09;18]로 옮겨 주세요. 그리고 ❷ ◆를 눌러 세 번째 키 프레임을 생성합니다. 이 시점에서는 아직 선이 있어야 하니 ❸ 설정은 그대로 둡니다. ❹ 그다음 에디트 라인을 [00:00:09;28]로 옮긴 뒤 ❺ 네 번째 키 프레임을 생성합니다. 흰 선이 사라지도록 ❻ [Width(너비)]: [0.00], [Height(높이)]: [0.00]을 입력합니다.

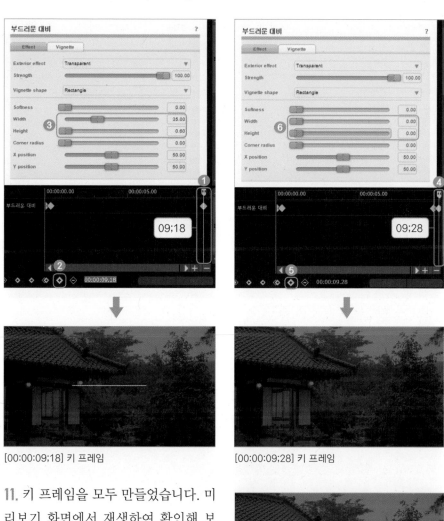

[00:00:09;18] 키 프레임   [00:00:09;28] 키 프레임

11. 키 프레임을 모두 만들었습니다. 미리보기 화면에서 재생하여 확인해 보세요.

12. 기본 키 프레임의 애니메이션은 조금 심심합니다. 그래서 모션이 빨라졌다가 서서히 느려지는 속도감 있는 애니메이션으로 바꿔 보겠습니다.

❶ 키 프레임 전체를 마우스로 드래그해 선택합니다. ❷ 첫 번째 키 프레임을 마우스 오른쪽 버튼으로 누릅니다. ❸ 여러 움직임 종류 중에서 [빠른 페이드]를 선택하세요. 모든 키 프레임이 ◆ 으로 변했다면 창을 닫아 주세요.

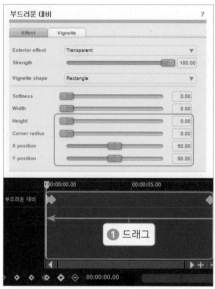
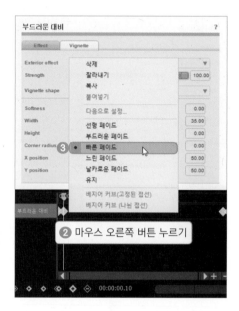

선택된 키 프레임은 크기가 살짝 커집니다.

13. 영상을 재생해 흰 선이 제대로 움직이는지 확인해 보세요!

[00:00:00;00]

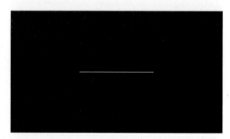
[00:00:00;10]

[00:00:09;18]

[00:00:09;28]

키 프레임의 종류에 따라 애니메이션의 움직임이 달라집니다.

선형 페이드	처음부터 끝까지 같은 속도로 움직입니다.
부드러운 페이드	처음과 끝은 느리게, 중간은 빠르게 움직입니다.
빠른 페이드	처음은 빠르게, 끝은 느리게 움직입니다.
느린 페이드	처음은 느리게, 끝은 빠르게 움직입니다.
날카로운 페이드	중간 부분만 느리게 움직입니다.
유지	애니메이션이 멈춥니다.

하면 된다! } 아래쪽 자막 만들기

1. 흰 선 아래에 들어갈 자막을 만들어 보겠습니다. ❶ [미디어 생성기] 탭을 선택하고 ❷ [타이틀 & 자막]을 선택한 후 ❸ [기본값]을 2번 트랙의 타임라인에 넣어 주세요.

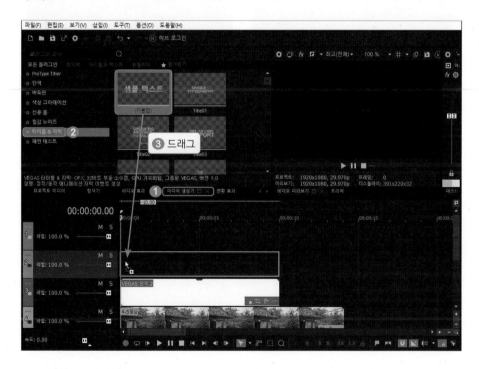

2. 자막 내용으로 ❶ '빗소리 ASMR'을 입력하세요. 자막 전체를 드래그해 선택한 후 ❷ [글꼴]: [나눔스퀘어 ExtraBold], [글꼴 크기]: [14]로 설정합니다. 그다음 자막이 아래로 움직이도록 ❸ [위치]의 [애니메이션 🔗]을 선택합니다.

3. 흰 선을 만들 때처럼 작은 타임라인이 나타납니다. 이곳에서 자막의 움직임을 설정해 보겠습니다. 자막이 선 위에서 나타난 후 선 아래로 내려갔다 다시 올라오도록 만들어 볼게요.

[00:00:00;15]
Y축 자막 위치: 0.54
흰 선 위의 자막

[00:00:00;25]
Y축 자막 위치: 0.45
흰 선 아래로 자막 이동

[00:00:09;10]
Y축 자막 위치: 0.45
흰 선 아래의 자막

[00:00:09;20]
Y축 자막 위치: 0.54
흰 선 위로 자막 이동

4. ❶ [위치]: [0.50, 0.54]를 입력합니다. 그다음 ❷ 에디트 라인을 드래그해 [00:00:00:15]로 옮겨 주세요. 그리고 ❸ 첫 번째 키 프레임도 같은 위치인 [00:00: 00:15]로 이동합니다.

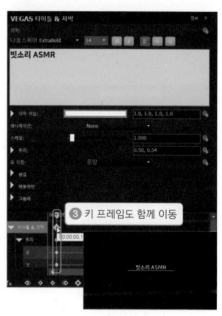

5. ❶ 이번에는 에디트 라인을 [00:00:00;25]로 옮겨주세요. ❷ ◆를 눌러 키 프레임을 생성한 후 ❸ [위치]: [0.50, 0.45]를 입력합니다. 그다음 ❹ 에디트 라인을 [00:00:09;10]으로 이동한 뒤 ❺ ◆를 눌러 키 프레임을 생성해 주세요.

6. 마지막으로 ❶ 에디트 라인을 [00:00:09;20]으로 옮긴 뒤 ❷ ◆를 눌러 키 프레임을 생성하고 ❸ [위치]: [0.50, 0.54]를 입력합니다.

7. 키 프레임이 모두 준비되었습니다! 이제 선을 만들 때와 같은 방법으로 모션이 빨라졌다가 서서히 느려지는 속도감 있는 애니메이션을 만들어 보겠습니다. ● 모양의 키 프레임 전체를 드래그해 선택합니다.

◆ 부분을 드래그하면 안 돼요!

8. 전체를 선택했다면 ❶ 첫 번째 ●를 마우스 오른쪽 버튼으로 누른 뒤 ❷ [빠른 페이드]를 선택합니다. 키 프레임이 초록색(●)으로 변경되었나요? 창을 닫아 주세요!

9. 완성된 영상을 재생해 보세요! 다음과 같이 나온다면 성공입니다.

하면 된다! } 아래쪽 자막에 마스크 기능 활용하기

1. 이번에는 자막이 선 아래에서만 나타났다 사라지도록 표현해 보겠습니다. 방법은 간단합니다! 마스크(Mask) 기능으로 윗부분을 가리면 됩니다. 마스크는 영상에서 원하는 부분만 보이도록 하는 기능입니다. 쉽게 말해 종이를 가위로 오리듯이 마스크(가위)로 영상(종이)을 오려낼 수 있습니다.

2. 마스크 기능을 사용하기 위해 2번 트랙의 자막 클립에서 [이벤트 패닝/자르기 □]를 클릭합니다.

3. ❶ [마스크]를 체크하고 ❷ 에디트 라인의 위치가 [00:00:00;00]인지 확인해 주세요! 그리고 ❸ □ 을 선택합니다. 그다음 마우스 휠을 위로 돌려 작업 구역을 확대해 주세요!

[위치]를 클릭하면, F 상자가 나오는 처음 화면으로 돌아갑니다.

4. '빗소리 ASMR' 자막 아래를 화살표 방향으로 드래그해 네모난 마스크를 만들어 주세요. 이때 글자 밑을 살짝 띄웁니다.

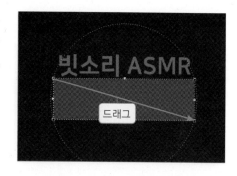

5. 다시 마우스 휠을 아래로 돌려 작업 구역을 축소합니다. 그리고 마스크를 화살표 방향으로 크게 넓혀 주세요.

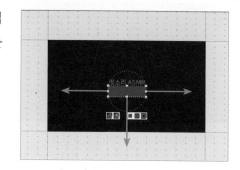

6. 다음과 같이 마스크를 생성했다면 창을 닫습니다.

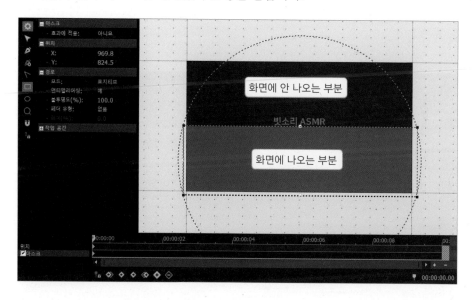

7. 영상을 재생해 다음과 같이 나오는지 확인하세요!

하면 된다! } 위쪽 자막 만들기

1. 같은 방법으로 위쪽 자막도 만들어 보겠습니다. ❶ [미디어 생성기] 탭을 선택합니다. ❷ [타이틀 & 자막]을 클릭한 후 ❸ [기본값]을 1번 트랙의 타임라인에 넣어 주세요.

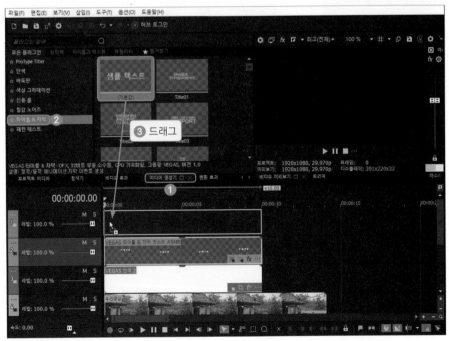

방식은 똑같습니다. 아래쪽 자막 만들 때를 떠올리며 실습해 보세요!

2. 자막 내용으로 ❶ 'White Noise'
를 입력하세요. 글자 전체를 드래그
해 선택한 후 ❷ [글꼴]: [나눔스퀘어
ExtraBold], [글꼴 크기]: [20]으로 설
정합니다. 그다음 자막 위로 움직이도
록 ❸ [위치]의 [애니메이션 ]을 클
릭합니다.

3. ❶ [위치]: [0.5, 0.44]를 입력합니다. 그다음 ❷ 에디트 라인을 드래그해
[00:00:00;10]로 옮겨 주세요. 그리고 ❸ 첫 번째 키 프레임도 같은 위치인
[00:00: 00;10]로 이동합니다.

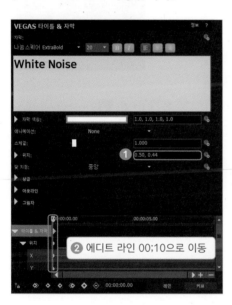

4. ❶ 에디트 라인을 [00:00:00;20]으로 옮겨 주세요. ❷ ◈를 눌러 키 프레임
을 생성하고 ❸ [위치]: [0.50, 0.56]을 입력합니다. ❹ 에디트 라인을 [00:00:
09;05]로 이동한 뒤 ❺ ◈를 눌러 키 프레임을 생성해 주세요.

5. 마지막으로 ❶ 에디트 라인을 [00:00:09;15]로 옮긴 뒤 ❷ ◈를 눌러 키 프레임을 생성하고 ❸ [위치]: [0.50, 0.44]를 입력합니다.

6. ⬤ 모양의 키 프레임 전체를 드래그해 선택합니다. ◆ 부분을 드래그하면 안 돼요!

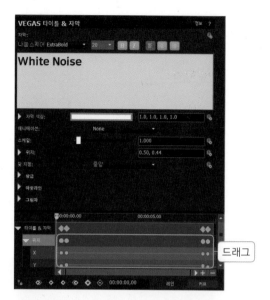

7. 전체가 선택되었다면 ❶ 첫 번째 키 프레임(⬤)을 마우스 오른쪽 버튼으로 누른 뒤 ❷ [빠른 페이드]를 선택합니다. 키 프레임이 초록색(⬤)으로 변경되었나요? 변경되었다면 창을 닫아 주세요!

8. 완성된 영상을 재생해 보세요! 다음과 같이 나온다면 성공입니다.

하면 된다! } 위쪽 자막에 마스크 기능 활용하기

1. 아래쪽 자막과 마찬가지로 마스크 기능을 사용하겠습니다. 1번 트랙의 자막 클립에서 [이벤트 패닝/자르기 □]를 클릭합니다.

2. ❶ [마스크]를 체크하고 ❷ 에디트 라인의 위치가 [00:00:00;00]인지 확인해 주세요. ❸ □을 선택하고 마우스 휠을 위로 돌려 작업 구역을 확대합니다.

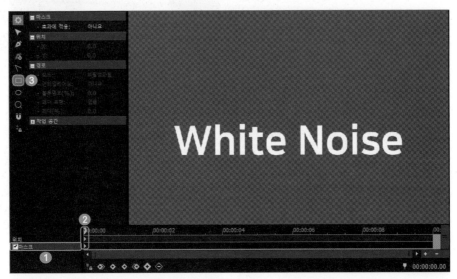

[위치]를 클릭하면 F 상자가 나오는 처음 화면으로 돌아갑니다.

3. 'White Noise' 자막 위쪽을 화살표 방향으로 드래그해 네모난 마스크를 만들어 주세요. 글자 위를 살짝 띄웁니다.

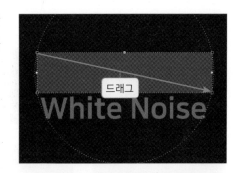

4. 다시 마우스 휠을 아래로 돌려 작업 구역을 축소합니다. 그리고 마스크를 화살표 방향으로 크게 넓혀 주세요.

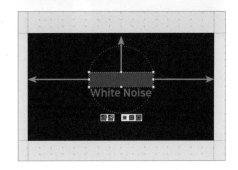

5. 글자 바로 위로 마스크가 생성되었다면 창을 닫습니다.

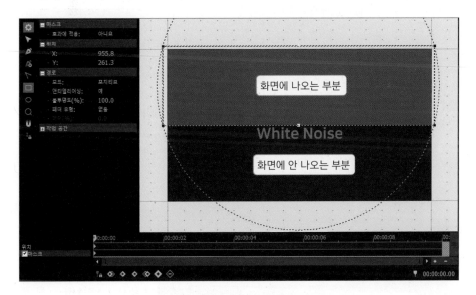

6. 완성된 영상을 재생해 보세요!

하면 된다! } 자막 클립 합치기

자막 클립을 만드느라 트랙을 3개나 사용했네요! 이럴 때 트랙을 하나로 합쳐서
관리하면 작업 환경이 훨씬 쾌적하겠죠? 이번 단계는 17 버전에 추가된 네스트
기능을 사용하면 편리합니다. 중첩(네스트, Nest)이란 완성된 프로젝트 파일(.veg)을
타임라인에 삽입해 영상 클립처럼 편집하는 것을 말합니다.

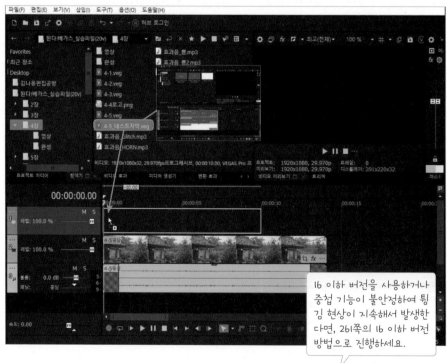

16 이하 버전을 사용하거나
중첩 기능이 불안정하여 튕
김 현상이 지속해서 발생한
다면, 261쪽의 16 이하 버전
방법으로 진행하세요.

1. 하나로 합칠 자막 클립 ❶~❸을 선택합니다. 그리고 ❹ [중첩 타임라인 생성 🔳]을 클릭합니다.

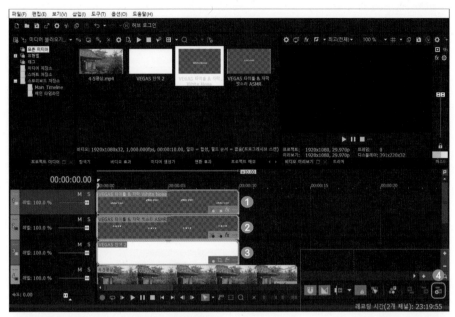

자막 클립 ❶을 클릭한 후 Shift 를 누른 채 ❸을 클릭하면 ❶ ~ ❸을 한 번에 선택할 수 있습니다.

2. [경고] 팝업 창이 뜹니다. 컴포지팅 효과는 복사가 안 되는데 그래도 하나로 만들겠는지 묻는 내용입니다. [예]를 클릭합니다.

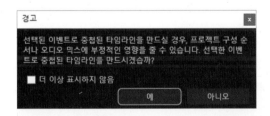

3. 하나로 합친 타임라인을 저장하는 창이 뜹니다. ❶ 저장 위치는 헷갈리지 않도록 메인 프로젝트가 있는 폴더에 함께 저장해 주세요. ❷ 파일 이름(4-5_네스트자막)을 입력하고 ❸ [저장]을 누릅니다.

4. 완료하면 새로운 타임라인이 생성됩니다. 이제 이곳에서 자막을 수정할 수 있습니다! 다시 메인 타임라인으로 돌아가기 위해 🔲을 클릭합니다.

5. 1번 트랙의 타임라인에 합쳐진 자막 클립이 생성되었습니다. 2번, 3번 트랙은 이제 필요하지 않으니 삭제하는 게 좋겠죠? ❶ 2번, 3번 트랙을 선택한 후 ❷ 마우스 오른쪽 버튼을 누른 뒤 ❸ [트랙 삭제]를 선택합니다.

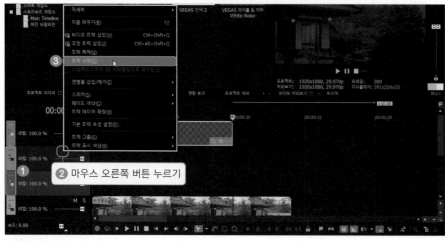

[Delete]를 눌러도 됩니다.

김나옹의 꿀팁 🐝 **16 이하 버전에서 중첩(네스트) 기능으로 자막 클립 합치기**

17 버전에서는 클릭 한 번으로 중첩할 수 있지만 16 이하 버전에서는 이러한 기능이 없습니다. 조금 번거롭지만, 다음과 같은 방식으로 중첩을 진행해 주세요.

1. 먼저 자막 클립이 들어간 트랙만 남기고 불필요한 트랙을 삭제해야 합니다. ❶ 4번, 5번 트랙을 선택한 후 ❷ 마우스 오른쪽 버튼을 누르고 ❸ [Delete Track]을 클릭합니다.

2. ❶ [File] → ❷ [Save As]를 눌러 ❸ 같은 폴더에 다른 이름으로 저장합니다. ❹ 파일 이름은 '4-5_네스트 자막'으로 ❺ 저장하겠습니다.

3. [4-5.veg] 예제 파일을 열어 주세요. 그리고 2번, 3번 트랙을 삭제합니다.

4. 마지막으로 ① [Explorer] 탭에서 ② [4-5 네스트 자막.veg] 파일을 찾아 1번 트랙에 삽입합니다. 이렇게 하면 네스트가 완료됩니다.

하면 된다! } 자막의 위치와 크기 조절하기

1. 자막의 위치나 크기가 마음에 들지 않나요? 자막을 이동하거나 크기를 간단히 조절할 수 있습니다. ① [비디오 효과] 탭을 선택한 후 ② [픽처 인 픽처]를 선택합니다. 그리고 ③ [기본값]을 1번 트랙의 자막 클립에 넣어 주세요.

2. ❶ [X 스케일]과 [Y 스케일]에서 자막의 크기를 조절할 수 있습니다. [0.5]는 절반 크기이고 [1.0]은 원본 크기입니다. ❷ 미리보기 화면에서도 위치를 이동하거나 크기를 조절해 쉽게 편집할 수 있습니다.

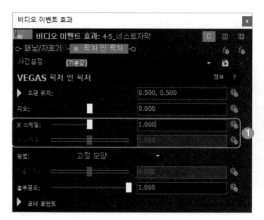

영문판 Scale in X / Scale in Y

하면 된다! } 자막 길이 편집하기

1. 자막 길이도 마음대로 바꿀 수 있습니다. 단, 처음과 끝에는 애니메이션이 들어가 있으니 중간을 잘라내야겠죠? 먼저 1번 트랙의 자막 클립을 선택한 후 ❶ 1초와 ❷ 9초 부분을 자릅니다.

2. 중간 부분의 자막 클립을 줄이면 자막 길이가 줄어듭니다.

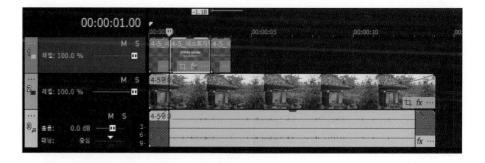

3. 반대로 자막 클립을 늘리고 싶다면 어떻게 해야 할까요? 중간 클립을 늘리면 뒷부분의 사라지는 애니메이션이 다시 나타나기 때문에 그냥 늘리면 안 됩니다! 중간 클립에 마우스 오른쪽 버튼을 누릅니다. ❶ [엔벨롭 삽입/제거] → ❷ [커서 위치에서 프레임 정지]를 선택하고 ❸ 클립을 늘리고 싶은 길이로 늘립니다(프레임이 정지 상태이기 때문에 애니메이션이 다시 나타나지 않습니다).

[영문판] Insert/Remove Envelope → Freeze Frame at Cursor

김나용의
꿀팁 🐝 **마커로 편집점 미리 잡기**

마커(Marker) 기능을 이용해 자막이 들어갈 곳을 미리 표시하면 자막 작업을 할 때 한층 더 편리합니다. 내가 넣은 자막이나 효과음의 위치를 기억해야 한다면 다음 예시를 참고해서 마커를 직접 적용해 보세요.

1. 자막을 넣을 곳에 에디트 라인을 가져다 놓고 M을 누르면 마커가 생성됩니다! 마커에 이름을 지정한 다음 Enter를 눌러서 마무리합니다. 마커 이름을 꼭 넣을 필요는 없습니다.

2. 자막을 넣을 곳에 마커를 지정해 주세요. 마커를 잘못 지정했을 때는 마우스 오른쪽 버튼으로 마커를 누른 후 [삭제]를 선택해 삭제하면 됩니다.

3. 클립은 마커에 잘 달라붙기 때문에 자막뿐만 아니라 컷 편집, 오디오 편집을 할 때에도 매우 유용합니다.

4. 마커를 잘 활용하면 영상을 재생하지 않아도 자막과 효과음을 넣은 위치를 손쉽게 찾을 수 있습니다.

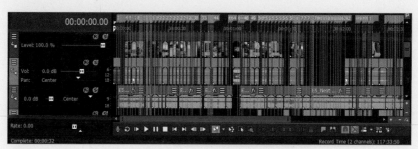

3분짜리 영상에도 이렇게 많은 마커가 들어갑니다. 마커를 잘 활용해 보세요.

1분 퀴즈 애니메이션의 효과 중에서 처음은 빠르게, 끝은 느리게 움직이는 것은?

❶   ❷   ❸   ❹

정답: ❸, 빠른 페이드

04-6
브루로 자막 쉽게 만들기

준비 파일 4장/4-6영상.mp4

컷마다 자막을 입력하려면 단순 반복 작업을 해야 하므로 재미도 없고 시간도 오래 걸립니다. 그래서 자막 작업에 드는 품을 크게 단축해 주는 프로그램을 소개합니다! 브루(VREW)는 음성 인식 기술을 통해 컷마다 자막을 자동으로 만들어 주는 무료 자막 편집 프로그램입니다. 한국어, 영어, 일본어, 스페인어 등을 지원하고 있으며 음성 인식도 수준급입니다. 음성을 그대로 자막에 넣는 영상을 제작할 때 강력 추천합니다!

하면 된다! } 브루 설치하기

1. https://vrew.voyagerx.com/ko/에서 브루(VREW)를 다운로드합니다. 다운로드한 파일을 실행하면 설치와 실행이 자동으로 진행됩니다.

2. 프로그램이 실행되면 이용 약관 창이 나타납니다. [동의하고 시작]을 누릅니다.

하면 된다! } 브루로 자막 만들기

1. 화면 왼쪽에 브루에서 제공하는 예제 영상이 열려 있나요? 새로운 예제 영상을 열기 위해 ❶ [새로 만들기]를 선택합니다. 그리고 ❷ [영상 파일로 시작하기]를 눌러 주세요.

2. [4장 → 영상] 폴더에 있는 ❶ [4-6영상.mp4]를 선택해서 ❷ 열어 주세요.

3. 동영상 파일의 언어인 ❶ [한국어]를 선택한 후 ❷ [확인]을 클릭합니다. 그러면 음성 인식 기능을 통해 자막이 자동으로 만들어집니다! 정말 간단하죠?

4. 물론 자막이 잘못 입력될 수도 있습니다. 아래쪽 화면에서 음성과 다르게 나온 자막을 바로바로 수정하세요.

무료 프로그램 특성상 홍보성 멘트가 3초 동안 표시되니 처음 3초는 자막이 나오지 않도록 편집하세요!

5. 왼쪽에 미리보기 화면으로 자막이 들어간 모습이 보이나요? 브루의 자막 스타일은 총 4가지입니다. 위쪽 메뉴에서 ❶ [서식]을 선택하면 ❷ [테두리], [배경], [형광펜], [그림자] 자막 스타일을 중복해서 선택할 수 있습니다.

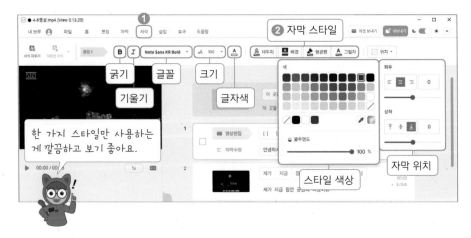

하면 된다! } 영상 내보내기

1. ① [파일] 메뉴를 선택해 ② [다른 형식으로 내보내기]를 선택하세요. 그리고
③ [투명 배경 자막 영상]을 선택합니다.

2. ① [전체 클립]을 선택한 후 ② 해상도는 [원본, 1920x1080]을 선택합니다. 그리고 투명 배경 코덱은 ③ [ProRes(Mac OS 권장)]를 선택합니다. 마지막으로 ④ [내보내기]를 누르세요.

17 버전 이하는 png(Windows OS 권장)를 선택해 주세요.

3. 저장할 위치를 선택해 영상을 저장합니다. 저장 위치는 아무 곳이나 상관없습니다. 완료되면 [닫기]를 눌러서 마무리합니다.

하면 된다! } 베가스에 자막 파일 적용하기

1. 브루에서 내보내기한 자막을 ❶ [탐색기] 탭에서 찾아 ❷ 1번 트랙의 타임라인으로 넣어 주세요.

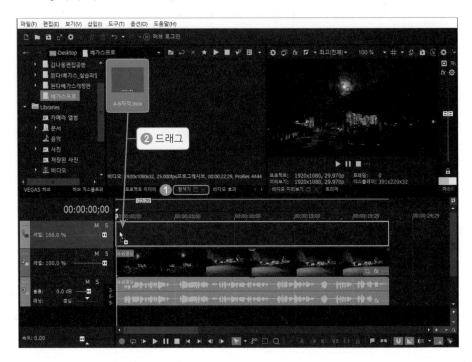

2. 브루에서 [ProRes 코덱]으로 내보내기한 [투명 배경 자막 영상]은 별도의 설정 없이 베가스에 바로 적용됩니다!

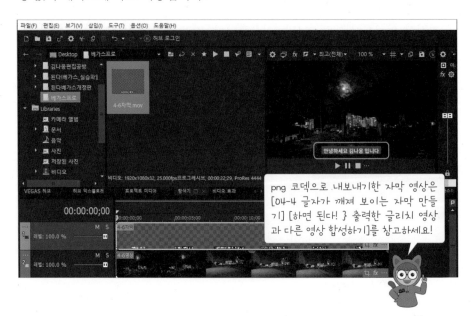

> png 코덱으로 내보내기한 자막 영상은 [04-4 글자가 깨져 보이는 자막 만들기] [하면 된다! } 출력한 글리치 영상과 다른 영상 합성하기]를 참고하세요!

1분 퀴즈 자동 자막 생성 프로그램 브루에 대한 설명 중 틀린 것은?

❶ 브루는 영상의 음성을 인식해 자막을 자동으로 만든다.

❷ 사용자는 자막을 직접 수정할 수 있다.

❸ 글꼴, 색상 등 자막 스타일을 자유롭게 설정할 수 있다.

❹ 영상으로 렌더링(출력)하는 기능은 제공하지 않는다

정답: ❹

🎥 04-7
모션 추적으로 따라다니는 자막 만들기

준비 파일 4장/4-7.veg

완성 파일 4장/완성/4-7완성.veg   작업 시간 15분

유튜브에서는 종종 사람이나 물체를 따라다니는 자막을 볼 수 있습니다. 이러한 자막은 모션 추적 기술을 사용하여 제작됩니다. 모션 추적 을 활용하면 사람의 머리 위나 카메라의 움직임을 따라가는 자막을 쉽게 만들 수 있습니다. 이번 절에서는 간단한 클릭 몇 번으로 완성 가능한 베가스 모션 추적 기능을 사용하여 따라다니는 자막을 만드는 방법을 살펴보겠습니다.

하면 된다! } 텍스트 만들기

1. [4장] 폴더에 프로젝트 파일 [4-7.veg]를 열어 주세요. 듬직한 강아지가 호수를 헤엄치는 영상이 나올 거예요. 강아지 머리 위에 '엄청 신나개!'라는 글자를 만들겠습니다. ❶ [미디어 생성기] 탭을 선택한 후 ❷ [타이틀 & 자막]을 선택해 주세요. 그리고 ❸ [기본값]을 1번 트랙의 타임라인에 가져다 놓아 주세요.

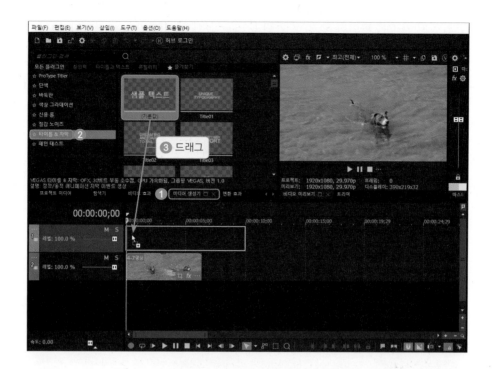

2. ① '엄청 신나개!'를 입력해 주세요. 그리고 글자 전체를 드래그해 선택한 후
다음과 같이 ②~⑥을 설정하세요.

3. 완성된 자막을 확인한 후 자막 클립을 영상 클립 길이에 맞춰 편집합니다.

하면 된다! } 모션 추적하기

1. 자막을 완성하였으니, 강아지를 따라 추적하도록 설정해 보겠습니다. ❶ 2번 트랙에 있는 동영상 클립에 마우스 오른쪽 버튼을 누르고 ❷ [모션 추적]을 선택합니다.

2. [영역 추가 ◉]를 클릭하면 미리보기 창에서 움직임을 추적할 수 있는 마스크가 생성됩니다. 그리고 미리보기 창에서 표시되는 마스크 영역을 드래그해 마스크의 모양을 만들고 이동시킬 수 있습니다.

3. ❶ [영역 추가 ]를 클릭하여 마스크를 만들어 주세요. ❷ 마스크를 강아지 얼굴에 씌우고 ❸ 에디트 라인을 [00:00:00;00]으로 옮겨 주세요. ❹ 모드에서 [회전 & 위치]를 선택합니다. ❺ ⭲를 클릭하면 영상의 처음부터 끝까지 강아지 얼굴이 추적됩니다.

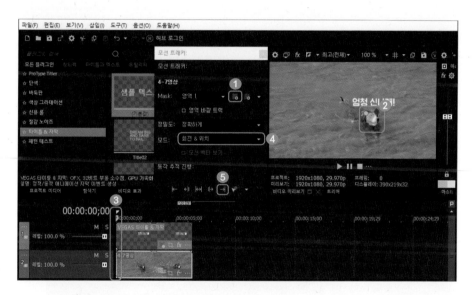

4. 추적이 제대로 되면 [동작 추적 진행] 부분이 녹색으로 표시됩니다. 만약 중간 중간 녹색 선이 끊어져 있다면 에디트 라인을 그 부분으로 이동시켜 다시 추적을 진행해 주세요.

5. 마지막으로 ❶ [동작 추적 진행]의 ▼ [모션 추적 전송 메뉴]를 선택한 후 ❷ [VEGAS 타이틀 & 자막]의 ❸ [위치]를 선택합니다. 그리고 창을 닫아 주세요.

6. 모션 추적이 제대로 전송되어 있는지 확인하기 위해 자막 클립의 ▣ 을 눌러 주세요.

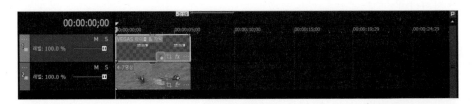

7. 위치 애니메이션에 키 프레임이 생성되었다면 성공입니다! 확인 후 창을 닫아 주세요.

8. 영상을 처음부터 재생해 추적이 제대로 적용됐는지 확인하세요.

04-8
손글씨 자막 만들기

준비 파일 4장/4-8.veg

완성 파일 4장/완성/4-8완성.veg   작업 시간 20분

손글씨 자막 효과는 여행 영상, 브이로그, 뮤직 비디오 및 영화 인트로 타이틀과 같은 영상에서 많이 사용되며, 직접 텍스트를 작성한 것과 같은 느낌을 연출합니다. 이 효과는 주로 필기체 폰트를 활용하여 아날로그적이면서 감성적인 분위기를 표현합니다. 이번에는 여러분들도 손글씨 자막 효과를 적용하여 감성적인 영상을 만들어 볼 수 있도록, 마스크 기능을 활용한 손글씨 자막을 만드는 방법에 대해 알려드리겠습니다.

하면 된다! } 텍스트 만들기

1. [4장] 폴더에 잇는 프로젝트 파일 [4-8.veg]를 열어 주세요. ❶ [미디어 생성기] 탭에서 ❷ [타이틀 & 자막]을 선택한 후 ❸ [기본값]을 1번 트랙 타임라인으로 드래그합니다.

2. ❶ 'TOKYO'를 작성해 주세요. ❷ 글꼴은 [교보손글씨2019] ❸ 글꼴 크기는 [48]로 설정하세요. 그리고 ❹ 창을 닫아 주세요.

3. 영상 길이에 맞게 자막 클립을 ❶ 컷 편집합니다. 그리고 자막 클립의 ❷ 🔲 버튼을 클릭해 주세요.

하면 된다! } 글씨가 써지는 효과 만들기

1. 마스크 기능은 화면에서 특정 구역만을 보여 주도록 설정할 수 있어, 키 프레임과 함께 사용하면 글씨가 나타나는 효과를 만들 수 있습니다. [마스크 펜 툴 🖋]을 이용하여 본격적으로 효과를 만들어 보겠습니다.

❶ 마스크를 클릭하고 ❷ 🖋을 선택합니다. 원활하게 작업하기 위해 ❸ 마우스 휠을 스크롤해서 화면을 확대해 주세요.

2. ❶ 에디트 라인을 [00:00:00;00]으로 이동시킨 후 ❷ (1)→(2)→(3)→(4)→(1) 순서대로 클릭하여 네모를 만들어 주세요.

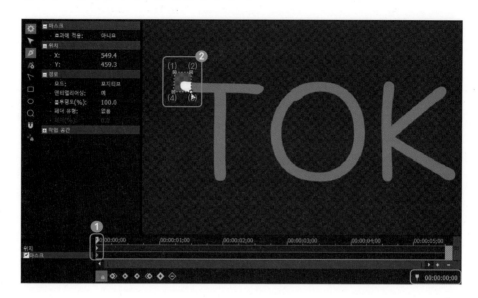

3. ❶ 에디트 라인을 [00:00:00;03]으로 이동시킵니다(3프레임씩 애니메이션을 만들 거예요). 에디트 라인은 ◈ 시간 눈금자를 클릭한 후 키보드 방향키 ←, →를 누르면 좀 더 편리하게 이동시킬 수 있습니다. 그리고 ❷ (2), (3)의 점을 Ctrl 을 누른 상태로 오른쪽으로 드래그해 글자가 마스크 안으로 들어오게끔 만들어 주세요. 마스크 영역에 Ctrl 을 누르면 마우스 커서가 ▶로 바뀝니다. 이때 점들을 드래그하여 마스크의 모양을 변경할 수 있습니다. 영역 밖에서 Ctrl 을 누르고 있으면 커서가 🖑로 바뀝니다. 🖑은 작업 화면의 위치를 움직일 수 있습니다.

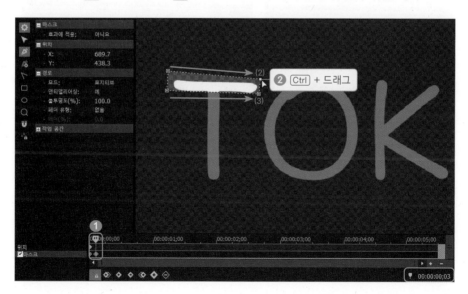

4. ➊ 에디트 라인을 [00:00:00;06]으로 이동시킵니다. **➋** (3), (4)번 점을 Ctrl 을 누른 상태로 글자가 마스크 안으로 들어오게 밑으로 드래그합니다.

5. ➊ 에디트 라인을 [00:00:00;09]으로 이동시킨 후 **➋** (1)→(2)→(3)→(4)→ (1) 순서대로 클릭하여 네모를 만들어 주세요.

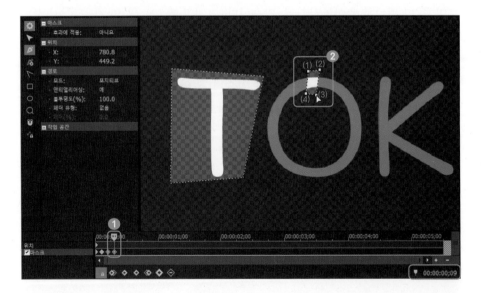

6. ❶ 에디트 라인을 [00:00:00;12]으로 이동시킨 후 ❷ (2), (3)번 점을 Ctrl 을 눌른 상태로 글자가 마스크 안으로 들어오게 드래그합니다.

7. ❶ 에디트 라인을 [00:00:00;15]으로 이동시킨 후 ❷ (3)번 점을 Ctrl 을 눌른 상태로 글자가 마스크 안으로 들어오게 드래그합니다. 필요하다면 점선을 클릭하여 (5)번 점을 하나 더 추가해서 작업을 해도 좋습니다.

8. ① 에디트 라인을 [00:00:00;18]으로 이동시킨 후 ② (6)번 점을 추가하여 글자가 마스크 안으로 들어오게 만듭니다. 미리 만든 마스크로도 부족하다면 ③ 마스크를 하나 더 추가하여 사용해도 좋습니다.

9. ① 에디트 라인을 [00:00:00;21]으로 이동시킨 후 ② 새로 추가한 마스크를 이용하여 글자를 모두 덮어 주세요. 이런 방법으로 나머지 글자들도 [3프레임]씩 에디트 라인을 옮긴 후 [마스크를 추가]하여 작업하면 됩니다! 작업 화면을 옮기려면 마스크 영역 밖으로 마우스 커서를 이동한 후 Ctrl 을 누르고 있으면 커서가 🖐로 바뀝니다. 이때 드래그를 통해 작업 화면을 이동시킬 수 있습니다.

10. 남아 있는 글자들도 따라 해보세요!

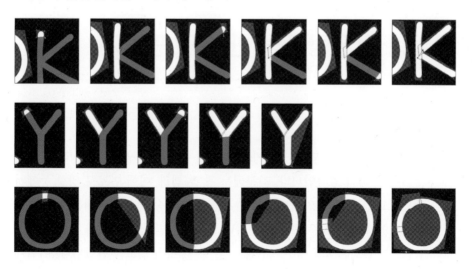

11. 완성된 영상을 확인해 보세요.

04-9
몽글몽글(꿀렁꿀렁)한 자막 만들기

준비 파일 4장/4-9.veg

완성 파일 4장/완성/4-9완성.veg　작업 시간 15분

몽글몽글, 꿀렁꿀렁한 자막은 글자가 부드럽게 움직여 생생하고 감성적인 느낌을 주는 특별한 자막 효과입니다. 최근에는 광고, 캠핑, 여행 인트로 영상 등에서 많이 사용되고 있으며, 말 자막에서도 인기를 끌고 있습니다. 이전에는 특수한 효과로 사용되었지만, 이제는 필수적인 자막 효과로 자리 잡았습니다. 몽글몽글한 자막을 만드는 방법은 처음에는 복잡해 보일 수 있지만, 쉽고 간단합니다! 어렵게 생각하지 말고 저와 함께 지금 만들어 봐요.

하면 된다! } 텍스트 만들기

1. [4장] 폴더에 잇는 프로젝트 파일 [4-9.veg]를 열어 주세요. ❶ [미디어 생성기] 탭에서 ❷ [타이틀 & 자막]을 선택한 후 ❸ [기본값]을 1번 트랙 타임라인으로 드래그합니다.

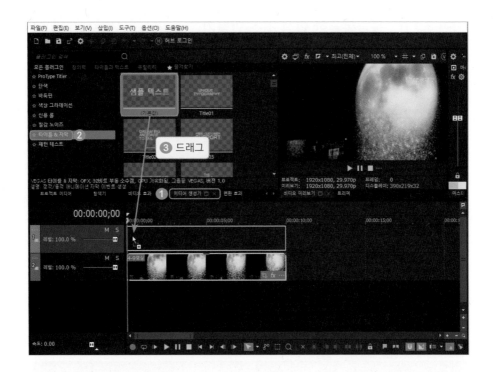

2. ❶ '뮤지엄다 완전한세상 전시 관람왔어요!'를 작성해 주세요. ❷ [글꼴]은 [여기어때잘난서체], ❸ [글꼴 크기]는 [20]으로 설정합니다. ❹ 마지막으로 [위치]는 [0.30, 0.50]으로 옮겨 주세요. 그리고 ❺ 창을 닫아 주세요.

하면 된다! } 몽글몽글한 합성 소스 만들기

1. 별도의 트랙에서 작업해야 하므로 ① 트랙 리스트의 빈 곳을 마우스 오른쪽 버튼으로 누른 후 ② [비디오 트랙 삽입]을 선택해 트랙을 만들어 주세요.

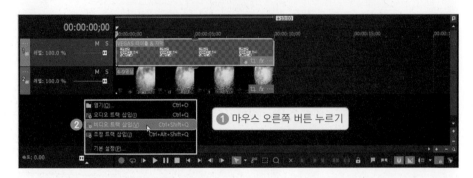

2. ① [미디어 생성기] 탭에서 ② [질감 노이즈]를 선택합니다. 그리고 ③ [자갈]을 1번 트랙 타임라인으로 드래그합니다.

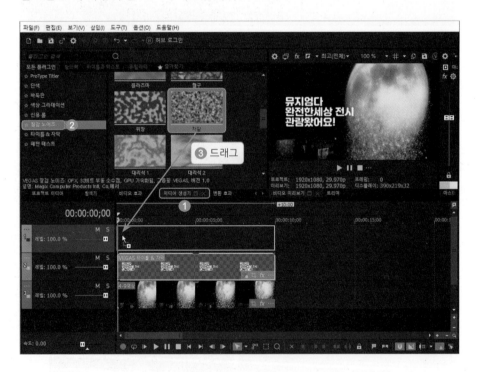

3. ❶ [레이어 수]: [2.5]를 설정합니다. ❷ [오프셋]을 눌러 주세요. ❸ [진행률(도 단위)]의 을 클릭합니다.

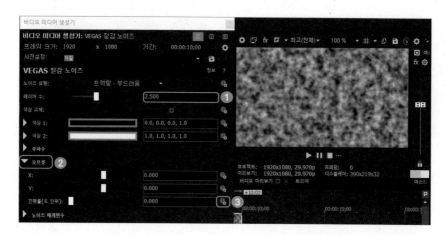

4. ❶ 키 프레임 타임라인 창의 에디트 라인을 맨 끝으로 옮겨 주세요. ❷ [진행률 (도 단위)]을 [10.000]으로 설정합니다. 그리고 창을 닫아 주세요.

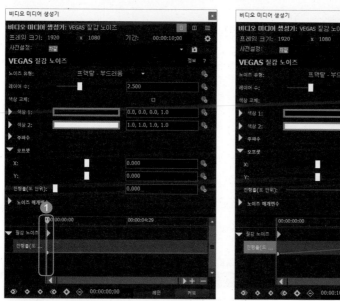
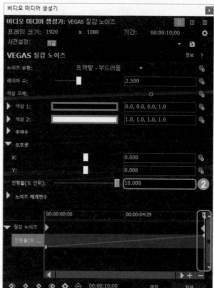

5. 프랙탈 노이즈가 꿀렁꿀렁 움직이는 게 느껴지나요? 이제 프랙탈 노이즈 소스
와 자막을 합성하여 몽글몽글한 자막을 만들어 보겠습니다.

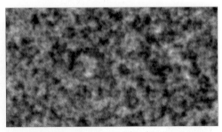

하면 된다! } 프랙탈 노이즈 소스, 자막이랑 합성하기

1. 2번 트랙의 ❶ [자세히 ▪▪▪]를 눌러 주세요. 그리고 ❷ [컴포지팅을 하위로 설
정]을 선택합니다. 그러면 2번 트랙이 1번 트랙의 자식(하위)으로 들어가는 것을
확인할 수 있습니다.

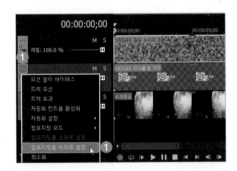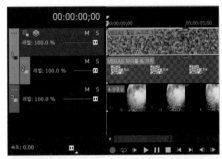

2. ❶ 1번 트랙의 [자세히 ▪▪▪]를 눌러 주세요. ❷ [컴포지팅 모드]에서 ❸ [사용자
지정]을 선택합니다. 여러 합성 모드 중에 ❹ [Displacement Map]을 선택하고
❺ [확인]을 눌러 주세요.

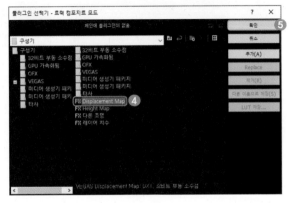

3. 앞서 [글리치 자막 만들기]에서 봤던 창이 뜰 거예요. 여기서는 [수평]: [0.004], [수직]: [0.004]를 입력해 주세요. 그러면 자막이 몽글몽글, 꿀렁꿀렁하게 변하는 걸 볼 수 있습니다! 확인했으면 창을 닫아 주세요.

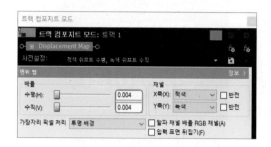

4. 다음 그림처럼 나온다면 완성입니다!

하면 된다! } 말랑말랑, 부들부들한 자막으로 수정하기

1. 프랙탈 노이즈의 █을 눌러 주세요.

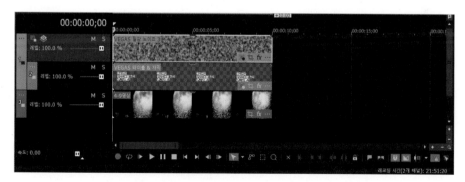

2. [레이어 수]를 낮게 설정할수록 말랑해지고, 높게 설정할수록 부들부들 떨리는 자막으로 수정할 수 있습니다.

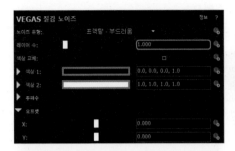 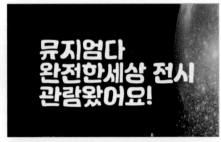

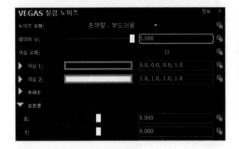 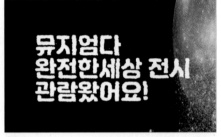

좋은 글 소개하는 영상 만들기

실습 자막 4장/on_time.pdf   실습 영상 videvo.net > Lifestyle, People, Sport

자막을 많이 쓰는 영상을 만들어 볼게요. 감동과 울림을 주는 동기 부여 영상도 만드는 방식은 비슷합니다. 이런 영상은 메시지 자체에 힘이 많이 담겨 있어서 영상과 음악의 분위기가 메시지와 얼마나 일치하느냐가 관건입니다.

[on_time.pdf] 파일을 열어서 원고를 확인합니다. 메시지를 꼼꼼히 읽고 한 클립에 넣을 문장의 분량을 생각해서 글을 나눕니다. 문장과 어울리는 영상을 비디보에서 찾아 다운로드합니다. Lifestyle, People, Sport 카테고리를 추천합니다. 키워드 검색도 적극 활용해 보세요.

연출 팁!

☑ 자막은 영상에 나오는 인물 또는 사물의 위치와 조화롭게 배치하세요.

☑ 고함치는 메시지가 아니라면 화려한 효과는 피하세요.

☑ 시청자가 자막을 읽을 수 있도록 시간을 넉넉하게 지정해 주세요.

☑ 내레이션까지 직접 녹음해서 넣어 보세요. 괜찮아요. 용기를 내세요!

추천 음악!

❶ 유튜브 오디오 보관함: 〈Hovering Thoughts〉

❷ 유튜브 오디오 보관함: 〈Touching Moment〉

❸ 유튜브 오디오 보관함: 〈Easy Day〉

05

상황과 콘셉트에 따라
골라 쓰는 편집 기법

유튜브 속 영상 주제는 무궁무진합니다! 그만큼 담고 싶은 내용과 기법도 다양
하죠. 4분할 화면, 모자이크, 크로마키 등등. 이번 시간에는 유튜브 영상의 퀄리
티를 높일 수 있는 상황별 편집 기법을 알아보겠습니다.

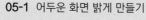

 **05-1**
어두운 화면 밝게 만들기

준비 파일 5장/5-1아기.mp4

완성 파일 5장/완성/5-1완성.mp4, 5-1완성.veg   작업 시간 3분

촬영한 영상이 너무 어둡나요? 조명이 없는 실내에서 촬영
했다면 어둡게 찍히는 경우가 많을 거예요. 반대로 야외에
서는 너무 밝아서 문제가 될 수도 있고요. 이번 시간에는 화
면을 밝게 또는 어둡게 만드는 방법을 배워 보겠습니다. 아
주 간단하니 지금 바로 따라해 보세요!

하면 된다! } 타임라인에 동영상 배치하기

1. ❶ [탐색기] 탭을 눌러 [5장] 폴더에 있는 ❷ [5-1아기.mp4]를 찾습니다. ❸
파일을 드래그해 타임라인에 배치합니다.

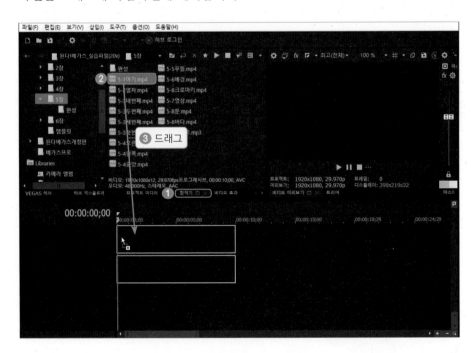

2. 영상을 재생해 보세요. 귀여운 아기가 놀고 있네요! 아기의 움직임을 갑자기 촬영해서 화면이 조금 어둡습니다. 영상을 밝게 또는 어둡게 만들어 볼게요!

원본

밝게

어둡게

하면 된다! } 밝기와 대비 효과 적용하기

1. ❶ [비디오 효과] 탭을 선택하고 ❷ [밝기와 대비]를 선택한 뒤 ❸ [기본값]을 영상 클립으로 드래그하세요.

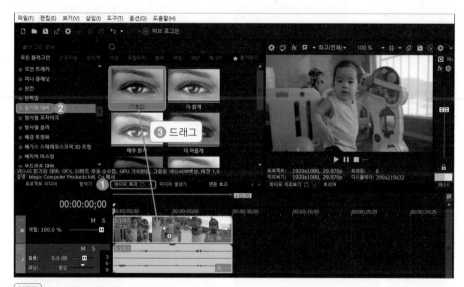

영문판 Video FX → Brightness and Contrast → Default

2. 빛의 밝기와 대비를 조절할 수 있는 팝업 창이 나타납니다.

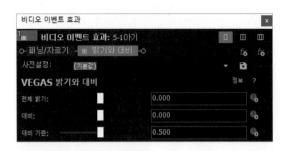

3. 밝기를 조절하는 [전체 밝기] 조절 바를 오른쪽으로 드래그해 보세요. 화면이 밝아집니다.

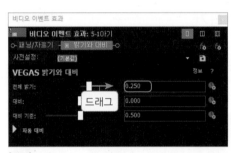

[밝기]: 0.250

4. 이번엔 [전체 밝기]의 조절 바를 왼쪽으로 드래그해 보세요. 화면이 어두워집니다.

[밝기]: -0.250

5. 빛의 대비를 조절하는 [대비]의 조절 바를 오른쪽으로 드래그해 보세요. 밝은 곳이 더 밝아지면서 대비가 뚜렷해집니다.

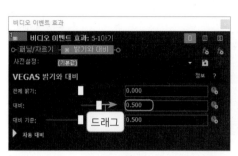

[대비]: 0.500

6. 이번엔 [대비]의 조절 바를 왼쪽으로 드래그해 보세요. 밝기 차이가 없어지면서 대비가 낮아집니다.

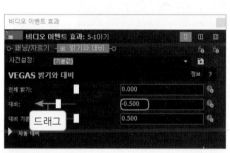

[대비]: -0.500

7. [전체 밝기]와 [대비]의 기능을 이해했나요? 그렇다면 다음 단계 실습을 위해 ① 🔲를 눌러 효과를 삭제해 주세요. 그리고 ② ☒를 클릭해 창을 닫아 주세요.

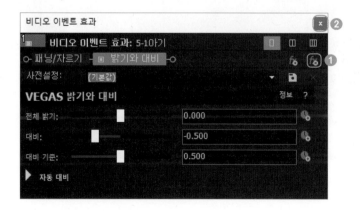

하면 된다! } 프리셋을 이용해 밝기와 대비 효과 적용하기

1. [밝기와 대비]의 프리셋에는 총 9가지 종류가 있습니다. 프리셋을 이용하면 화면 밝기를 쉽게 조절할 수 있습니다.

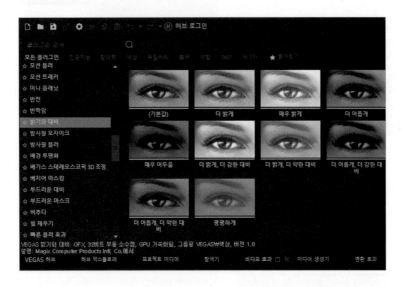

2. 적용 방법은 앞에서 실습했던 것과 똑같습니다. ❶ [비디오 효과] 탭을 선택한 후 ❷ [밝기와 대비]를 선택하고 프리셋 중에서 ❸ [매우 밝게]를 영상 클립으로 드래그해 적용하면 됩니다.

지금까지 영상 밝기를 조절하는 방법을 알아봤습니다. 작업은 간단하지만 동영상 퀄리티를 쉽게 높일 수 있습니다.

베가스 프로 20 버전부터 색 보정(Color Grading) 기능이 강화되었습니다. 여기서는 간단하게 자동으로 색 보정을 하는 방법에 대해 알려드릴게요.

자동 색상 조정하기

1. 보정하고자 하는 ❶ 영상 클립을 클릭한 후 아래쪽 툴바 오른쪽에 있는 ❷ 색상 그레이딩 버튼을 눌러 주세요.

2. 색상 그레이딩 창에서 오른쪽에 있는 [색상 곡선]을 클릭합니다. 그리고 버튼의 화살표 버튼을 클릭하여 원하는 메뉴를 선택하세요. 초기화는 바로 오른쪽에 있는 버튼을 누르면 됩니다.

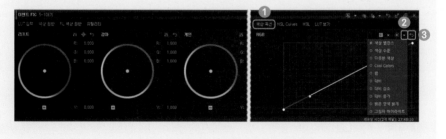

LUT(Look Up Table) 적용하기(카메라 필터 적용)

❶ [LUT 보기]를 클릭하고 ❷ [없음]을 클릭하세요. 그러면 베가스에 내장된 41개의 LUT(필터)를 선택하여 영상에 적용할 수 있습니다. ❸ 강도를 조절하여 원하는 색감으로 보정하세요.

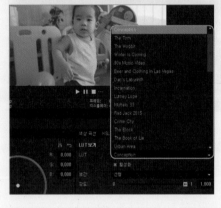

외부 LUT 파일은
🗀 을 이용해 불러
올 수 있습니다.

1분 퀴즈 다음 중 밝기와 대비를 조절하는 효과는?

❶ 흑백
❷ 채널 블렌딩
❸ 테두리
❹ 밝기와 대비

◎REC 05-2
영상 재생 속도 조절하기

준비 파일 5장/5-2열차.mp4

완성 파일 5장/완성/5-2완성.mp4, 5-2완성.veg   작업 시간 10분

예능의 재미있는 장면이나 스포츠의 득점 장면과 같이 중요한 순간을 슬로 모션으로 보여 줄 때가 있습니다. 여행 영상에서 감각적인 장면을 표현하기에도 좋은 기법이죠. 또한 슬로 모션의 반대인 패스트 모션은 속도감 있는 장면을 표현할 때 자주 사용합니다. 이번 시간에는 영상의 속도를 조절하는 방법을 배워 보겠습니다.

패스트 모션 예시(https://www.youtube.com/watch?v=3MjjPMugYOE)

베가스에서 영상 속도를 조절하는 방법은 2가지가 있습니다. 첫 장면부터 마지막 장면까지 영상 속도를 일률적으로 바꾸는 방법과 구간을 지정해서 점점 빠르게 또는 점점 느리게 바꾸는 방법입니다. 먼저 타임라인에 동영상을 배치한 후 하나씩 배워 보겠습니다.

하면 된다! } 타임라인에 동영상 배치하기

1. 먼저 ❶ [탐색기] 탭에서 ❷ [5-2열차.mp4]를 찾아 ❸ 타임라인에 가져다 놓습니다.

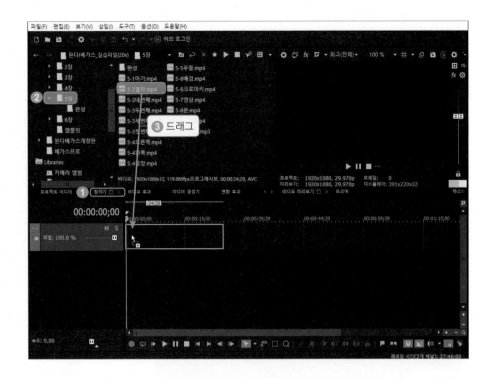

2. 영상을 재생해 보세요. 기차를 타고 어딘가로 이동하는 장면을 찍었네요. 같은 속도로만 보여 주니 조금 지루합니다. 이런 장면에서 속도를 높이거나 줄이는 방식으로 리듬감을 주면 같은 장면도 지루하지 않게 볼 수 있답니다!

김나옹의 꿀팁 🐝 스마트폰으로 영상 촬영할 때 무조건 알아야 하는 설정

스마트폰으로 촬영한 영상은 베가스 프로 또는 기타 편집 프로그램에서 불러오기가 되지 않거나 타임라인에 삽입되었다 하더라도 재생되지 않는 경우가 있습니다. 일반 동영상 플레이어로는 문제가 없는데 말이죠.

왜 그럴까요? 녹화 영상이 HEVC 압축 코덱(H.265)으로 저장되었기 때문입니다. HEVC는 압축률이 매우 높아 파일 용량을 크게 줄여 줍니다. 그래서 4K 또는 60fps 이상의 고용량 영상을 녹화할 때 대부분 사용합니다. 용량을 줄여 주는 건 좋은데 문제는 HEVC로 압축된 영상을 원활히 편집하기엔 아직 영상 편집 프로그램과 PC가 버거워한다는 것입니다. 그래서 영상이 아예 삽입조차 되지 않는 경우가 허다합니다.

스마트폰으로 촬영한 영상을 베가스 프로에서 편집하고 싶다면 스마트폰의 녹화 설정을 다음과 같이 반드시 바꿔 놓아야 합니다.

안드로이드 폰

카메라 설정에서 ❶ [고급 녹화 옵션]을 선택합니다. 그리고 ❷ [고효율 동영상]을 선택 해제합니다.

아이폰

카메라 설정에서 ❶ [포맷]을 선택합니다. 그리고 ❷ [높은 호환성]에 체크합니다.

하면 된다! } 간단한 영상 재생 속도 조절 방법

1. 먼저 간단하게 영상 속도를 일률적으로 바꾸는 방법을 알아보겠습니다. 방법은 아주 간단합니다! 영상 클립의 가장자리에 마우스 커서를 올려놓고 Ctrl 을 누르면 커서 모양이 🖰로 바뀝니다. 이 상태에서 클립을 오른쪽으로 드래그하면 그만큼 슬로 모션을 줄 수 있습니다.

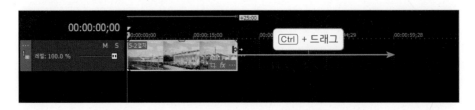

2. 슬로 모션이 들어가면서 영상 클립에 검은색 물결무늬 선이 나타난 게 보이나요? 재생 속도를 늦췄다는 뜻입니다. 이번에는 Ctrl 을 누른 채 영상 클립을 반대로 드래그해 보세요.

3. 반대로 영상 클립을 줄이면 그만큼 영상이 빨라지면서 패스트 모션을 적용할 수 있습니다.

클립의 길이를 배로 늘리면 재생 속도는 반으로 줄어들겠죠? 반대로 클립의 길이를 반으로 줄이면 재생 속도는 배가 됩니다.

4. 원래 상태로 돌리려면 ❶ 영상 클립을 마우스 오른쪽 버튼으로 누른 후 팝업 메뉴의 맨 아래에 있는 ❷ [속성]을 클릭합니다.

5. 팝업 창에서 ❶ [재생 속도]를 [1.000]로 수정한 후 ❷ [확인]을 누르면 다시 원래 속도로 돌아옵니다.

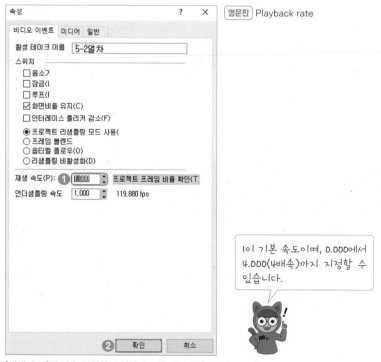

영문판 Playback rate

1이 기본 속도이며, 0.000에서 4.000(4배속)까지 지정할 수 있습니다.

[재생 속도]의 값을 입력하면 영상 속도를 세밀하게 조절할 수 있습니다.

하면 된다! } 영상 재생 속도를 점점 빠르게, 점점 느리게 만들기

영상 속도를 서서히 조절하려면 [벨로시티] 그래프가 필요합니다. 그래프는 영상 트랙 안쪽에 나타나는데, 트랙이 작으면 그래프를 조절하기 힘들겠죠? 그래서 먼저 트랙의 크기를 늘려야 합니다.

1. 먼저 1번 트랙의 아랫부분 경계선에 커서를 올려놓은 뒤 밑으로 ❶ 드래그해 내려 주세요. 마우스 커서를 타임라인에 올려놓고 ❷ 마우스 휠을 위로 돌려 타임라인도 함께 확대합니다. ▶ 벨로시티란 속도를 뜻하는 용어입니다.

2. 영상 클립을 ❶ 마우스 오른쪽 버튼으로 누른 후 팝업 메뉴에서 ❷ [엔벨롭 삽입/제거] → ❸ [벨로시티]를 선택합니다.

[영문판] Insert/Remove Envelope → Velocity

3. 영상 속도를 조절할 수 있는 녹색 선이 나타납니다.

4. 준비를 마쳤습니다. 앞으로 녹색 선 위에 점을 만들고 클릭해서 위로 드래그하면 그래프가 생기고 속도가 조절됩니다. 먼저 어느 지점에서 속도를 바꿀지 계획해 보세요!

5. 계획한 대로 속도를 조절해 볼까요? [00:00:03:00]으로 에디트 라인을 이동한 후 녹색 선을 더블클릭하세요. 녹색 선 위에 점 하나가 생깁니다.

키보드의 좌우 방향키 ←, →를 누르면 에디트 라인을 세밀하게 조절할 수 있습니다.

6. 같은 방법으로 [00:00:04:00], [00:00:05:00]에도 점을 만들어 주세요.

7. 이제 점을 움직여 볼까요? [00:00:04:00]에 만든 점을 클릭해 위로 드래그해 올려 주세요. 그러면 그래프를 따라서 3초에서 4초까지는 자연스럽게 빨라지고 4초부터 5초까지는 점점 느려집니다.

벨로시티로는 최대 10배속까지 빠르게 만들 수 있습니다.

8. Ctrl, Alt를 이용하면 키 프레임을 세밀하게 움직일 수 있습니다. 앞에서 오디오를 편집할 때 키 프레임을 다뤘던 방식과 같습니다. Ctrl을 누른 채 드래그하면 점을 좀 더 세밀하게 위아래로 이동할 수 있습니다. Alt를 누른 채 드래그하면 점의 높이는 고정한 채 좌우로 움직일 수 있습니다. 즉, 속도를 고정한 채 빨라지거나 느려지는 지점을 움직일 수 있습니다.

9. 반대로 가운데 점을 밑으로 내리면 영상 속도를 느리게 만들 수 있습니다.

10. 100% 미만 구간부터 영상이 느려지며 0%에서는 영상이 정지합니다. 그리고 마이너스 구간부터는 역으로 재생(되감기)됩니다.

영상 속도가 느려집니다(99% ~ 1%).

영상이 정지합니다(0%).

역재생(되감기)됩니다(-1% ~ -100%).

11. 키 프레임을 마우스 오른쪽 버튼으로 누르면 나오는 팝업 메뉴에서도 영상 속도를 조절할 수 있습니다. 메뉴 설명은 아래를 참조하세요!

① **최대~200% 앞으로 벨로시티로 설정:** 패스트 모션

② **보통 벨로시티로 설정:** 기본 속도

③ **50%~20% 앞으로 벨로시티로 설정:** 슬로 모션

④ **0% 벨로시티로 설정:** 정지 화면

⑤ **100% 리버스 벨로시티로 설정:** 역재생(뒤로 감기)

⑥ **다음으로 설정:** 사용자가 원하는 특정 값으로 지정

⑦ **선형 페이드~유지:** 그래프 모양 설정

지금까지 영상 속도를 조절하는 방법을 알아봤습니다. 예제 영상을 이용해 연습하다 보면 금방 감을 잡을 수 있을 거예요!

슬로 모션은 영상의 프레임을 두 배 이상 늘려 재생하는 기법입니다. 카메라로 영상을 찍을 때 프레임 설정을 60fps 이상으로 선택해야 부드러운 슬로 모션 영상을 만들 수 있습니다.

일반 카메라

녹화 설정에 들어가면 영상의 프레임을 설정할 수 있습니다.

SONY A6500 카메라에서 60fps로 설정하는 모습　　120fps로 설정하는 모습

안드로이드 폰

카메라 설정에서 ❶ [후면 동영상 크기]를 선택합니다. ❷ [FHD(60fps) 1920x1080] 또는 ❸ [UHD(60fps) 3840x2160]을 선택합니다. 해상도가 높을수록 녹화 용량이 큽니다.

아이폰

카메라 설정에서 ❶ [비디오 녹화]를 선택합니다. 비디오 녹화에서 ❷ [1080p HD - 60fps]를 선택합니다.

[4K - 60fps(고효율성)]으로 저장되는 영상 파일은 베가스 프로와 기타 편집 프로그램에서 잘 편집되지 않을 수 있습니다.

1분 퀴즈

영상 클립의 가장자리에 마우스 커서를 올려놓고 '이것'을 누른 채 드래그하면 속도를 조절할 수 있습니다. 이것은?

❶ Ctrl   ❷ Alt   ❸ Shift   ❹ F4

❶ :답정

📹 05-3
4분할 화면 만들기

준비 파일 5장/5-3첫번째.mp4, 5-3두번째.mp4, 5-3세번째.mp4, 5-3네번째.mp4
완성 파일 5장/완성/5-3완성.mp4, 5-3완성.veg   작업 시간 10분

분할 화면은 한 화면에서 여러 장면을 동시에 보여 주는 편집 기법입니다. 제품
리뷰, 여행, 브이로그, 관찰 일기 등 여러 가지 상황에서 다양하게 응용할 수 있습
니다. 요즘엔 섬네일 이미지를 만들 때도 많이 활용되는 추세입니다. 트랙 모션
기능을 이용해 화면 분할의 가장 기본인 4분할 화면을 만들어 보겠습니다.

강아지의 다양한 모습을 한 화면에 담아 보는 건 어떨까요?

하면 된다! } 트랙 모션 실행하기

1. 카페 전경을 4가지 구도에서 촬영해 보았습니다. 4가지 영상 파일을 하나로 합
쳐서 4분할 화면 영상으로 만들어 보겠습니다.

5-3첫번째.mp4

+

5-3두번째.mp4

5-3세번째.mp4

5-3네번째.mp4

=

2. ❶ [탐색기] 탭에서 ❷ [5장 → 5-3첫번째.mp4]를 선택해 ❸ 타임라인에 가져다 놓습니다.

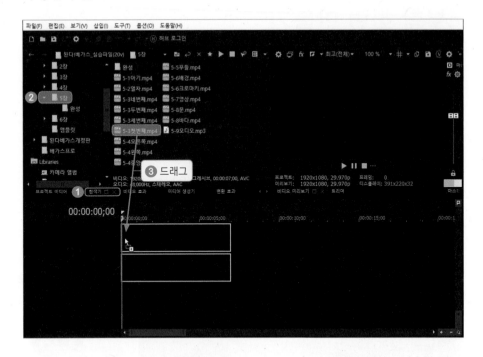

3. 화면 왼쪽 윗부분에 4분할 크기로 줄여서 앉혀야겠죠? ❶ 1번 트랙의 █를 클릭합니다. 그리고 ❷ [트랙 모션]을 선택해 주세요.

영문판
Track Motion

4. 트랙 모션은 영상의 위치를 이동하거나 확대·축소할 수 있는 기능입니다. 개별 클립에 적용되는 [이벤트 패닝/자르기]와 달리 해당 트랙의 타임라인에 있는 모든 클립에 똑같이 적용됩니다.

[이벤트 패닝/자르기]는 02-3절을 참고하세요.

트랙 모션(Track Motion)	해당 트랙의 타임라인에 있는 모든 클립에 적용
이벤트 패닝/자르기(Event Pan/Crop)	개별 클립에 적용

하면 된다! } 화면 상단에 영상 배치하기

1. 먼저 4분할 영상 크기에 알맞게 영상을 축소해 볼게요. [위치]에 있는 [너비]와 [높이]를 1920, 1080의 절반 크기인 [960, 540]으로 입력해 주세요.

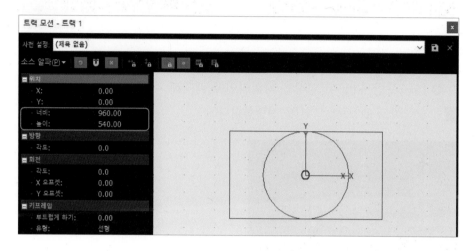

2. [X], [Y]의 값을 [너비]와 [높이]의 절반인 [X: -480, Y: 270]으로 입력합니다. X, Y 좌표는 화면의 중앙을 나타내는 좌푯값입니다. X값이 음수(-)이면 왼쪽, 양수(+)이면 오른쪽으로 이동합니다. Y값이 음수(-)이면 아래, 양수(+)이면 위로 이동합니다.

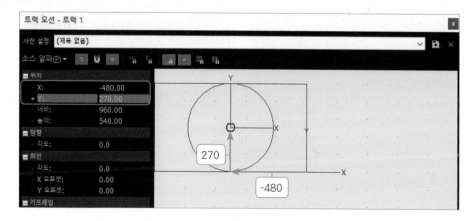

3. 미리보기 화면을 확인합니다. 영상이 왼쪽 위로 이동했죠? 이제 팝업 창을 닫아 주세요.

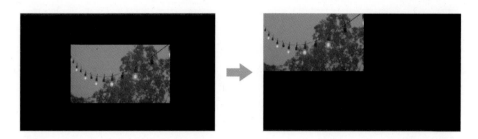

하면 된다! } 나머지 영상 배치하기

1. ❶ [5-3두번째.mp4] 영상을 타임라인에 배치해 주세요. 같은 방법으로 ❷ ┅┅를 클릭하고 ❸ [트랙 모션]을 선택합니다.

2. 앞에서 영상의 크기를 줄였듯이 이번에도 다음과 같이 너비와 높이를 조절합니다.

두 번째 영상	너비: 960 높이: 540	X: 480(오른쪽) Y: 270(위쪽)

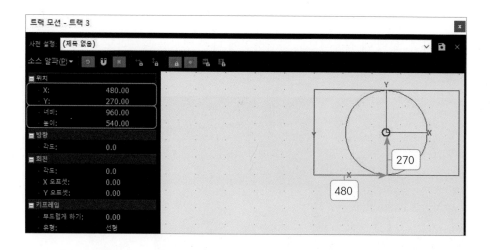

3. 미리보기 화면을 확인합니다. 영상이 오른쪽 위로 이동했습니다.

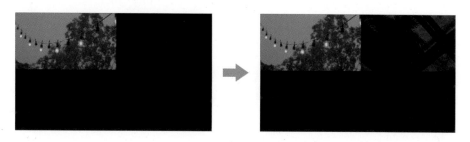

4. 세 번째, 네 번째 영상을 타임라인에 배치해 같은 방식으로 작업합니다.

세 번째 영상	너비: 960 높이: 540	X: -480(왼쪽) Y: -270(아래쪽)
네 번째 영상	너비: 960 높이: 540	X: 480(오른쪽) Y: -270(아래쪽)

5. 마지막으로 불필요한 2, 4, 6번 오디오 트랙을 선택하고 Delete 를 눌러 삭제하면 완성입니다!

6. 트랙 모션을 이용해 4분할 영상을 만들어 보았습니다. 지금까지 한 작업은 '영상'이 아닌 '트랙'에 적용되므로 타임라인에 다른 영상을 넣더라도 4분할 화면이 바로 적용됩니다.

4분할 설정을 한 번 만들어 프로젝트를 저장해 두면 언제든 영상을 교체해 4분할 영상을 만들 수 있어요!

7. 여기서 잠깐! 화면 분할을 완성해 놓고 컷 편집을 시작하면 애써 설정한 4분할 설정이 풀릴 때가 있습니다. 그 이유는 [이벤트 엔벨롭 잠금 🔒]이 활성화되어 있기 때문입니다. 이 상태에서 영상 클립을 삭제 또는 컷 편집하면 4분할 위치가 저장된 [트랙 모션]의 키 프레임까지 삭제 또는 변경됩니다. 따라서 컷 편집을 하기 전에 화면 아래쪽 도구 상자에서 [이벤트 엔벨롭 잠금 🔒]을 클릭해서 비활성화해야 합니다.

🔒 상태에서 영상 클립 삭제: 트랙 모션 키 프레임이 삭제됨.

🔓 상태에서 영상 클립 삭제: 트랙 모션 키 프레임이 남아 있음.

분할 화면 좌푯값을 정하는 방법

화면의 중앙을 기준으로 좌푯값(X, Y)이 설정됩니다. 4분할 화면의 경우 4분할 영상 크기 960×540의 절반만큼 대각선으로 각각 위치를 설정하면 됩니다.

4분할 화면에서 X, Y값(영상 크기 960×540)

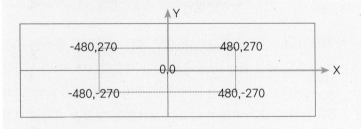

9분할 화면에서 X, Y값(영상 크기 640x360)

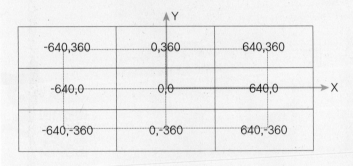

1분 퀴즈 해당 트랙의 타임라인에 존재하는 모든 클립의 크기나 위치를 바꿀 수 있는 기능은?

❶ 이벤트 패닝/자르기   ❷ 트랙 효과   ❸ 컴포지팅 모드   ❹ 트랙 모션

❹ :답정

📹 05-4
동시에 같은 사람 나오게 만들기

준비 파일 5장/5-4왼쪽.mp4, 5-4중앙.mp4, 5-4오른쪽.mp4
완성 파일 5장/완성/5-4완성.mp4, 5-4완성.veg   작업 시간 10분

베가스 프로에는 마스크(Mask) 기능이 있습니다. 마스크는 영상에서 원하는 부분만 오려 낼 수 있는 기능으로 영상 합성 작업에서 많이 사용합니다. 이번 시간은 기본적인 마스크 기능을 알아보고, 인기 유튜버인 '퇴경아 약먹자' 채널의 '고퇴경' 님의 댄스 영상처럼 동시에 같은 사람이 나오는 재미있는 영상을 제작해 보겠습니다.

출처: 퇴경아 약먹자(https://www.youtube.com/watch?v=0JsPIqnEdVE)

김나옹의 꿀팁 🐝 **잠깐! 마스크용 소스 영상을 촬영할 때 주의할 점!**

❶ 고정된 위치에서 고정된 구도로 촬영해야 합니다. 반드시 삼각대를 사용해 주세요.

❷ 카메라의 초점과 노출(밝기)을 '고정'합니다. 특히 자동이 아닌 수동으로 초점을 고정한 다음 촬영해 주세요.

❸ 사람이 겹치지 않게 구도를 잘 파악해서 촬영해 주세요.

❹ 마지막으로 배경이 바뀌면 안 되므로 사람이 많은 공원, 일몰 시간, 모니터의 깜빡임 등 주변 환경이 쉽게 변화하는 곳은 피해 주세요.

하면 된다! } 마스크 실행하기

1. 준비한 영상부터 살펴보겠습니다. 삼각대를 이용해 카메라의 위치를 고정해 놓았고, 초점과 노출을 수동으로 설정했습니다. 그리고 서로 겹치지 않는 위치에서 동작을 취했습니다.

5-4왼쪽.mp4   5-4중앙.mp4   5-4오른쪽.mp4

2. 가장 왼쪽에 등장할 사람부터 작업하겠습니다. ❶ [탐색기] 탭에서 ❷ [5장 → 5-4왼쪽.mp4]를 선택해 ❸ 타임라인에 가져다 놓습니다.

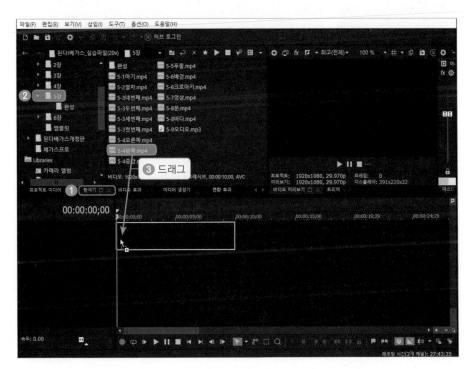

3. 영상 클립의 마스크 기능을 사용하기 위해 [이벤트 패닝/자르기]를 선택합니다. 마스크(Mask)는 영상에서 원하는 부위를 가위로 오리듯 오려 낼 수 있는 기능으로 이번 실습에서 가장 중요한 기능입니다.

4. 팝업 창이 뜨면 왼쪽 아래에 있는 [마스크]에 체크합니다.

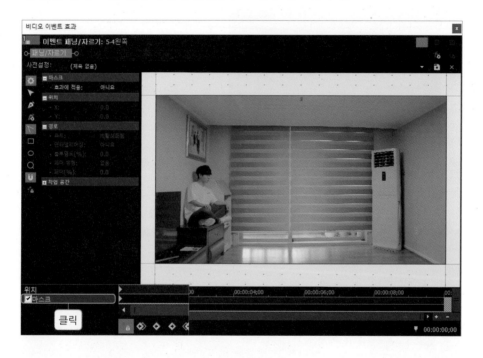

하면 된다! } 작성 도구 고정으로 화면 오려내기

1. 지금부터 영상에서 사용할 부분만 선택해 보겠습니다. 화면 왼쪽 도구 상자에서 ❶ [작성 도구 고정]을 선택한 후 ❷ 그림과 같이 (1) → (2) → (3) → (4) → (1) 순서대로 클릭해 선을 이어 주세요. 만약 클릭하는 위치를 잘못 지정했다면 Ctrl + Z를 눌러 되돌릴 수 있습니다. 시작한 점을 마지막으로 클릭하면 마스크의 범위가 완성됩니다.

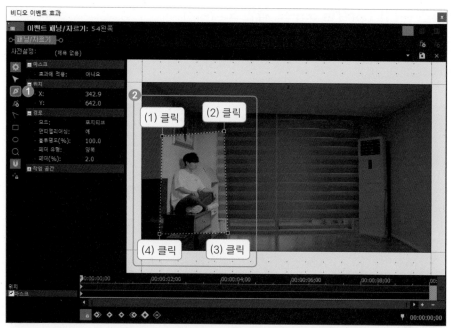

마스크를 넣을 부분의 경계까지 빠듯하게 선택하지 말고, 사람이 움직일 범위까지 생각해 넉넉하게 선택하세요.

2. 마스크의 테두리가 부드럽지 않으면 배경 영상과 합성할 때 경계선이 어색해 보일 수 있습니다. 이런 현상을 '합성한 티가 난다'고 하죠. 따라서 마스크의 테두리는 되도록이면 부드럽게 만들어 주는 게 좋습니다.

[위치]에 있는 [페더 유형(번지는 유형)]을 ① [양쪽]으로 선택한 다음 [페더(%)] 값을 ② [2.0]으로 입력해 테두리를 부드럽게 만들어 주세요. 그리고 창을 닫아 줍니다.

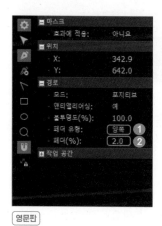

영문판

Path → Feather type → Both

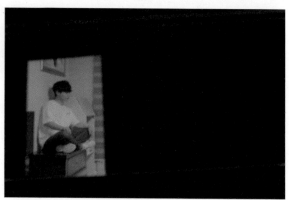

페더 유형: 잉크가 종이에 번지는 것처럼 마스크의 테두리를 부드럽게 만듭니다.

하면 된다! } 사각형 도구로 화면 오려내기

1. 두 번째 파일에도 마스크를 넣어 보겠습니다. ❶ [탐색기] 탭에서 ❷ [5장 →
5-4중앙.mp4]를 선택해 ❸ 2번 트랙의 타임라인에 가져다 놓습니다.

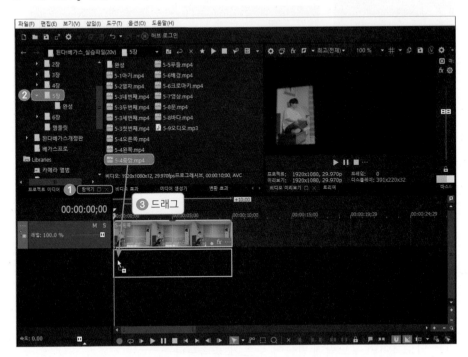

2. 2번 트랙 영상 클립의 🔲를 선택합니다.

3. 이번에는 사각형 도구를 이용해 중간에 있는 사람을 오려 보겠습니다. 먼저 ❶
화면 왼쪽 아래에서 [마스크]를 체크합니다. ❷ [사각형 작성 도구 🔳]를 선택한
후 그림과 같이 ❸ 대각선으로 드래그합니다. 마스크가 성공적으로 지정되었다
면, ❹ [위치]에 있는 [페더 유형]을 [양쪽]으로 바꾸고 ❺ [페더(%)] 값을 [2.0]으
로 입력해 테두리를 부드럽게 합니다. 그리고 창을 닫아 주세요.

하면 된다! } 마지막 영상을 배경으로 사용하기

1. ❶ [탐색기] 탭에서 세 번째 영상인 ❷ [5장 → 5-4오른쪽.mp4]를 선택해 ❸ 3번 트랙의 타임라인에 가져다 놓습니다.

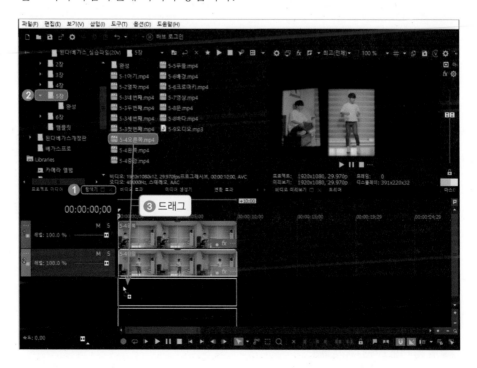

2. 이제 끝났습니다. 왜냐하면 마지막 [5-4오른쪽.mp4] 파일에서는 마스크를 사용하지 않아도 되기 때문입니다. 마지막 영상은 가장 아래 트랙에 배치해서 배경으로 사용하면 됩니다.

영상이 제대로 합성되었는지 재생해 확인하세요. 특히 마스크의 테두리가 자연스럽게 나오는지, 움직이는 사람의 팔이나 다리 부분이 잘리지는 않는지 살펴봅니다.

테두리가 부자연스러울 때는 페더(%)를 조정하면 됩니다.

3. 만약 잘리는 구간이 있다면 마스크의 범위를 넓혀 재설정합니다. 이때 각 트랙의 [음소거 M]와 [솔로 S]를 클릭하면 해당 영상 클립의 마스크 범위를 쉽게 확인할 수 있습니다.

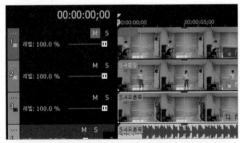

[음소거]를 눌러 1번 트랙을 감춘 화면

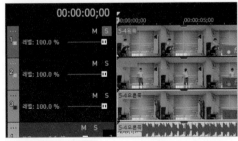

[솔로]를 눌러 1번 트랙만 나타낸 화면

마스크 기능을 활용해 동시에 같은 사람이 다른 모습으로 나오게 하는 방법을 배웠습니다. 마스크는 영상 합성의 기본이므로 응용 범위가 무궁무진합니다. 이번에 꼭 익혀두고 자유롭게 활용해 보기 바랍니다.

 영상을 합성할 때 자주 쓰는 기능으로, 가위로 오리듯 영상을 오려내서 원하는 부분만 보이게 하거나 원하지 않는 부분을 감출 수 있는 기능은?

❶ 모션   ❷ 모자이크   ❸ 마스크   ❹ 음소거

❸ :답정

📹 05-5
모자이크 만들기

준비 파일 5장/5-5푸들.mp4
완성 파일 5장/완성/5-5완성.mp4, 5-5완성.veg   작업 시간 10분

모자이크는 개인의 신분이나 비공개 정보가 노출되지 않도록 할 때 사용합니다.
그리고 브이로그나 여행 영상에서 촬영된 지나가는 사람들의 초상권을 지킬 수
있습니다. 또한 공개하기 꺼려지는 물건이나 개인 정보가 담긴 물건이 영상에 찍
혀 있을 때도 모자이크로 해결할 수 있습니다. 이번 시간에는 귀여운 강아지 영상
으로 모자이크를 쉽게 적용하는 두 가지 방법을 배워 보겠습니다!

자주 쓰는 모자이크 스타일 2가지

모자이크 스타일은 주로 [픽셀화]와 [가우시안 블러]를 이용합니다. [픽셀화]는
궁금증을 유발할 때도 사용하지만, [가우시안 블러]는 오로지 정보가 노출되지
않도록 할 때만 사용하는 추세입니다.

[픽셀화]   [가우시안 블러]

하면 된다! } 모자이크 효과 준비하기

1. ❶ [탐색기] 탭에서 **❷** [5-5푸들.mp4]를 선택해 타임라인에 배치합니다.

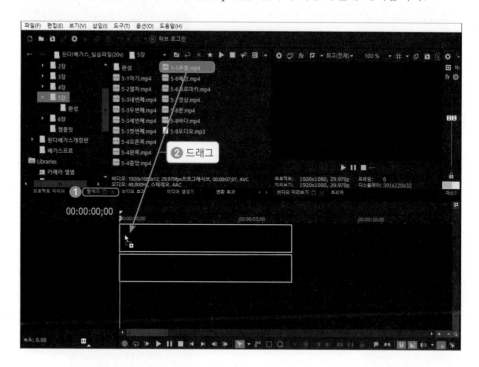

2. 영상을 재생해 보세요. 강아지가 간식을 몰래 먹은 상황을 찍었습니다. 시사 프로그램에서 편집하듯 자막을 넣어 두었지요. 강아지 얼굴에 모자이크를 넣어서 더 실감나게 바꿔 보겠습니다.

3. 모자이크 효과를 적용하려면 트랙이 하나 더 필요합니다. **❶** 빈 트랙 목록을 마우스 오른쪽 버튼으로 누른 뒤 **❷** [비디오 트랙 삽입]을 클릭하세요.

4. 맨 위에 1번 트랙이 생겼나요? 이곳에 영상 클립을 복사하겠습니다. 오디오 클립은 필요하지 않으므로 비디오 클립만 복사하기 위해 ❶ 아이콘을 클릭해 그룹핑을 해제합니다. 그리고 나서 ❷ Ctrl 을 누른 채 푸들 영상을 선택해 1번 트랙의 타임라인으로 드래그합니다. 만약 비활성화한 상태( )에서 트랙을 복사하면 비디오 트랙과 오디오 트랙이 모두 복사됩니다. 주의하세요!

[이벤트 그룹핑 무시]를 활성화하면 비디오 클립과 오디오 클립을 분리해 편집할 수 있습니다.

5. 복사된 비디오 클립에서 모자이크를 넣을 부분만 컷 편집으로 남기겠습니다. 1번 트랙의 에디트 라인을 [00:00:02:00]으로 이동한 다음 S 를 눌러 잘라 주세요.

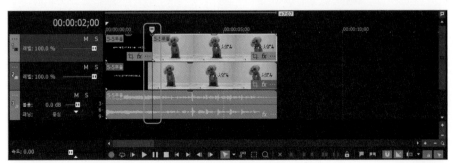

1번 트랙의 비디오 클립을 선택한 후 S 를 눌러야 해당 클립만 잘립니다. 그렇지 않으면 모든 트랙의 클립이 잘립니다.

6. 앞부분 클립을 선택한 후 (Delete)를 눌러 삭제합니다. 이로써 모자이크 효과를 적용하기 위한 준비를 모두 마쳤습니다.

7. 여기서 어떻게 하느냐에 따라 고정된 모자이크를 만들 수도 있고 특정 물체를 따라다니는 모자이크를 만들 수도 있습니다. 이를 각각 고정 모자이크와 추적 모자이크라고 합니다. 두 방법을 차례대로 실습할 텐데 같은 작업을 반복하고 싶지 않다면 현재까지 진행한 프로젝트 파일을 서로 다른 이름으로 저장한 후 실습하면 됩니다. 여기서는 각각 [고정모자이크.veg], [추적모자이크.veg]로 저장했습니다.

하면 된다! } 고정 모자이크 효과 넣기

1. 먼저 고정 모자이크 효과를 넣는 방법부터 실습해 보겠습니다. ❶ [비디오 효과] 탭에 있는 ❷ [픽셀화]를 선택해 주세요. ❸ [기본값]을 1번 트랙 타임라인의 영상 클립 위로 드래그해 넣어 주세요.

[픽셀화]: 여러 화소(픽셀)로 나눠서 보여 준다는 뜻으로 모자이크 효과를 의미합니다.

2. 팝업 창이 뜨는데 이곳에서 수평 방향과 수직 방향으로 모자이크 크기를 설정할 수 있습니다. ❶ [수평 모자이크]와 [수직 모자이크]의 값을 각각 [0.92]로 설정합니다. 그리고 ❷ 창을 닫아 주세요.

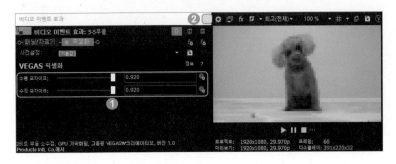

하면 된다! } 고정 모자이크에 마스크 기능 적용하기

1. 영상 전체에 모자이크 효과가 적용되었습니다. 모자이크를 강아지의 얼굴에만 넣으려면 어떻게 해야 할까요? 바로 앞 절(05-4)에서 배운 마스크 기능을 사용하면 됩니다! 마스크를 넣기 위해 모자이크 효과를 넣은 비디오 클립의 █을 선택합니다.

2. 팝업 창이 뜨면 ❶ [마스크]에 체크해 주세요. 동그란 강아지 얼굴을 따라 모자이크를 넣기 위해 ❷ [원형 작성 도구 ◯]를 선택합니다. 그리고 ❸ 강아지 얼굴 부분을 드래그해 마스크를 만들어 주세요. 마쳤다면 창을 닫습니다.

3. 모자이크가 완성되었습니다! 처음부터 영상을 재생해서 모자이크 효과가 강아지 얼굴에서 벗어나지 않았는지 확인해 보세요.

하면 된다! } 추적 모자이크 만들기(18 버전 모션 추적)

1. 움직이는 대상을 자동으로 따라다니는 모자이크를 만들 수 있습니다. 모자이크로 가려야 할 대상의 움직임이 클 때 이 방법을 사용합니다. 앞에서 준비 작업이 끝난 별도의 프로젝트 파일 [추적모자이크.veg]을 불러옵니다. 만약 복사해 두지 않았다면 331쪽에서 실습한 〈하면 된다! } 모자이크 효과 준비하기〉를 반복해 모자이크를 위한 준비 파일을 한 번 더 만들어 주세요.

2. ❶ [비디오 효과] 탭에 있는 ❷ [베지어 마스킹]을 선택해 주세요. 베지어 마스킹은 추적 마스크를 만드는 기능입니다. 원 모양의 추적 마스크인 ❸ [원]을 1번 트랙의 영상 클립에 넣어 주세요.

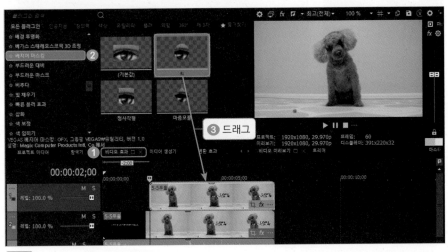

영문판 Video FX → Bezier Masking → Circle

3. 1번 트랙의 **S** 를 클릭하면 해당 트랙의 마스크 모양만 미리 보기 창에서 확인할 수 있습니다. [원]을 적용했기 때문에 동그란 모양의 마스크가 들어갔지요?

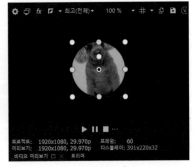

4. 미리보기 창에서 마우스 커서가 손바닥 모양(🖐)일 때 드래그하면 마스크가 이동하고, 모서리 동그라미를 드래그하면 크기와 모양을 조정할 수 있습니다. 마스크의 크기와 위치를 강아지 얼굴에 맞게 조정해 주세요!

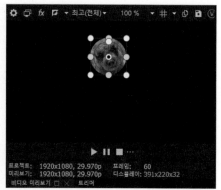

5. 1번 트랙의 ❶ S 를 클릭해서 원래의 미리보기 상태로 돌아갑니다. 그리고 ❷ 베지어 마스킹 창을 닫아 주세요!

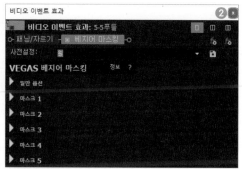

6. 마스크를 조절했으니, 물체를 따라 추적하도록 설정해 보겠습니다. ❶ 영상 클립에 마우스 오른쪽 버튼을 클릭합니다. 이어서 ❷ [모션 추적]을 클릭합니다.

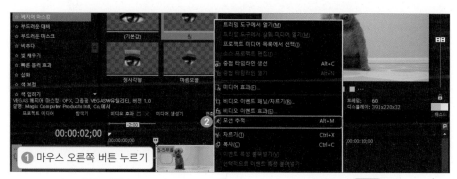

모션 추적 단축키: Alt + M   영문판 Motion Tracking

7. ❶을 클릭하면 미리보기 창에서 움직임을 추적할 수 있는 마스크가 생성됩니다. ❷ 마스크를 드래그해 위치를 조정할 수 있고, 점을 드래그해 마스크의 모양을 만들 수 있습니다.

흔들림이 심한 영상, 아주 빠른 물체, 낮은 화질의 영상은 추적이 제대로 이뤄지지 않을 수 있습니다.

8. ❶ [모드]에서 [회전 & 위치]를 선택합니다. 그리고 ❷ 마스크를 강아지 얼굴에 씌어 줍니다.

[회전 & 위치]는 물체의 회전과 위치의 변화를 추적합니다.

9. ❶ 에디트 라인을 [00:00:02.00]로 옮긴 후 ❷ 를 클릭합니다. 그러면 [00:00:02.00] 부분부터 영상의 끝까지 추적이 진행됩니다.

10. 추적이 끝나면 [동작 추적 진행] 부분이 녹색으로 표시가 됩니다. 녹색 선은 성공적으로 추적되는 부분을 나타내기 때문에 만약 중간중간 녹색 선이 끊어져 있으면 에디트 라인을 그 부분으로 이동시켜 다시 추적을 진행하세요.

11. 마지막으로 ① ▼을 누르고 ② [5-5푸들]의 ③ [VEGAS 베지어 마스킹]을 선택합니다. 그리고 창을 닫으세요.

베가스 프로 18 버전부터는 모션 추적에서 추적한 움직임을 베지어 마스킹에 복사하는 방식으로 변경되었습니다 (17버전 이하는 베지어 마스킹에서 바로 추적합니다).

하면 된다! } 추적 모자이크 효과 넣기

1. 따라다니는 마스크 영역을 만들었으니, 모자이크 효과를 넣으면 됩니다. 여기 서는 [픽셀화]가 아닌 [가우시안 블러]를 적용하겠습니다. ① [비디오 효과] 탭에 있는 ② [가우시안 블러]를 선택해 주세요. ③ [기본값]을 1번 트랙 타임라인의 영상 클립에 드래그해 넣어 주세요.

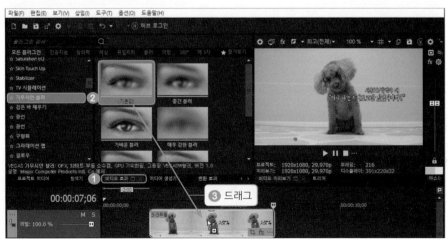

2. ❶ [수평 범위]와 [수직 범위]의 값을 각각 [0.0200]으로 설정합니다. 그리고
❷ 창을 닫아 주세요.

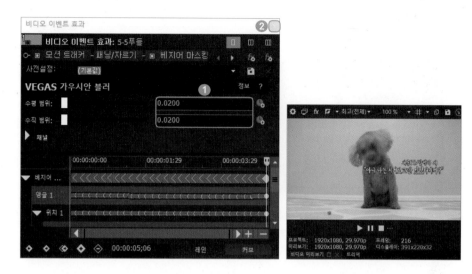

3. 영상을 처음부터 재생해 추적과 모자이크가 제대로 적용됐는지 확인하세요!

따라다니는 사진, 영상 만들기

1. 모션 추적을 하려는 영상 클립에 ① 마우스 오른쪽 버튼을 누른 후 ② [모션 추적]을 클릭합니다.

2. ① 🔳를 선택하여 ② 추적 영역을 지정하고 ③ [회전 & 위치] 모드를 선택한 다음 ④ [앞으로 추적 →]을 눌러 주세요. 동작 추적 진행이 끝나면 창을 닫습니다.

에디트 라인은 추적하려는 부분 맨 밑에 있어야 [앞으로 추적]이 가능합니다.

3. ① 비디오 트랙을 하나 더 삽입합니다(Ctrl + Shift + Q). ② [탐색기] 탭에서 [5장] → ③ [로고.jpg]를 타임라인에 넣어 주세요. ④ [비디오 효과] 탭에서 ⑤ [픽처 인 픽처] → [기본값]을 이미지 클립에 ⑥ 드래그해 주세요.

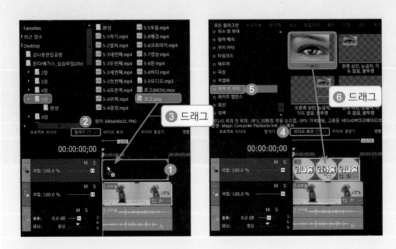

4. 픽처 인 픽처를 통해 ❶ 이미지의 크기와 ❷ 위치를 정한 다음 창을 닫아 주세요.

5. 다시 영상 클립에 마우스 오른쪽 버튼을 클릭하여 [모션 추적] 창을 불러옵니다. ❶
🔽을 클릭한 다음 ❷ [로고]에서 ❸ [VEGAS 픽처 인 픽처]를 선택하면 추적 모션이
이미지에 적용됩니다. 영상 파일도 방법은 동일합니다. [5장] 폴더에 있는 [로고(MOV).
mov] 파일로 연습해 보세요.

1분
퀴즈 다음 설명 중 틀린 것은?

❶ [비디오 효과] - [베지어 마스킹] 기능을 사용하면 모션 트래킹을 만들 수 있습니다.
❷ [미디어 생성기] - [픽셀화] 기능을 사용하면 모자이크 효과를 만들 수 있습니다.
❸ 트랙에서 M 를 누르면 해당 트랙만 보이지 않습니다.
❹ 트랙에서 S 를 누르면 해당 트랙만 보입니다.

정답: ❷, [미디어 생성기] - [픽셀화]

05-6
크로마키 기능으로 강의 영상 만들기

준비 파일 5장/5-6배경.mp4, 5-6크로마키.mp4

완성 파일 5장/완성/5-6완성.mp4, 5-6완성.veg   작업 시간 10분

크로마키란 녹색 또는 파란색 배경에서 촬영한 피사체를 배
경만 지우고 다른 영상과 합성하는 촬영·편집 기법입니다.
영화에 나오는 화려한 CG 효과와 일기 예보가 대표적이죠.
이번 시간에는 크로마키 기능을 이용해 강의 영상을 만드는
방법을 배워 보겠습니다.

김나옹의
꿀팁 🐝 **크로마키 촬영할 때 3가지 주의 사항**

❶ 크로마키 배경색과 유사한 옷은 입지 않습니다.

❷ 그림자가 짙게 생기지 않도록 조명을 배치합니다.

❸ 크로마키 배경에서 벗어나지 않도록 동작에 유의합니다.

하면 된다! } 타임라인에 동영상 배치하기

1. 크로마키 배경에서 촬영을 마친 영상을 베가스로 가지고 와서 편집해 보겠습
니다. ❶ [탐색기] 탭을 눌러 ❷ [5장] 폴더에 있는 [5-6크로마키.mp4]를 선택
해 ❸ 타임라인에 배치합니다. 이어서 초록색 면을 대신해서 배경으로 사용할 ❹
[5-6배경.mp4] 영상도 바로 아래 타임라인에 배치합니다.

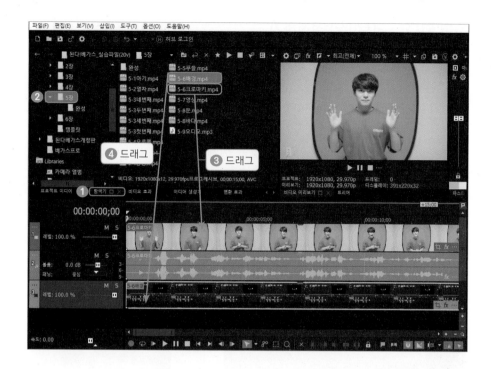

2. ❶ [비디오 효과] 탭에서 ❷ [배경 투명화]를 선택합니다. 녹색 배경에서 촬영한 영상이므로 ❸ [그린스크린]을 드래그해 크로마키 배경에서 촬영한 영상 클립에 넣습니다. [영문판] Video FX → Chroma keyer → Green Screen

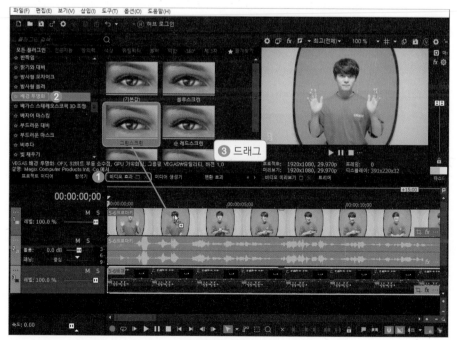

파란색 배경에서 촬영한 영상은 [블루스크린]을 적용하면 됩니다.

하면 된다! } 크로마키 설정하기

미리보기 화면을 보면 녹색 배경이 사라졌습니다! 하지만 완벽하게 없어진 게 아니어서 크로마키 설정 창에서 추가로 세밀하게 조절해 주어야 합니다. 조절 방법과 원리를 간략히 설명하겠습니다.

1. 모든 값을 [0]으로 초기화합니다. [낮은 임계값(어두운 부분의 투명도)]을 올리면서 배경의 어두운 부분이 투명해지는 지점을 찾습니다. 이어서 [높은 임계값(밝은 부분의 투명도)]을 조금씩 올리면서 깔끔하게 만듭니다. 마지막으로 [블러 양]의 값을 살짝 올려서 테두리를 부드럽게 다듬어 줍니다.
즉, 값 초기화 → [낮은 임계값] → [높은 임계값] → [블러 양] 순으로 작업합니다.

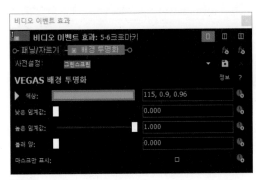

영문판 Low threshold / High threshold / Blur amount

2. ❶ [높은 임계값]을 [0.000]으로 바꿔 주세요. 그리고 ❷ [낮은 임계값]을 조금씩 올려 보세요. 여기서는 [0.600]이 적절해 보입니다.

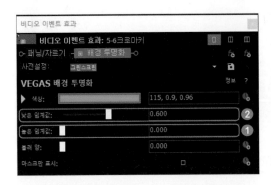

[낮은 임계값]: 0.550　　　　　　　　　　[낮은 임계값]: 0.600
[높은 임계값]: 0.000　　　　　　　　　　[높은 임계값]: 0.000

3. 이어서 ❶ [높은 임계값]도 조금씩 올립니다. 여기서는 [0.720]으로 설정했습니다. ❷ 마지막으로 피사체의 테두리가 자연스럽게 이어지도록 [블러 양]의 값을 [0.010]으로 설정했습니다. ❸ 이제 창을 닫아 주세요.

미리보기 확대 가능

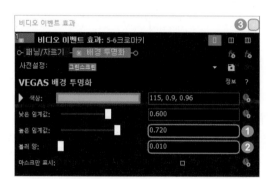

[블러 양]은 크로마키가 적용된 피사체의 테두리 부분을 부드럽게 처리합니다.

4. 지금까지 설정한 값에 따라 크로마키 효과가 적용된 모습은 다음과 같습니다.

[낮은 임계값]: 0.600　　　[낮은 임계값]: 0.600　　　[낮은 임계값]: 0.600
[높은 임계값]: 0.000　　　[높은 임계값]: 0.720　　　[높은 임계값]: 0.720
　　　　　　　　　　　　　　　　　　　　　　　　　[블러 양]: 0.010

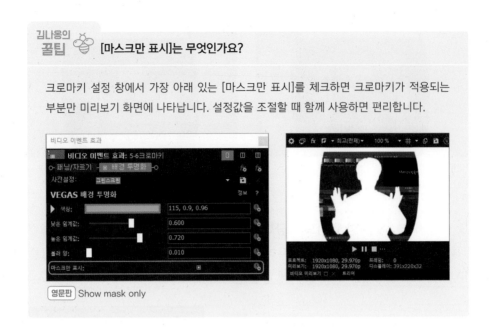
하면 된다! } 마스크 기능으로 합성하기

크로마키 기능으로 배경이 투명해졌지만 인물 뒤의 원형 판 바깥 부분이 아직 남
아 있네요! 어떻게 하면 없앨 수 있을까요? 여기서도 마스크 기능이 필요합니다.
필요한 부분만 가위로 오려서 남기면 되니까요.

1. 바로 시작해 보겠습니다. 먼저 영상 클립에서 🔲를 클릭합니다.

마스크는 비디오의 특정 부분만 나타나게 하는 기능입니다.

2. 팝업 창이 뜨면 ❶ [마스크]를 체크합니다. 그리고 왼쪽 도구 상자에서 ❷ [작
성 도구 고정 🖊]을 선택합니다. ❸ 그림과 같이 순서대로 (1) → (2) → (3) →
(4) → (5) → (6) → (7) → (8) 순으로 클릭해 점을 찍어 주세요. 끝으로 시작점
(1)을 한 번 더 클릭하면 마스크의 범위가 완성됩니다.

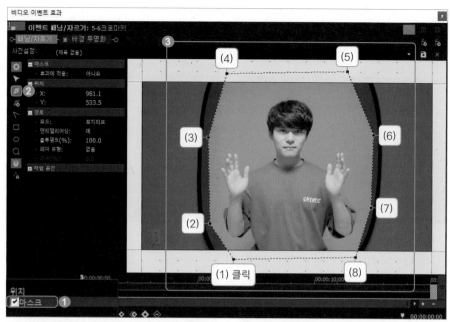

영역을 잘못 클릭했다면 Ctrl + Z, 화면을 확대하고 싶다면 마우스 휠을 위로 굴리세요.

3. 창을 닫으면 마스크로 선택한 영역의 영상 클립만 남습니다.

하면 된다! } 동영상 크기 조절하기

1. 영상 크기를 줄여 오른쪽 아래로 이동해 볼게요. ❶ [비디오 효과] 탭에서 ❷ [픽처 인 픽처]를 선택합니다. 그리고 ❸ [기본값]을 영상 클립에 넣어 주세요.

2. [픽처 인 픽처] 기능을 사용하면 미리보기 화면을 보면서 영상 클립의 크기, 위치, 회전 등을 편리하게 변경할 수 있습니다. 먼저 크기를 줄입니다.

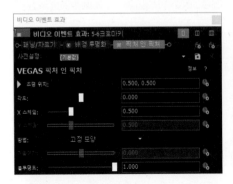

3. 이번에는 위치를 정해 볼게요. 상자 안쪽을 클릭한 후 화살표 방향으로 드래그해 위치를 잡아 주세요. 강의 영상이니 한쪽 귀퉁이에 있는 게 좋겠죠?

강의 영상이 완성되었습니다! 영상을 처음부터 재생해서 크로마키가 제대로 적용되었는지, 피사체가 화면 밖으로 나가지 않았는지 마지막으로 확인해 보세요!

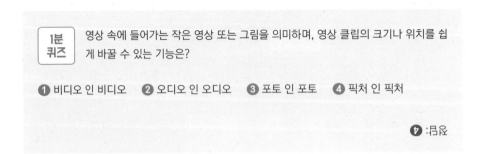

1분 퀴즈

영상 속에 들어가는 작은 영상 또는 그림을 의미하며, 영상 클립의 크기나 위치를 쉽게 바꿀 수 있는 기능은?

❶ 비디오 인 비디오   ❷ 오디오 인 오디오   ❸ 포토 인 포토   ❹ 픽처 인 픽처

정답: ❹

05-7
옛날 비디오처럼! VHS 효과 만들기

준비 파일 5장/5-7영상.mp4

완성 파일 5장/완성/5-7완성.mp4, 5-7완성.veg   작업 시간 15분

이번 시간에는 레트로 느낌 물씬 풍기는 VHS(Video Home System) 효과를 만들어 볼게요. VHS 효과는 화면을 구성하는 RGB(R: 빨강, G: 초록, B: 파랑) 색상을 일부러 분리해서 옛날 비디오처럼 만드는 영상 기법입니다. 영화, 뮤직비디오에서도 자주 볼 수 있는 효과죠. 편집 방법도 간단해서 쉽게 따라할 수 있습니다.

하면 된다! } 프로젝트 설정하기

1. 준비 파일을 열기 전에 먼저 프로젝트 설정을 바꿔야 합니다. ⚙를 눌러서 프로젝트 설정 창을 엽니다.

프로젝트 설정 창 열기 단축키: Alt + Enter

2. RGB가 분리되는 듯한 효과를 적용하겠습니다. 먼저 ❶ [고급] 탭을 눌러 [스테레오스코픽 3D 모드]를 ❷ [애너글리프(빨간색/청록색)]로 선택합니다. 그리고 ❸ [확인]을 눌러 창을 닫습니다.

영문판
Advanced → Stereoscopic 3D
→ Anaglyph(red/cyan)

김나옹의
꿀팁 🐝 애너글리프(빨간색/청록색) 설정에서 주의할 점

[스테레오스코픽 3D 모드]를 [애너글리프(빨간색/청록색)]로 변경하면 영상의 채도가 낮아집니다.

변경 전: 채도가 높은 모습

변경 후: 채도가 낮아진 모습

하면 된다! } RGB 분리하기

1. 프로젝트 설정을 마쳤으니 작업할 파일을 불러옵니다. ① [탐색기] 탭에서 ②
[5장] 폴더에 있는 [5-7영상.mp4]를 선택해 ③ 타임라인에 배치합니다.

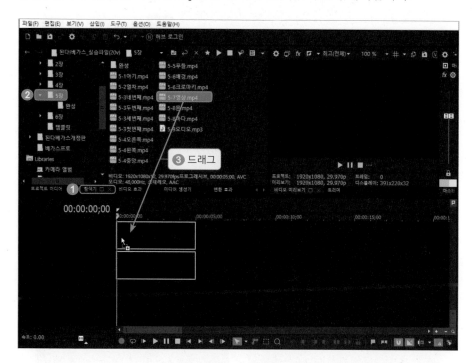

2. RGB 색상을 분리하기 위해 ① [비디오 효과] 탭에 있는 ② [베가스 스테레오
스코픽 3D 조정]을 선택합니다. 그리고 ③ [기본값]을 영상 클립에 드래그해 넣
어 주세요.

3. [수평 오프셋]의 값을 조절하면 영상의 RGB가 가로 방향으로 분리되는 효과를 나타낼 수 있습니다. 여기서는 살짝만 분리되도록 ❶ [0.0020]으로 설정하고 ❷ 창을 닫아 주세요.

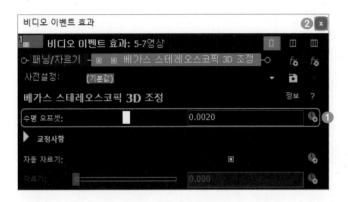

변화가 너무 미묘하다면 [수평 오프셋]의 수치를 더 크게 움직여 보세요! RGB 색상이 완전히 분리되는 모습을 볼 수 있습니다. 수치를 마이너스(-)값으로 바꾸면 색상이 빠져나가는 방향이 반대가 됩니다.

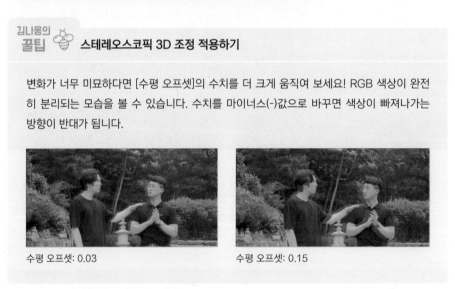

수평 오프셋: 0.03   수평 오프셋: 0.15

하면 된다! } 오래된 TV 화면처럼 만들기

1. 오래된 TV를 보면 가끔 화면에 흰색 수평선이 내려올 때가 있지요? 이 효과를 넣어 보겠습니다. ❶ [비디오 효과] 탭에 있는 ❷ [TV 시뮬레이션]을 선택합니다. 그리고 ❸ [없음으로 초기화]를 영상 클립에 넣어 주세요.

영문판 Video FX → TV Simulator → Reset to None

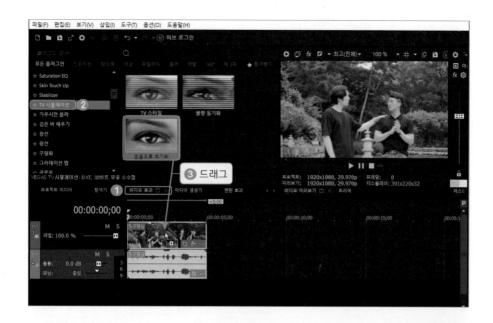

2. ❶ [스캔 페이징]을 [0.0500]
으로 입력합니다. 옛날 텔레비
전 화면에 위에서 아래로 반복
해서 천천히 내려오던 흰색 띠
를 표현할 수 있습니다. ❷ 이
어서 창을 닫습니다.

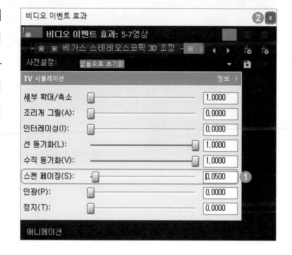

3. 영상을 재생해 보세요! 화면에 흰색 띠가 일정하게 반복해서 내려오는 것을 확
인할 수 있습니다.

하면 된다! } 노이즈 만들기

1. 전체적으로 노이즈를 넣어서 디테일을 살려 보겠습니다. ❶ [비디오 효과] 탭에 있는 ❷ [영화 효과]를 선택합니다. 그리고 ❸ [없음으로 초기화]를 영상 클립에 넣어 주세요.

영문판 Film Effects

2. 팝업 창에서 ❶ [그레인] 값을 [0.100]으로 설정해 노이즈를 추가합니다. 그리고 ❷ 창을 닫아 주세요.

하면 된다! } 4:3 화면 만들기

1. 예전 TV 화면은 지금보다 가로 폭이 좁았습니다. 베가스에서는 화면 비율을 설정할 수 있답니다. 영상 클립의 ⬚을 클릭합니다.

2. ❶ [사전설정] 끝에 있는 ▼를 눌러 주세요. 그리고 ❷ [4:3 표준 TV 화면비율]을 선택합니다. 미리보기 화면을 통해 화면 비율이 변경되었는지 확인한 후 ❸ 창을 닫아 주세요.

영문판 4:3 Standard TV aspect

전체 영상에 적용되어야 하니 에디트 라인은 건드리지 마세요!

화면 비율 조정 전

화면 비율 조정 후

하면 된다! } 채도 조절하기

351쪽 프로젝트 설정에서 스테레오스코픽 3D 모드를 애너글리프(빨간색/청록색)로 변경해서 영상의 채도가 낮아졌지요? VHS 효과를 적용했으니 원래 채도에 가깝게 다시 높여 보겠습니다.

1. 방법은 간단합니다. ❶ [비디오 효과] 탭에서 ❷ [HSL 조정]을 선택합니다. 그리고 채도를 최대한 올리기 위해 ❸ [최대 채도]를 영상 클립에 넣어 주세요. 미리보기 화면으로 채도가 조절된 것을 확인한 후 창을 닫습니다.

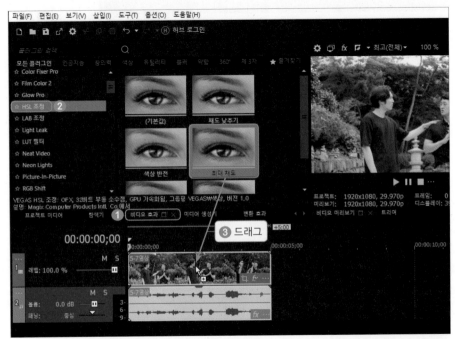

[HSL 조정]에서는 색상 더하기, 채도, 광도를 조절할 수 있습니다.

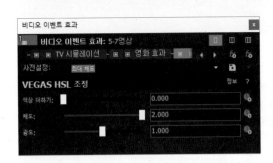

하면 된다! } 자막 넣기

1. 자막 넣는 방법은 앞에서 충분히 연습해 보았습니다. ProType Titler 기능을 사용해 다음과 같이 글자를 넣어 보세요. 복습이 필요하다면 다음 QR 코드로 접속해 동영상 강의를 참고하세요.

자막 추가 전

자막 추가 후

2. 복고 느낌을 살리려면 글꼴도 중요합니다. VCR OSD Mono 글꼴을 추천합니다. 1장을 잘 따라했다면 이미 설치되어 있을 것입니다.

VCR OSD Mono 글꼴은 다폰트(https://www.dafont.com/vcr-osd-mono.font)에서 다운로드하세요.

1분 퀴즈

[HSL 조정]에서 설정할 수 없는 기능은?

❶ 색상 더하기   ❷ 채도   ❸ 광도   ❹ 대비

정답: ❹. 대비는 분위기와 대비가 기능에서 밝기를 조정할 수 있습니다.

 **05-8**

문이 열리면서 화면이 전환되는 효과 만들기

준비 파일 5장/5-8문.mp4, 5-8바다.mp4

완성 파일 5장/완성/5-8완성.mp4, 5-8완성.veg　작업 시간 15분

여행의 시작을 알리거나 다른 여행지로 장면이 전환될 때 주로 사용하는 효과를 만들어 보겠습니다. 마법 같은 효과 때문에 인기가 참 많고, 활용하는 사물에 따라 다양하게 응용할 수 있습니다. 이때 필요한 기능 역시 마스크입니다. 이번 실습에서도 마스크 기능을 이용해 영상 2개를 합성합니다. 원리는 간단하지만 기본적으로 반복 작업이 많습니다. 촬영한 사물과 촬영 구도에 따라 손이 많이 갈 수 있습니다.

문을 열자 바다가 펼쳐집니다!

하면 된다! } 타임라인에 동영상 배치하기

1. 이런 화면 전환 효과를 만들려면 문이 열리는 영상과 전환된 장소의 영상이 필요합니다. 먼저 ❶ [탐색기] 탭을 클릭해서 ❷ [5장] 폴더에 있는 ❸ [5-8문.mp4]를 선택해 타임라인에 배치합니다.

문이 열리는 영상: [5-8문.mp4] 파일　　　　바뀐 장소 영상: [5-8바다.mp4] 파일

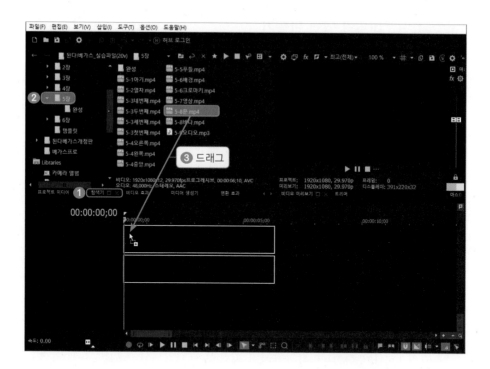

2. 문이 닫힌 장면과 열리는 장면을 구분하려면 영상을 나눠야 합니다. 영상 클립
을 선택한 후 [00:00:01;10] 부분에 에디트 라인을 놓습니다. 그리고 키보드에서
ⓢ를 눌러서 영상을 둘로 나눠 주세요.

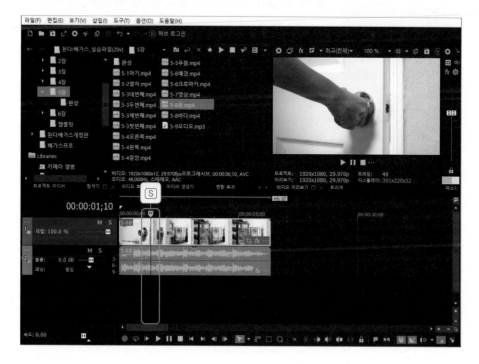

하면 된다! } 마스크 영역 만들기

1. 문이 열린 후인 두 번째 클립에는 영
상에서 사용할 부분과 잘라낼 부분이
존재합니다. 마스크 기능을 이용해 원
하는 부분만 살려 보겠습니다. 두 번째
클립의 ▥를 클릭합니다.

2. ❶ 먼저 [동기화 커서]가 활성화되어 있는지 확인합니다. ❷ [마스크]를 체크
하고 ❸ [작성 도구 고정 🖊] 을 선택합니다. 그리고 ❹ 그림과 같이 (1) → (2) →
(3) → (4) → (1) 순으로 클릭해 문틈으로 사용할 영역을 선택해 주세요.

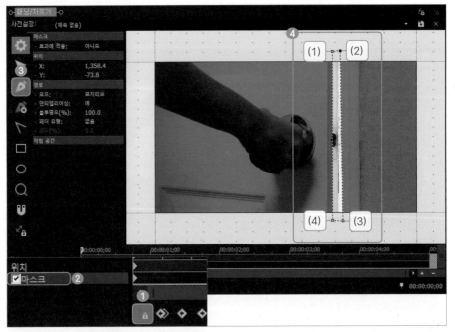

실수로 잘못 클릭했다면 Ctrl + Z 를 누르세요.

3. 그다음 [위치]에서 ① [모드]를 [네거티브]로 변경합니다. ② 이렇게 하면 지정된 마스크 영역이 화면에 보이지 않게 됩니다! 이어서 ③ [페더 유형]을 [양쪽]으로 바꿔 마스크의 테두리를 부드럽게 만들겠습니다. ④ [페더(%)] 값도 [1.0]으로 입력합니다.

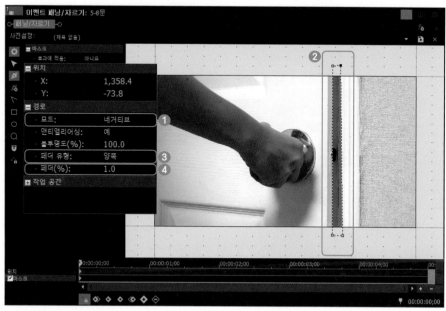

[위치] 왼쪽의 [+] 아이콘을 클릭하면 메뉴가 나타납니다.

4. 영상의 완성도를 높이기 위해 마스크 영역을 섬세하게 수정해 보겠습니다. 먼저 ① 마우스 휠을 위로 돌려서 화면을 확대하세요. ② [Ctrl]을 누르고 있으면 마우스 커서의 모양이 🖐으로 바뀌는데, 이때 화면의 위치를 움직일 수 있습니다. 화면을 드래그해서 마스크 상자 윗부분으로 이동하세요.

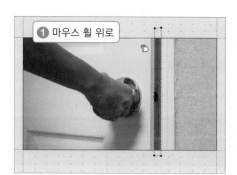

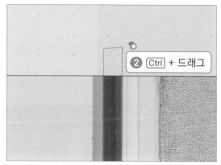

5. ❶ Ctrl을 계속 누른 상태로 마스크 상자의 오른쪽 모서리 부분을 클릭합니다. 그러면 마스크 영역을 선택할 때 클릭했던 점이 나타나는데 드래그해서 조절할 수 있습니다. ❷ 오른쪽 점의 위치를 문틈으로 옮겨 주세요. ❸ 왼쪽 점의 위치도 똑같이 드래그해 위치를 변경해 주세요.

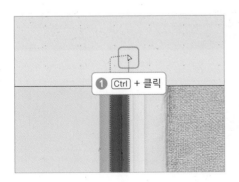

6. 같은 방법으로 아래쪽 마스크 영역도 수정하겠습니다. 아래쪽 마스크 영역의 모서리 부분으로 이동합니다. 이때 마우스 커서를 마스크 영역 밖으로 이동한 후 Ctrl을 누르고 있으면 커서가 🖑으로 변경되어 작업 화면을 이동할 수 있습니다. Ctrl을 눌러도 커서가 🖑으로 변경되지 않는다면 왼쪽 도구 상자에서 [작성 도구 고정 🖊]이 선택되어 있는지 확인해 주세요!

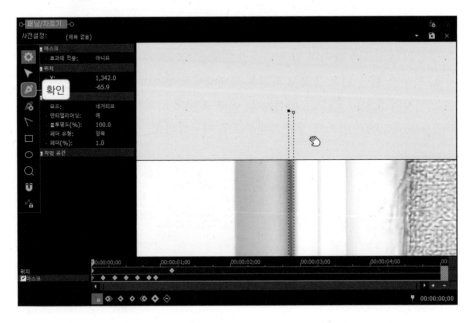

7. Ctrl 을 계속 누른 채로 마스크 상자의 오른쪽 아래 모서리를 클릭합니다. 그리고 문틈에 맞게 점의 위치를 옮겨 주세요. 왼쪽 아래 모서리도 문틈에 맞게 위치를 옮겨 주세요.

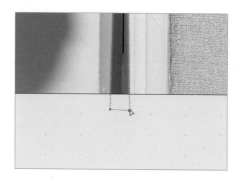 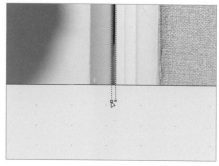

8. [00:00:01;10] 시점의 마스크 영역은 완료되었습니다. 시간이 흘러 문이 더 열린다면 마스크 영역을 더 넓게 지정해야겠죠? 시간 단위로 키 프레임을 만들어서 반복 작업하겠습니다.

❶ 먼저 [마스크] 부분에 기본으로 생성된 첫 번째 키 프레임을 클릭합니다. 그리고 방향키 →를 다섯 번 눌러 이동해 주세요. ❷ 에디트 라인이 [00:00:00;05] 부분에 있나요? 그렇다면 ❸ ◆을 눌러 키 프레임을 만들어 주세요.

9. 작업 화면을 확대한 후 [Ctrl]을 누른 채 마스크 상자 윗부분으로 이동합니다. 그다음 [Ctrl]을 누른채 왼쪽 위 조절점의 위치를 옮겨 주세요. 왼쪽 아래 조절점 도 똑같이 위치를 이동해 주세요.

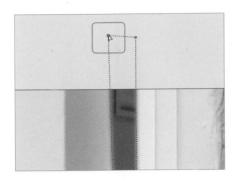 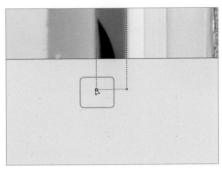

10. ❶ 두 번째 키 프레임을 클릭합니다. 그리고 방향키 [→]를 다섯 번 눌러 ❷ 에 디트 라인을 [00:00:00;10]으로 이동합니다. ❸ ◈을 눌러 키 프레임을 만들고 ❹ 9번 과정과 같은 방식으로 마스크 영역을 수정합니다.

11. [00:00:00;15], [00:00:00;20], [00:00:00;25] 순으로 5프레임씩 이동하면서 반복 작업합니다.

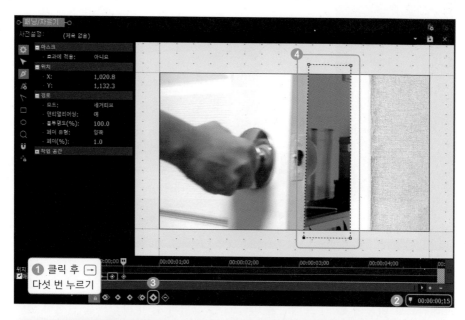

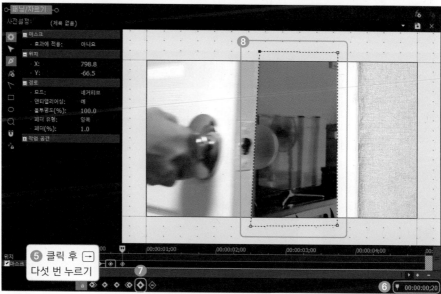

12. ① [00:00:00;25]까지 작업한 후 ② 마지막으로 에디트 라인을 [00:00:00;28]
프레임으로 이동해 ③ 키 프레임을 만들고 ④ 그림과 같이 마스크를 완전히 덮어
마무리합니다. ⑤ 창을 닫아 주세요.

13. 여기까지 성공했다면 미리보기 화면에 그림과 같이 검은색 배경이 나오는 걸 확인할 수 있습니다.

 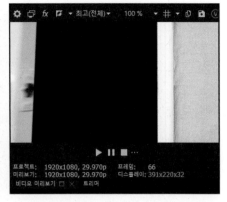

하면 된다! } 영상 합성하기

1. 검은색 배경 부분에 바다 영상을 넣기만 하면 끝입니다. ❶ [탐색기] 탭의 ❷ [5장] 폴더에 있는 [5-8바다.mp4]를 선택해 ❸ 2번 트랙의 타임라인 [00:00:01;10]에 배치합니다.

2. 에디트 라인을 움직이면서 문이 열리는 구간에 바다 영상이 제대로 나오는지 확인합니다.

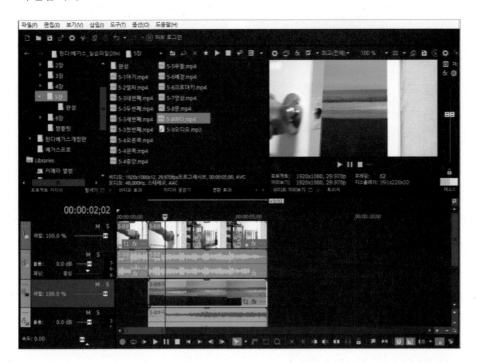

3. 영상 합성이 깔끔하게 이뤄졌다면 이제 자연스럽게 장면이 전환되는 효과를 넣어 보겠습니다. 마스크 영역을 지정했던 [5-8문.mp4] 영상 클립의 ◼를 선택합니다.

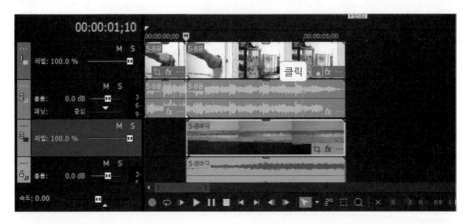

4. ❶ [위치]를 선택하고 ❷ 에디트 라인을 문이 모두 열린 [00:00:01;05] 부분으로 이동해 주세요. 그리고 ❸ 문틀이 나오지 않게 그림과 같이 드래그해서 F 상자 크기를 줄여 주세요. 이렇게 하면 문이 열리는 동작과 함께 문틀 영상이 확대되면서 안으로 걸어 들어가는 듯한 효과를 줄 수 있습니다. ❹ 이제 창을 닫아 주세요.

5. 완성된 영상을 확인해 보세요!

아하! 이렇게 하는 거였구나!

문이 열리면서 화면이 전환되는 변환 효과 방법은 간단하지만 손이 많이 가는 작업이므로 편집 시간이 오래 걸릴 수 있습니다. 하지만 마법 같은 느낌을 주기 때문에 영상의 퀄리티를 높이는 데 큰 도움이 됩니다!

1분 퀴즈 점을 찍어 경로를 만들어서 보여 주고 싶은 영역만 오려 낼 수 있는 도구는?

❶ ⚙   ❷ ◤   ❸ ✒   ❹ ◥

정답: ❸ 자석 펜 도구

05-9
멀티카메라 교차 편집 배우기

준비 파일 5장/5-9첫번째.mp4~5-9네번째.mp4

완성 파일 5장/완성/5-9완성.mp4, 5-9완성.veg   작업 시간 20분

멀티카메라 교차 편집은 여러 대의 카메라로 촬영한 영상을 조합하여, 생동감 있는 하나의 영상으로 만드는 편집 기술입니다. 이 기술은 보통 스포츠 경기나 콘서트에서 많이 사용됩니다. 또한 유튜브에서는 아이돌 교차 편집, 댄스 영상, 악기 연주 영상 등에서도 자주 활용되는데요. 이번 시간에는 베가스의 멀티카메라 기능을 이용한 교차 편집 방법에 대해 배워 보겠습니다.

영상 여러 개를 교차해 편집해요!

하면 된다! } 멀티카메라 기능 사용하기

1. ❶ [탐색기] 탭에서 ❷ [5장 → 5-9첫번째.mp4 ~ 5-9네번째.mp4]를 순서대로 타임라인에 가져다 놓습니다.

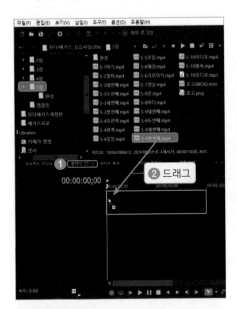 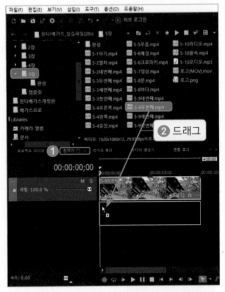

2. ❶ 1번 트랙을 클릭합니다. 그리고 ❷ Shift 를 누르고 4번 트랙을 클릭합니다. 그러면 1번 트랙 부터 4번 트랙까지 동시에 트랙이 선택됩니다.

3. 1번 트랙부터 4번 트랙까지 선택한 상태에서 ❶ [도구] → ❷ [멀티카메라] → ❸ [멀티카메라 트랙 생성]을 선택합니다.

4. 아래 그림과 같이 트랙이 하나로 합쳐졌다면 성공입니다.

5. 아직 멀티카메라 트랙을 만든 것일 뿐 교차 편집을 진행할 수 없습니다. 교차 편집을 하기 위해 ❶ [도구] → ❷ [멀티카메라] → ❸ [멀티카메라 편집 활성화] 를 선택해 주세요.

하면 된다! } 멀티카메라 기능으로 교차 편집하기

1. 멀티카메라 편집이 활성화되면서 미리보기 창이 4분할 되었습니다. 만약 4개의 트랙이 아닌 6개, 8개의 트랙을 선택했다면 6분할, 8분할로 나타나겠죠?
❶ 에디트 라인을 시작 부분인 [00:00:00;00]으로 옮겨 주세요. ❷ 미리보기의 첫 번째 화면을 클릭합니다. 그러면 타임라인의 비디오 클립이 [5-9첫번째]로 선택됩니다.

2. 이번에는 **①** 에디트 라인을 [00:00:02;00]으로 옮겨 주세요. **②** 두 번째 미리보기 화면을 클릭합니다. [00:00:00;00]부터 [00:00:02:00]까지는 [5-9첫번째], 뒷부분은 [5-9두번째]로 클립이 나누어진 걸 볼 수 있습니다. 이런 식으로 미리보기에서 선택한 화면으로 간단히 교차 편집할 수 있습니다.

3. 나머지 세 번째, 네 번째 영상도 편집해 보겠습니다. 이번에는 ❶ [00:00: 04;00]으로 에디트 라인을 옮겨 주세요. 그리고 ❷ [5-9세번째] 화면을 클릭합니다.

4. ❶ [00:00:06;00]으로 에디트 라인을 옮긴 뒤 ❷ [5-9네번째] 화면을 선택합니다.

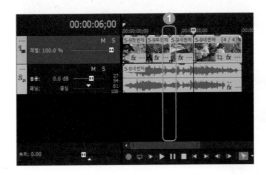 

5. 편집이 끝나면 다시 일반 편집으로 돌아가기 위해 ❶ [도구] → ❷ [멀티카메라] → ❸ [멀티카메라 편집 활성화] 체크를 풀어 주세요.

6. 다음 그림처럼 나온다면 완성입니다!

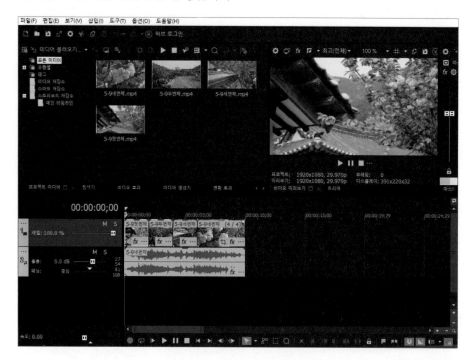

05-10
음성 변조하기

준비 파일 5장/5-10오디오.mp3

완성 파일 5장/완성/5-10완성(오디오).mp4, 5-10완성(오디오).veg   작업 시간 5분

노래방 마이크처럼 음성에 에코를 넣고 싶거나, 내 목소리를 아무도 알아차리지 못하게 음성을 변조하고 싶다면 이 시간에 집중해 주세요. 아이들이 좋아하는 로봇 목소리를 만드는 방법도 배워 보겠습니다.

하면 된다! } 에코 효과 넣기

1. ❶ [탐색기] 탭에서 ❷ [5장] 폴더에 있는 [5-10오디오.mp3]를 선택해 ❸ 타임라인에 배치합니다.

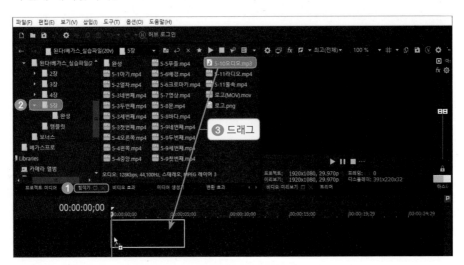

2. 오디오를 재생해서 들어 보세요. 아무 효과도 들어 있지 않은 평범한 목소리입니다.

3. 오디오에 효과를 넣어 보겠습니다. ❶ 오디오 클립을 마우스 오른쪽 버튼으로 누릅니다. 그리고 ❷ [오디오 이벤트 효과]를 선택해 주세요.

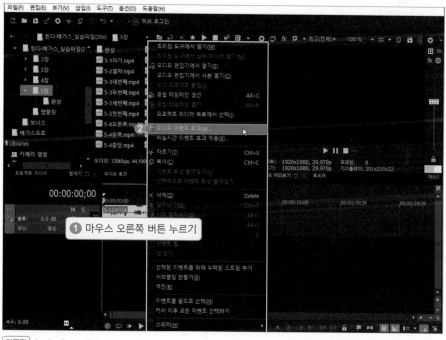

영문판 Audio Event FX

4. 팝업 창에서 ❶ [모두]를 누르면 베가스에서 제공하는 모든 오디오 효과가 나타납니다. 오른쪽 목록에서 ❷ [ExpressFX 잔향]을 선택하면 오디오에 에코를 넣을 수 있습니다. ❸ [확인]을 클릭합니다.

영문판 ExpressFX Reverb

5. 또 다른 팝업 창이 나타납니다. ❶ [공간 크기], ❷ [활기], ❸ [잔향]의 조절 바를 움직여 에코의 강도를 조절할 수 있습니다. [공간 크기]는 소리가 벽에 부딪혀서 돌아오는 세기를 조절합니다. 그리고 [활기]는 소리의 울림을 조절하고 [잔향]은 이 두 효과의 세기를 조절합니다.

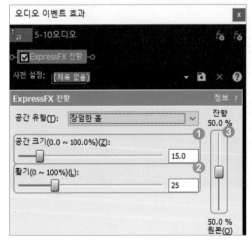

영문판
Room size: 공간 크기
Liveliness: 활기
Reverb: 잔향

6. 여기서는 [잔향] 조절 바를 위로 올려 ❶ 100.0%로 만들어 주세요. 그리고 ❷ [활기]를 50%로 설정한 후 ❸ 재생해서 소리를 확인해 보세요. 에코 효과가 잘 나면 창을 닫아 주세요.

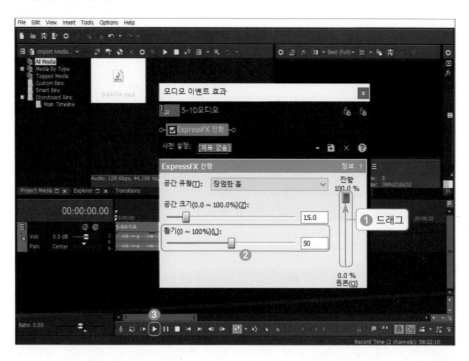

김나옹의 꿀팁 🐝 다양한 에코 효과 빠르게 적용하기

[사전 설정] 옆쪽 끝에 있는 ▼을 클릭하면 다양한 에코 효과가 들어 있습니다. 마음에 드는 [사전 설정]을 선택해서 사용해 보세요!

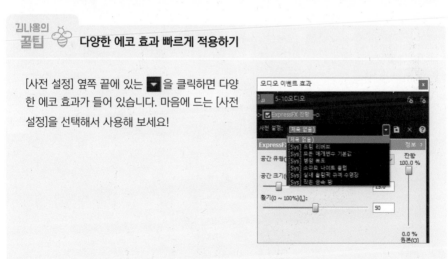

하면 된다! } 음성 변조 효과 넣기

1. ❶ 트랙 리스트의 빈 곳에서 마우스 오른쪽 버튼을 누릅니다. ❷ [오디오 트랙
삽입]을 선택해 오디오 트랙을 생성해 주세요.

오디오 트랙을 생성하는 단축키: Ctrl + Q

2. 에코 효과를 넣을 때처럼 ❶ [탐색기] 탭에서 ❷ [5장] 폴더에 있는 [5-10오디
오.mp3]를 선택해 ❸ 타임라인에 배치합니다.

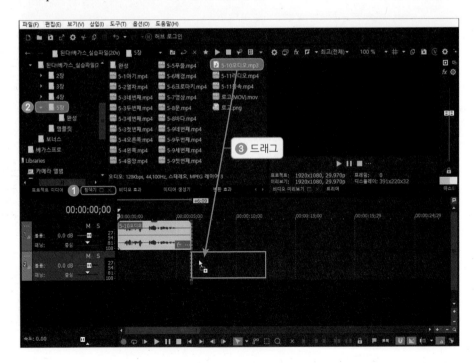

3. 음성 변조는 피치(Pitch, 음의 높이) 값을 조절해서 만들 수 있습니다. 방법은 정말 간단합니다. 먼저 ❶ 오디오 클립을 선택합니다. 그리고 ❷ 키보드 ⊞를 눌러 주세요. 그러면 피치 값이 올라가면서 목소리가 얇게 변조됩니다.

4. 반대로 ⊟를 누르면 피치 값이 내려가면서 목소리가 굵게 변조됩니다. −24~+24까지 조절할 수 있습니다.

숫자 키패드 쪽에 있는 ⊞, ⊟는 적용되지 않습니다.

하면 된다! } 로봇 목소리 만들기

1. 먼저 ❶ 트랙 리스트의 빈 곳에서 마우스 오른쪽 버튼을 누릅니다. ❷ [오디오 트랙 삽입]을 선택해 오디오 트랙을 생성해 주세요.

오디오 트랙을 생성하는 단축키: Ctrl + Q

2. ❶ [탐색기] 탭에서 ❷ [5장] 폴더에 있는 [5-10오디오.mp3]를 선택해 ❸ 타임 라인에 배치합니다.

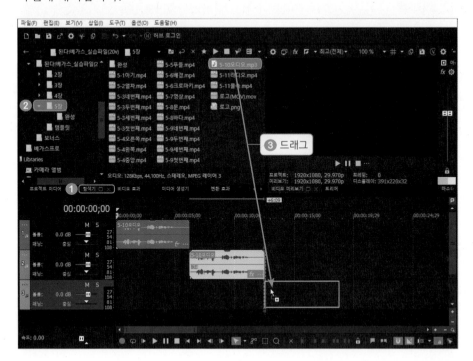

3. ❶ 오디오 클립을 마우스 오른쪽 버튼으로 누릅니다. 그리고 ❷ [오디오 이벤트 효과]를 선택해 주세요.

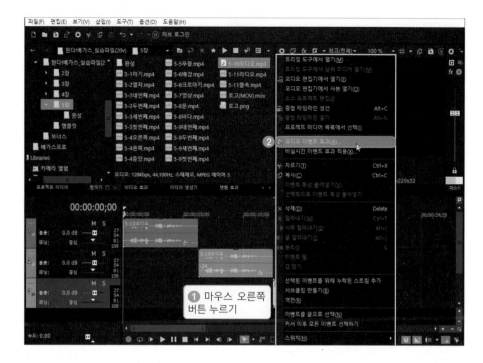

4. ❶ [모두]를 누른 후 오른쪽에서 ❷ [ExpressFX 지연]을 선택하고 ❸ [확인] 을 클릭합니다. 목소리를 지연시키는 효과입니다.

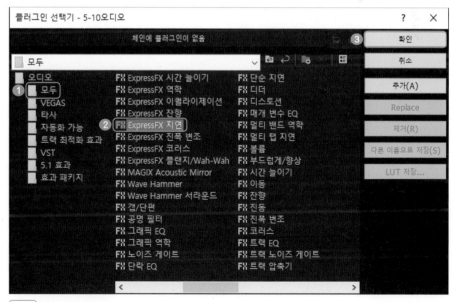

영문판 ExpressFX Delay

5. ❶ [사전 설정] 오른쪽에 있는 ▼를 클릭해 ❷ '[Sys] 로봇'을 선택한 후 ❸ 창을 닫아 주세요. 오디오를 재생하면 로봇 목소리처럼 변한 것을 확인할 수 있습니다.

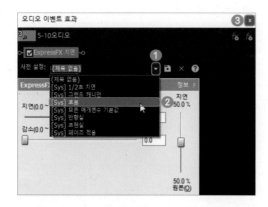

오디오 효과는 비디오 효과보다 많이 사용되진 않습니다. 이번 시간에 소개한 3가지 기능만 잘 사용하더라도 유튜브 영상을 만드는 데 충분할 것입니다.

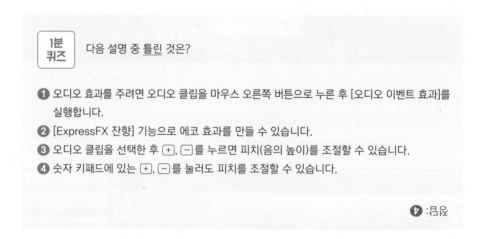

| 1분 퀴즈 | 다음 설명 중 틀린 것은? |

❶ 오디오 효과를 주려면 오디오 클립을 마우스 오른쪽 버튼으로 누른 후 [오디오 이벤트 효과]를 실행합니다.

❷ [ExpressFX 잔향] 기능으로 에코 효과를 만들 수 있습니다.

❸ 오디오 클립을 선택한 후 ➕, ➖를 누르면 피치(음의 높이)를 조절할 수 있습니다.

❹ 숫자 키패드에 있는 ➕, ➖를 눌러도 피치를 조절할 수 있습니다.

정답: ❹

05-11
라디오 소리 효과,
물속에 잠긴 소리 만들기

준비 파일 5장/5-11라디오.mp4, 5-11물속.mp4

완성 파일 5장/완성/5-11완성(라디오).veg, 5-11완성(라디오).mp4, 5-11완성(물속).veg, 5-11완성(물속).mp4

작업 시간 20분

레트로 분위기나 공간감을 연출할 때 주로 사용되는 라디오
소리 효과를 만들어 보겠습니다. 수영장이나 바다와 같은 수
중 영상의 생생한 오디오 효과도 배워 볼게요.

하면 된다! } 라디오 소리 효과 만들기

1. ❶ [탐색기] 탭에서 ❷ [5장 → 5-11라디오.mp4]를 타임라인에 넣어 주세요.

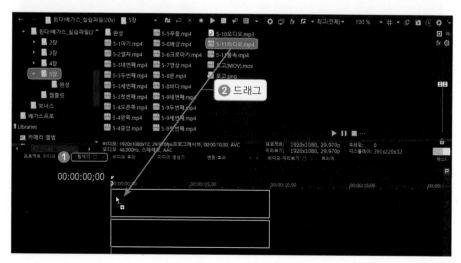

2. 에디트 라인을 [00:00:02;00], [00:00:06;00]로 옮긴 후 ⑤를 눌러 클립을 잘라 주세요.

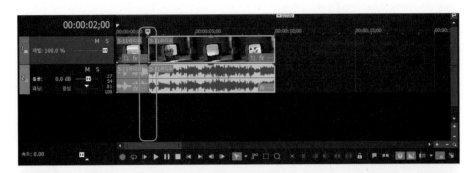

3. 가운데 오디오 클립에 라디오 효과를 넣을 건데요. 오디오 효과 창을 불러오기 위해 fx 을 클릭합니다.

4. 오디오 효과 창에서 ❶ [공명 필터]를 선택한 후 ❷ [확인]을 눌러 주세요.

5. ❶ 사전 설정에서 ❷ '[Sys] 틴에이저 라디오 프로그램 소리'를 선택한 후 창을 닫습니다. 영상을 재생하면 라디오 효과가 적용된 소리를 들을 수 있습니다.

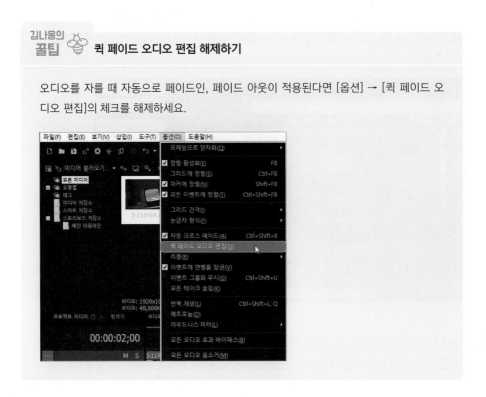
하면 된다! } 물 속에 잠긴 오디오 효과 만들기

1. ❶ [탐색기] 탭에서 ❷ [5장 → 5-11물속.mp4]를 타임라인에 넣어 주세요.

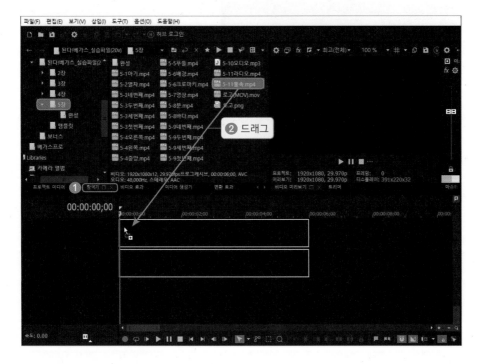

2. 에디트 라인을 [00:00:02;00], [00:00:04;00]로 옮긴 후 ⑤를 눌러 클립을 잘라 주세요.

3. 이번에도 가운데 오디오 클립에 효과를 넣을 건데요. 오디오 효과 창을 불러오기 위해 fx 을 클릭합니다.

4. ❶ [부드럽게/향상]을 선택해 주세요. ❷ [추가]를 두 번 클릭하여 [부드럽게/향상] 효과가 두 번 적용되도록 해주세요. ❸ [확인]을 누릅니다.

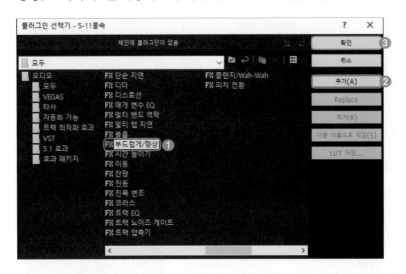

5. ❶ 첫 번째 효과를 선택하여 ❷ 작업(-5 ~ 5) 조절 바를 왼쪽 끝(-5)으로 옮겨 주세요. 마찬가지로 ❸ 두 번째 효과를 선택해 ❹ 조절 바를 왼쪽 끝(-5)으로 옮긴 후 창을 닫아 주세요.

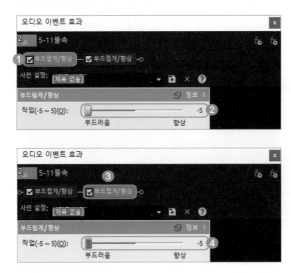

6. 영상을 재생해 오디오가 변경되었는지 확인합니다. 오디오가 물속에 잠긴 것처럼 먹먹한 소리로 바뀌었나요? 오디오 효과는 비디오 효과처럼 많이 사용되지 않기에 이번 시간에 소개한 5가지 기능만 잘 사용하더라도 유튜브 영상을 만드는 데충분할 것입니다.

변화를 이끄는 캠페인 영상 만들기

실습 영상 videvo.net 〉 Medical, Covid-19

캠페인 영상은 사람들의 생각과 행동을 바꾸는 데 목적이 있습니다. 이러한 목적을 달성하려면 캠페인 영상에 두 가지 중요한 요소가 들어 있어야 합니다. 첫째, 정보 전달입니다. 변화가 필요한 이유를 이해시키기 위해 정확한 정보를 제시합니다. 둘째, 행동 지침입니다. 변화하려면 무엇을 해야 하는지 구체적으로 소개합니다.

코로나19의 위험성을 알리고 마스크 쓰기, 손 씻기, 외출 자제하기라는 세 가지 행동 지침을 소개하는 영상을 만들어 보세요.

연출 팁!

☑ 행동 지침은 1, 2, 3, 또는 첫째, 둘째, 셋째로 명확하게 구분해 주세요.

☑ 경각심을 주는 부분과 행동 지침을 소개하는 부분은 배경 음악을 따로 적용해도 좋아요.

☑ 희망을 주는 메시지로 마무리하면 자연스러울 거예요.

☑ 내레이션까지 직접 녹음해서 넣는다면 완벽할 거예요.

추천 음악!

❶ 유튜브 오디오 보관함: 〈News Room News〉

❷ 유튜브 오디오 보관함: 〈Trapped〉

❸ 유튜브 오디오 보관함: 〈Marigold〉

보너스 01 │ 베가스 프로 Q&A 20가지

1. "베가스를 초기화하고 싶어요!"

Ctrl + Shift 를 누른 채 베가스 실행 아이콘을 더블클릭해 주세요. 체험판일 경우에는 베가스 프로를 실행한 후 Ctrl + Shift 를 누른 채 [프로그램 테스트]를 클릭합니다.

정품일 경우

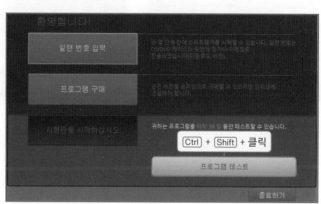

체험판일 경우

팝업 창이 나타납니다. 체크 박스에 체크한 후 [예]를 클릭하면 베가스의 모든 캐시 데이터까지 삭제되며 베가스가 초기화됩니다. 베가스 프로에 문제가 있을 때 초기화하는 경우가 대부분이므로 캐시 데이터까지 완벽하게 삭제하는 것을 추천합니다.

모든 임시 데이터도 삭제하겠다는 의미입니다.

2. "베가스 화면 구성이 엉망이 되었어요!"

영상을 편집하다가 실수로 편집 화면을 건드려 일부 구역이 보이지 않거나 위치가 엉망이 되는 경우가 종종 있습니다. 이럴 땐 베가스 화면의 레이아웃을 초기화해서 되돌릴 수 있습니다. [보기] → [창 레이아웃] → [기본 레이아웃]을 클릭하세요. 또는 단축키 [Alt]를 누른 채 [D]를 두 번 누르면 화면 구성이 처음 설정으로 초기화됩니다.

화면 구성 초기화 전

화면 구성 초기화 후

3. "선이 보이지 않아요!" — 벨로시티

영상 속도를 조절하려고 벨로시티를 설정했는데도 선이 나타나지 않는 경우가 있죠?

벨로시티: 속도 조절선

[엔벨롭 표시 ⚙] 항목의 체크가 풀려 있기 때문입니다. 원인을 알았으니 바로 해결해 볼까요? 화면 아래쪽 도구 상자에서 ⚙를 선택해서 활성화합니다.

영상 클립을 마우스 오른쪽 버튼으로 누른 후 [엔벨롭 표시]의 [벨로시티]를 체크합니다.

영상을 편집하려면 다시 을 선택합니다.

4. "미리보기가 너무 끊겨요.", "창 화질이 안 좋아요."

미리보기가 끊기는 이유는 여러 가지가 있지만 대체로
컴퓨터 사양(CPU, 메모리, 그래픽 카드 등)이 낮기 때문
입니다. 임시방편으로 화질을 낮출 수 있습니다.

미리보기 화면의 화질은 최상 → 양호 → 미리보기 →
초안 순으로 낮아집니다. 그 안에서도 전체 → 중간 →
1/4 순으로 낮아집니다. 화질을 조절해 보세요.

5. "해당 시점의 편집 화면을 이미지 파일로 만들고 싶어요!"

미리보기 화면에서 화질을 [최고(전체)]로 설정한 후
🖼️를 클릭해 저장하세요. 그럼 해당 시점의 미리보
기 화면을 이미지 파일로 저장할 수 있습니다. 섬네
일을 만들 때 활용하면 좋겠죠?

6. "자막을 입력할 때 한글이 분리되어서 입력돼요!"

17 버전부터는 타이틀 & 자막 기능을 사용하면 한글 자막이 잘 입력됩니다. 혹시 이전 버전 사용자라면 메
모장에 내용을 먼저 입력하고 베가스에 붙여 넣는 방식을 권장합니다. 간혹 ProType Titler에서 한글 입력
오류가 발생할 수도 있는데 번거롭지만 이때도 메모장을 활용하는 것이 좋습니다.

7. "단축키가 먹히지 않아요."

키보드의 [한/영]를 눌러 보세요. 한글로 되어 있다면 단축키가 먹히지 않습니다.

8. "타임라인 속 클립이 매우 얇아졌어요."

키보드에서 [1] 왼쪽에 있는 [~]를 눌러 보세요. 접힌 타임라인이 펼쳐집니다. [~]를 한 번 더 누르면 타임라
인이 접힙니다.

9. "타임라인에 A, B가 나타나면서 넓어졌어요."

비디오 클립을 누른 상태에서 숫자 키패드 ⑤를 누르면 나타나는 현상입니다. 해당 트랙을 마우스 오른쪽 버튼으로 누른 후 [트랙 레이어 확장]의 체크를 해제해 주세요. 넓어진 타임라인이 정상으로 돌아옵니다.

[트랙 레이어 확장]은 트랙 하나를 둘로 나누어 편집할 때 쓰지만, 보통 잘 쓰지 않습니다.

10. "타임라인 아래쪽에 이상한 게 나왔어요!"

오디오 버스 창 또는 비디오 버스 창인데 잘 사용하지 않는 기능입니다. Ⓑ를 누르면 오디오 버스 창이 나타나거나 사라집니다. Ctrl + Shift + Ⓑ를 누르면 비디오 버스 창이 나타나거나 사라집니다.

오디오 버스 창

비디오 버스 창

11. "미리보기 창에 효과가 나오지 않아요.", "반만 나와요."

아무리 효과를 넣어도 나타나지 않거나 반만 나온다면, 미리보기 화면에서 ▨을 꺼주세요. [화면 보기 분할]은 효과 적용 전후를 비교할 때 사용하는 기능입니다.

12. "비디오(오디오) 클립에 있는 아이콘이 사라졌어요!"

클립 오른쪽 위에 있는 아이콘 3개가 보이지 않나요? 단축키 Ctrl + Shift + C 를 누르면 다시 나타납니다.

13. "오디오 파형이 보이지 않아요."

오디오 클립 아래쪽에 있어야 하는 파형이 사라졌다면 단축키 Ctrl + Shift + W 를 누르세요. 다시 파형이 나타납니다.

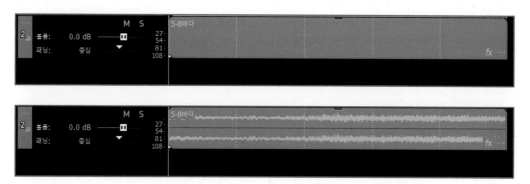

14. "오디오 클립을 컷 편집할 때 자동 페이드인, 페이드아웃을 없애고 싶어요."

단축키 S 를 사용하여 영상 클립과 오디오 클립을 동시에 자르면 잘린 오디오 클립에 페이드인, 페이드아웃이 자동으로 적용됩니다. 그러나 1프레임도 안 되는 아주 짧은 페이드이므로 크게 신경 쓸 필요는 없습니다. 티가 안 나거든요. 그래도 이 설정을 해제하고 싶다면 메뉴에서 [옵션] → [퀵 페이드 오디오 편집]의 체크를 해제하면 됩니다.

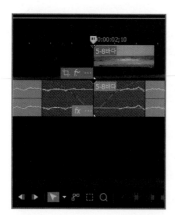

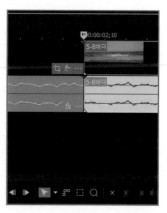

15. "실수로 효과 창을 창 밖으로 밀어서 안 보이게 됐어요! 레이아웃 초기화도 안 돼요."

화면 밖으로 나간 효과 창은 다시 불러올 수 없습니다. 1번 Q&A를 참고하여 베가스 초기화 방법으로 초기화해 주세요. 설정만 초기화될 뿐, 베가스에서 작업해 저장한 veg 파일은 모두 살아 있으니 걱정하지 마세요!

16. "원본은 괜찮은데 렌더링을 하면 잔상이 심해요."

렌더링을 했을 때 동작이 매끄럽지 않고 잔상이 나타나는 이유는 리샘플링 모드 설정이 [프레임 블렌드하기]로 되어 있기 때문입니다. 화면 위쪽 메뉴에서 ⚙를 눌러 프로젝트 설정 창이 나타나면 [리샘플링 모드]를 [리샘플링 비활성화]로 바꿔 주세요.

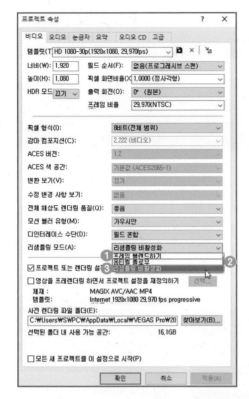

리샘플링 모드: 영상 원본의 프레임(fps)과 프로젝트(렌더링) 프레임(fps)이 다를 경우 리샘플(재배열)을 통해 프레임의 차이를 줄여 줌으로써 렌더링 영상을 부드럽게 만들어 줍니다.

❶ **프레임 블렌드하기**: 프로젝트 프레임이 24fps 이상일 때 리샘플(재배열)을 합니다.

❷ **옵티컬 플로우**: 프로젝트 프레임에 관계없이 항상 리샘플(재배열)을 합니다.

❸ **리샘플링 비활성화**: 리샘플(재배열)을 하지 않습니다.

리샘플링 모드(프레임 블렌드하기, 업티컬 플로우)를 사용할 때에는 대체로 영상의 선명도가 낮아지고 잔상이 심해지는 경우가 많기 때문에 사용하지 않는 편이 좋습니다.

프레임 블렌드하기(잔상이 나타남)

리샘플링 비활성화(잔상이 나타나지 않음)

17. "이벤트 팬 크롭 F 상자가 좌우(또는 상하) 방향으로만 움직여요."

이벤트 팬 크롭 창에서 도구 상자의 맨 밑에 있는 화살표 버튼을 확인해 보세요. 좌우 🔒 또는 상하 🔒 로 되어 있으면 F 상자가 그 방향으로만 움직입니다. 클릭해서 네 방향 화살표 모양 🔒 으로 바꿔 주세요.

18. "이벤트 팬 크롭 창에서 마스크 작업을 했는데 다시 F 상자로 돌아가고 싶어요!

[마스크] 위에 있는 [위치]를 클릭하면 다시 F 상자가 나타납니다.

19. "제가 설정한 비디오 효과, 미디어 생성기 효과를 저장하고 싶어요."

나중에도 알아볼 수 있도록 이름을 적고 오른쪽에서 ⬛를 클릭하면 여러분이 만든 설정이 저장됩니다. ✕를 클릭하면 프리셋이 삭제됩니다.

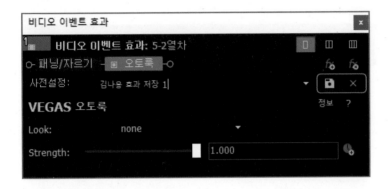

이렇게 저장하면 [비디오 효과] 혹은 [미디어 생성기] 탭에서 쉽게 사용할 수 있습니다. 프리셋을 설정할 때 사용한 옵션에 여러분의 프리셋이 나타납니다. 예를 들어 [오토룩]의 설정을 저장했다면 [오토룩] 안에 프리셋이 나타납니다.

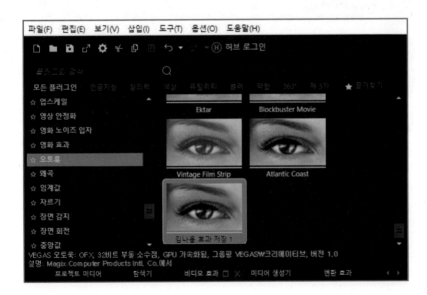

20. "ProType Titler, (Legacy)Text가 없어요." "MOV 파일이 안 열려요."

베가스 프로 17 버전부터는 ProType Titler와 레거시 텍스트 기능이 숨어 있습니다. 메뉴의 [옵션]에서 [기본 설정]을 누르고 [사용되지 않는 기능]의 모든 항목에 체크합니다. 또한 [QuickTime 플러그인 사용]을 체크해야 MOV 파일을 편집할 수 있습니다.

[확인]을 클릭하고 베가스 프로를 재시작하면 숨어 있는 기능이 나타납니다.

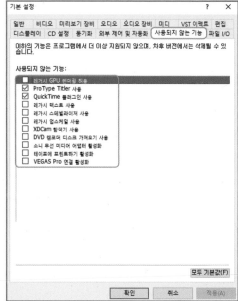

보너스 02 | 자주 쓰는 단축키 모음

프로젝트 / 파일

새 프로젝트 만들기	Ctrl + N
기존 프로젝트 열기	Ctrl + O
프로젝트 저장	Ctrl + S
프로젝트 설정하기	Alt + Enter

일반 편집

복사	Ctrl + C
붙여넣기	Ctrl + V
삭제하기	Delete
실행 취소	Ctrl + Z
되돌리기	Ctrl + Shift + Z
모두 선택	Ctrl + A
확대/축소	휠 드래그

트랙 리스트

새 비디오 트랙 삽입	Ctrl + Shift + Q
새 오디오 트랙 삽입	Ctrl + Q
선택한 트랙만 안 보이게(들리게) 하기(Mute)	Z
선택한 트랙만 보이게(들리게) 하기(Solo)	X
트랙 높이 최소화 / 복원하기	`
트랙 높이 초기화	Ctrl + `

타임라인 재생 / 편집

재생(복귀)	Spacebar
재생(미복귀)	Enter
반복 재생(반복 구역 설정 후)	Q
역재생 / 정지 / 재생	J / K / L
영상 클립 자르기	S
영상 클립 자르고 앞부분 삭제	Alt +]
영상 클립 자르고 뒷부분 삭제	Alt + [
타임라인 확대 축소	↑ / ↓
에디트 라인 이동하기	← / →
1프레임씩 에디트 라인 이동하기	Alt + ← / Alt + →
마커 순으로 에디트 라인 이동하기	Ctrl + ← / Ctrl + →
마커 만들기	M
자동 리플(중간 클립 삭제 시 뒤에 있는 클립이 앞으로 당겨짐)	Ctrl + L
그룹화 무시하고 편집하기	Ctrl + Shift + U
다중 선택한 클립 그룹화 / 해제	G, U

영상 용어 이해하기
― 해상도, 필드 오더, 프레임 레이트란?

해상도란?

해상도란 화면을 구성하는 점, 즉 화소(畵素, pixel)가 얼마나 많은지를 나타내며 영상의 크기라고 할 수 있습니다. 이를테면 해상도가 1920x1080인 영상은 화소가 가로 1920줄, 세로 1080줄로 배열되어 있으며 개수로는 200만 개가 넘습니다.

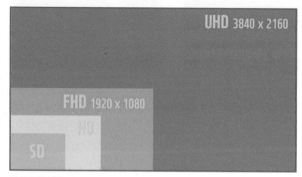

해상도의 종류

Full HD(FHD)로 알려진 1920x1080 해상도는 화질이 우수해서 많이 사용합니다. 그리고 흔히 4K라고 부르는 Ultra HD(UHD)인 3840x2160 해상도는 화소가 830만 개가 넘어 화질이 더욱 뛰어납니다.

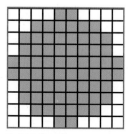

Full HD(FHD)

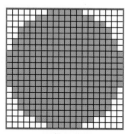

4K 또는 Ultra HD(UHD)

왼쪽 그림처럼 화소가 많을수록 화질이 더 좋아집니다.

4K 해상도는 그동안 전문가들만 사용해 왔는데 최근에는 4K를 지원하는 DSLR, 미러리스 그리고 스마트폰이 출시되면서 점점 대중화되고 있습니다.

필드 오더란?

필드 오더(field order)란 화면에 이미지를 전송하여 출력하는 방법을 말하며 주사 방식이라고 합니다. 필드 오더는 크게 비월 주사 방식(interlaced scanning)과 순차 주사 방식(progressive scan)으로 구분됩니다.

비월 주사 방식은 방송국 TV 송출용으로 많이 사용합니다. 하지만 최근 출시되는 TV, PC 모니터, 모바일 기기는 순차 주사 방식에 최적화되어 있습니다. 그래서 방송국 송출용으로 영상을 제작하는 게 아니라면 순차 주사 방식을 선택하는 것이 좋습니다. 그러므로 베가스에서 프로젝트를 설정할 때 필드 오더를 None(Progressive Scanning)으로 맞춰 놓고 영상을 제작해야 합니다. 만약 비월 주사 방식으로 영상을 제작한다면 PC 모니터에 톱니바퀴 같은 잔상이 생길 수 있으니 주의해야 합니다.

비월 주사 방식은 다음 그림과 같이 영상을 홀수와 짝수 가로줄로 나누어 번갈아 표시해서 하나의 화면으로 보이도록 출력 방식입니다.

순차 주사 방식은 화면에 표시할 영상을 처음부터 끝까지 순서대로 출력하는 방식입니다. 비월 주사 방식에 비해 깜빡임이 적어서 영상이 선명합니다.

프레임 레이트란?

프레임 레이트(frame rate)란 디스플레이 장치가 화면 하나의 데이터를 표시하는 속도를 말하며, 프레임 속도 또는 프레임률이라고도 합니다. 단위는 1초당 프레임 수를 나타내는 fps(frame per second)를 사용합니다. 여기서 프레임이란 정지된 사진 1장을 의미합니다. 그러므로 프레임 레이트가 낮은 영상보다 높은 영상의 움직임이 좀 더 부드럽습니다. 보통 눈의 잔상을 이용해서 표시하므로 사진이 1초에 25~30장 필요하지만 좀 더 부드럽게 표시하려면 60~120장을 준비해야 합니다.

어떤 프레임 레이트로 촬영·편집했는가에 따라 영상 분위기나 느낌이 달라집니다. 대체로 장르마다 사용하는 프레임 레이트 규격이 있습니다.

프레임 레이트	설명
24fps	• 주로 영화를 촬영할 때 사용합니다. • 감성이 풍부한 느낌 있는 영상을 만들 수 있습니다.
30fps	• TV 방송이나 드라마를 촬영할 때 보편적으로 가장 많이 사용합니다. • 브이로그와 같은 일상적인 모습을 촬영할 때도 사용합니다.
60fps	• 스포츠 경기, 다큐멘터리, 게임 대회 등에서 실감나는 장면을 촬영할 때 사용합니다. • 슬로 모션 영상을 만들 때 사용하던 규격이었는데, 유튜브에서 60fps를 지원하면서 유튜버들도 많이 사용하고 있습니다.

나만의 캐릭터 만들기부터 **일러스트 드로잉**까지!
초등학생부터 대학생, 직장인까지 모두 도전해 보세요

된다!
사각사각 아이패드 드로잉
with 프로크리에이트

프로크리에이트 몰라도 OK, 그림 초보도 OK!
'드로잉 & 캘리그라피 & 디자인'을 한번에!

레이나, 임예진, 캘리스마인드 지음 | 440쪽 | 24,000원

아이패드 드로잉 & 페인팅
with 프로크리에이트

디즈니, 블리자드, 넷플릭스에서 활약하는
프로 작가 8명의 기법을 모두 담았다!

3dtotal Publishing 지음 | 김혜연 옮김 | 216쪽 | 20,000원